Für Mama und Papa,
weil ich euch liebe.

Prolog

JULI 2071

Liv verweilte noch einen Augenblick vor dem Blumenbouquet und zögerte. Die anderen Trauergäste befanden sich bereits auf dem Weg in Richtung Pfarrsaal, allen voran der zierliche Pfarrer. Sein Stottern hatte ihn während des Begräbnisses zeitweise noch stärker überwältigt als sonst. Deshalb hatte die Witwe den letzten Segensspruch für ihn von seinem Tablet ablesen müssen:

Die Liebe ist langmütig, die Liebe ist gütig. Sie ereifert sich nicht, sie prahlt nicht, sie bläht sich nicht auf. Sie erträgt alles, glaubt alles, hofft alles, hält allem stand. Die Liebe hört niemals auf.

Liv runzelte die Stirn. Dass die Leute auf dem Land ein wenig anders tickten als in der Großstadt, hatte sie mit ihren vierzehn Jahren schon lange verstanden. Der von seiner Trauer überwältigte Pfarrer kam ihr trotzdem ungewöhnlich vor. Der Pfarrer! In der Großstadt konnte man nicht einmal sicher sein, dass er den Namen des Verstorbenen richtig aussprechen würde. Doch der Gefühlsausbruch des Dorfpfarrers war nicht das einzig Seltsame an dieser Beerdigung.

Gedankenverloren sah Liv ihnen hinterher. Die Trauergäste bogen als schlurfender Pulk hinter der Friedhofsmauer um die Ecke. Liv konnte von hier aus ihre schwarzen Rücken sehen; niemand hatte bemerkt, dass sie ihnen nicht gefolgt war. Sie fröstelte. Es war ein grauer, sonnenloser Tag. Der Wind pfiff durch die Blätter der Eichen und trug ihre gedämpften Stimmen hinfort.

Noch immer stand Liv vor Opas Grab. Der frisch aufgeschüttete Erdhügel gruselte sie. Es sah aus, als müsste Liv nur ein paar Krümel Erde wegwischen, um den Sarg ihres Großvaters freizulegen. Trotz dieses Anblicks war ihr nicht nach Tränen zumute.

Vielleicht, weil sie Opa ohnehin nur einmal im Jahr gesehen hatte. Sie würde ihn nicht allzu sehr vermissen. Natürlich, sie hatte ihn geliebt – so wie alle Enkelkinder ihre Großeltern lieben. Noch dazu war ihr als jüngstes Enkelkind eine gewisse Sonderrolle zugekommen. Liv hatte immer das Gefühl gehabt, ihr Opa würde sie den anderen vorziehen. Doch nun war er ihr gewissermaßen noch näher als zuvor. Opa war im Himmel und der Himmel ist überall. Jetzt hatte Liv einen Namen, ein Lächeln und eine Stimme für die Antworten, die sie bekam, wenn sie betete oder Fragen *nach oben* stellte.

Vielleicht lag es aber auch an ihrer Großmutter, weshalb Liv während der Beerdigung im Gegensatz zu allen anderen Trauergästen nicht geweint hatte. Der Anblick ihrer schluchzenden Mutter oder ihrer älteren Cousinen an Opas Grab hatten Liv so sehr bedrückt, dass sie schnell weggesehen hatte. Sie alle schienen in sich selbst, ihrem Schmerz und ihrer Trauer versunken zu sein – alle, bis auf ihre Großmutter.

Liv erinnerte sich an Omas Lächeln, als der Pfarrer von ihrem Ehemann gesprochen hatte. Sie war sogar rot geworden, als er von einem Mann namens Mr Marshall berichtete, der sie und Opa zusammengebracht hatte. Als die Trauergäste das Grab verließen, warf Oma der bunt geschmückten Ruhestätte ein Lächeln zu, als wäre Opa in der Lage, es mit einem kleinen Gruß zu erwidern. Als wartete sie auf einen Luftkuss zum Abschied. Als wäre er noch da.

Oma verhielt sich anders als die anderen Trauergäste. Deshalb starrte Liv nachdenklich auf den modernen Grabstein, in der Überlegung, ob sie es wirklich wagen sollte.

Der Grabstein entsprach den Maßstäben der allerneuesten Monument-Technologie. Er hatte nicht nur wie die meisten Grabsteine heutzutage einen eingebauten Mikrochip, der kurze Botschaften an den integrierten Bildschirm sendete, sondern auch eine Sprachautomatik. Aktivierte man den Stein mit einem Schlüsselwort, materialisierten sich auf dem Bildschirm Bilder, Texte oder kurze Filme – eben alles, was Familie und Freunde dem Verstorbenen hinterlassen wollten. Manchmal befand sich auch ein kurzer Film des Verstorbenen selbst auf dem Grabstein, aber das war bislang nicht sehr populär.

Liv wusste, was ihre Eltern und ihre Schwester in den Grabstein hatten einspeichern lassen. Mum hatte eine Fotocollage von Opa und ihrer Familie erstellt und Dad ein einzelnes Bild von sich und Opa mit einem letzten Gruß. Ihre ältere Schwester Theresa hatte ein Video gedreht, auf dem sie einen eigens für ihren Großvater komponierten Song auf der Gitarre spielte und dazu sang. Theresa war ziemlich begabt; hochbegabt, sagten manche.

Mehrmals hatte Liv in der vergangenen Woche den Song gehört, Mums Bildercollage am Computer angesehen und Dads Gruß gelesen: Jedes Mal hatte sich dieser schmerzende Kloß in ihrem Hals gebildet, sodass sie wortlos in ihr Zimmer rannte, die Tür knallte und sich weigerte, sich näher mit einer Grabsteinbotschaft für Opa zu befassen. Opa war der erste Mensch, den Liv in ihrem Leben verloren hatte. Deshalb entschied sie zusammen mit ihrer Mum, dass in ihrem Namen lediglich ein Foto von ihr und Opa beim Klavierspielen mit der Unterschrift »Du wirst mir sehr fehlen. In Liebe, deine Liv« auf dem Grabstein erscheinen sollte.

Es gehörte sich nicht, am Tag des Begräbnisses in den Erinnerungsbotschaften des Grabsteins ›herumzustöbern‹. Das war Liv bewusst, obwohl die digitalen Grabmäler recht neuartig waren. Doch die Ruhe ihrer Großmutter hatte sie neugierig gemacht und sie platzte fast vor Aufregung, was Oma ihrem Ehemann hinterlassen haben mochte.

Liv wandte sich zu dem schwarzen Pulk um, der beinahe vollständig um die Ecke geschlurft war. Niemand hielt Ausschau nach ihr. Also flüsterte sie die Inschrift über dem Grab-stein, um ihn zu aktivieren. Für gewöhnlich war es der Name des Verstorbenen, doch Oma hatte auf die Inschrift *In loving memory* bestanden.

Die drei Worte rollten über Livs Lippen, bevor sie es sich anders überlegen konnte. Mit großen Augen beobachtete sie, wie in der Mitte des Grabsteines ein Bild ihres Großvaters erschien. Sie sah genau in seine ernsten und doch freundlichen Augen. Liv schluckte und konzentrierte sich auf die zarte Feder, die mit Schwung die Namen all jener malte, die etwas auf dem Grabstein hinterlassen hatten. Omas Name erschien am größten. Mit dem beklemmenden Gefühl etwas Unanständiges zu tun, wurde Liv von ihrer Neugier besiegt und flüsterte den Namen ihrer Großmutter:

»Alison Keepsaker.«

Opas Bild zerfiel wie eine Figur in einem Schattenspiel, verwandelte sich in ein Foto ihrer Großeltern im letzten Sommer, zerfiel wieder und hinterließ eine leuchtend weiße Fläche, auf der die virtuelle Feder eine große Überschrift zeichnete: *Memories to do. Allies Liste.*

Unzählige Stichpunkte listeten sich auf, in der unteren rechten Ecke blinkte eine Zahl: 1/210. Liv befand sich auf Seite eins von zweihundertzehn. Sie überflog die Liste. An dem unregelmäßig geschwungenen »g« erkannte sie die Handschrift ihrer Großmutter. »Seite zwei«, murmelte Liv und das virtuelle Notizbuch blätterte weiter.

Zu einem Candle-Light-Dinner eingeladen werden, nach Europa reisen, alle Präsidenten auswendig kennen, mich an meine Hochzeit erinnern …

Die Stichpunkte auf den ersten hundert Seiten waren fast ausnahmslos abgehakt worden, auf den hinteren Seiten befanden sich einige *Memories to do*, die ihre Oma und ihr Opa offenbar nie erlebt hatten. *Einen Urenkel haben, reiten lernen, vier Kilo abnehmen, mein Facebook-Profil löschen, einen Erste-Hilfe-Kurs machen …*

Liv wusste nicht, wie lange ihr Blick über die gemeinsamen Erinnerungen ihrer Großeltern geschwebt war, als ihre Mutter schnellen Schrittes um die Ecke bog. Cassandras Augen waren vom vielen Weinen gerötet, ihr Gesicht jedoch zornig.

»Wie kannst du es wagen, Olivia!«, zischte sie und packte Liv, die bei ihrem Vornamen zusammengezuckt war, beim Oberarm. »Bist du nicht langsam zu alt dafür, jede Sekunde beaufsichtigt werden zu müssen? Bye bye, Daddy«, wisperte Livs Mutter erstickt und fuhr damit den Bildschirm des Grabsteins herunter.

»Das tut man nicht, Fräulein«, tadelte Cassandra, als das Licht erlosch. Sie zog ihre Tochter hinter sich her und achtete nicht darauf, dass Livs Blick noch immer gebannt an dem Grabstein hing, bis sie um die Ecke hinter der Friedhofsmauer in Richtung Pfarrsaal gebogen waren.

Beim Anblick der Gäste, die sie alle kaum kannte, hätte sich Liv am liebsten wieder umgedreht, um auf den Friedhof zurückzulaufen. Die meisten Tränen waren getrocknet, doch zerbrechliche alte Leute stimmten sie stets melancholisch – und davon saßen im Pfarrhaus jetzt jede Menge. Die Jüngeren plauderten mit gedämpfter Stimme oder klopften sich aufmunternd auf die Schulter. Die älteren Herrschaften starrten teilnahmslos vor sich hin, als wäre der Großteil des Lebens schon aus ihnen herausgeflossen.

Zu ihrer Erleichterung entdeckte Liv Theresa, die bei ihrer Großmutter stand. Alison Keepsakers zarter Körper versank beinahe in dem Sessel, der sicherlich bereits zur Jahrtausendwende altmodisch gewirkt hatte.

»Wird er dir sehr fehlen?«, erkundigte sich Theresa überflüssigerweise.

»Jede einzelne Minute meines Lebens. Aber es ist einfacher, wenn man gelernt hat, von Erinnerungen zu zehren«, seufzte Alison Keepsaker. »Wie wichtig Erinnerungen sind, habe ich einmal schmerzhaft lernen müssen. Es war meine persönliche Lektion fürs Leben.«

Liv musterte ihre Großmutter aufmerksam. Noch immer sah Oma zwar traurig, doch irgendwie zufrieden aus. Ein gutmütiges Lächeln umspielte die schmalen Lippen der Großmutter. Bis gerade eben hätte Liv sich niemals vorstellen können, dass ihre zierliche Oma all das erlebt hatte, was auf der *Memories-to-do* Liste abgehakt worden war.

»Oma? Sind mit den Erinnerungen, von denen du sprichst, die auf Opas Grabstein gemeint?«, platzte Liv hervor, als sie ihre Neugier nicht länger bändigen konnte.

»Liv!«, tadelte Theresa, die stets die Taktvollere war. Und die Vernünftigere, die Konventionellere, die Langweiligere.

»Es ist in Ordnung«, wiegelte Alison ab, »Du hast sie bereits gesehen, meine Liste?«

»Ja«, gestand Liv und fing sich einen bösen Blick ihrer Schwester ein. »Aber vieles verstehe ich nicht. Zum Beispiel, weshalb du dich an deine eigene Hochzeit erinnern wolltest. So etwas vergisst man doch nicht!«

»Das sollte man meinen, Süße«, mischte sich eine alte Frau mit großen weißen Locken ein und gesellte sich in ihrem digitalen Rollstuhl dazu, »aber eure Großmutter hat zeitweise ein Gedächtnis wie ein Sieb. Wenn sie sich nicht alles aufschreibt, würde sie ihren eigenen Sohn vergessen.« Die alte Dame kicherte hysterisch über ihren Insider-Witz. Alison Keepsaker warf ihr einen strafenden, aber belustigten Blick zu.

»Hört nicht auf Doughey, die alte Schachtel. Kaum einer hier weiß Erinnerungen so sehr zu schätzen wie ich. Und ich möchte, dass ihr das ebenso tut.«

»Werden wir, Granny«, versicherte Theresa gehorsam, doch die Rollstuhlfrau schüttelte verächtlich den Kopf.

»Nein, nein, nein. Ihr versteht nicht, wovon eure runzlige Großmutter redet, solange ihr ihre Geschichte nicht kennt«, korrigierte sie und rieb sich in freudiger Erwartung die faltigen Handflächen. »Na los, Al, erzähl sie ihnen!«

»Ich finde auch, es ist an der Zeit«, gesellte sich Livs Mutter dazu. Sie zog einen Stuhl heran und putzte sich geräuschvoll die Nase. Unzählige Puzzleteile der Geschichte ihrer Mutter hatte Cassandra über ihre Jugendzeit hinweg gehört, doch niemals hatten sich Alison Keepsakers Anekdoten zu einem Gesamtbild fügen lassen. Die Antwort hatte immer »sobald der richtige Zeitpunkt gekommen ist« oder »wenn wir einmal mehr Zeit haben« gelautet.

»Vielleicht habt ihr recht«, murmelte Alison jetzt und lediglich Liv war aufmerksam genug, um zu bemerken, wie Alisons Blick aus dem Fenster in die Ferne schweifte. Zum Himmel.

»Also gut.« Alison lächelte und blickte in die Gesichter ihrer Kinder und Enkelkinder. »Meine Geschichte handelt davon, wie ich euren Opa, mich selbst und die Kraft der Erinnerungen kennengelernt habe. Das hört sich an wie ein Märchen und vielleicht ist es auch eins«, gluckste sie. »Ein ziemlich kompliziertes Märchen. Ich hoffe, ihr habt Zeit mitgebracht, denn es beginnt in einer Sommernacht vor 74 Jahren in einem Bootshaus …«

Eins

19. JULI 1997

Beeil dich, lauf! Ist das etwa schon alles?«, lachte Luis, wich dabei den hohen Baumstämmen aus und rannte weiter am Ufer des *Townsend Flowage* entlang. Er spürte nicht mehr, dass der durch seine Schritte aufgewühlte Schlamm bis an seine Oberschenkel spritzte.

Ein Blitz zuckte über den Himmel und Allie setzte zum Sprint an, klatschte Luis ab, wie sie es mit Jenna in der Staffel tat, überwand elegant eine Pfütze und zog an ihm vorbei. Aber ihr Vorsprung hielt nicht lange an, wenig später verschwand Luis schon wieder vor ihr zwischen den Kiefern.

Allie fluchte, weil sie es erstens hasste, abgehängt zu werden, und zweitens in der Dunkelheit völlig orientierungslos war. Den Waldweg hatten sie verlassen, als es angefangen hatte zu gewittern. Wütend öffnete sie den Mund, um nach Luis zu rufen, doch da bog sie bereits um die Ecke und erkannte, wo sie sich befand. An einem ihr sehr vertrauten Ort.

Luis lehnte an der kleinen Holzhütte und deutete einladend auf die geöffnete Tür. Obwohl seine Turnschuhe mit Wasser vollgesogen sein mussten und das schwarze Shirt an seinem ansehnlichen Körper klebte, strahlte er über beide Ohren und grinste noch etwas breiter, als er den Ärger in Allies Augen funkeln sah.

»Das ist Freiheit«, stieß er hervor, »darauf wurde unsere Nation gegründet!« Seine Stimme überschlug sich vor Adrenalin. Allie schlenderte ihm betont langsam entgegen. »Unsere Nation gründet also auf einem Sprint im strömenden Regen und einem Einbruch in Marshalls Bootshaus?«, verspottete sie seinen Übermut, wrang sich unter dem Vordach ihre hellbraunen Locken aus und ging voran in den dunklen Schuppen. Luis schloss die Tür hinter ihnen und sperrte den Lärm des Gewitters aus.

Im Inneren von Marshalls altem Bootshaus roch es nach modrigem Holz und Motoröl, aber immerhin war es trocken und ruhig, sodass Allie zuversichtlich war, einem Tinnitus doch noch entgehen zu können. Draußen jagte ein Donner den nächsten.

»Die Tür stand offen«, rechtfertigte sich Luis, dem Allies Stirnrunzeln nicht entgangen war.

»Marshall lässt sein Bootshaus nie offen stehen. Es ist sein Heiligtum und das weißt du ganz genau.«

»Heute hat er es aber getan, Al.«

Allies Wut auf Luis ebbte ab, weil er nahezu liebenswert aussah, als er den Boden eines Ruderbootes mit Sitzauflagen auslegte, weil die Bänke herausgebrochen waren. Leichtfüßig stieg er in den Innenraum des Bootes, machte es sich darin bequem und sah zu ihr auf wie ein Riesenbaby, das sich in seiner Wiege sehr wohl fühlte.

»Trotzdem ist es nicht richtig«, wandte Allie mit einem Lächeln ein und rieb sich die nackten Oberarme mit einem alten Lappen notdürftig trocken. In der Enge des Bootshauses konnte Luis sie von seiner Ruhestätte aus locker erreichen und hüllte sie in eine Wolldecke, die er aus dem Wandregal über ihnen gefischt hatte.

»Natürlich nicht. Aber ich bin mir sicher, Marshall hat nichts dagegen, wenn wir hier Unterschlupf suchen. Immer noch besser als draußen vom Blitz zu Grillhähnchen gebraten zu werden, die sich die anderen dann beim nächsten Lagerfeuer schmecken lassen. Und jetzt komm her!«, forderte Luis sie auf. Damit Allie ihm gegenüber Platz nehmen konnte, rückte er ein kleines Stück nach hinten, was in dem kleinen Ruderboot bei seiner Größe allerdings nicht viel ausmachte. Glücklicherweise war Allie eher klein und durch das viele Lauftraining schlank gebaut, sodass sie dennoch beide Platz finden würden. Er reichte ihr die Hand. Vorsichtig ließ sich Allie zwischen seinen Unterschenkeln nieder, sodass sie ihm genau gegenüber saß, und zog ihre Decke bis zum Bauch. Mit einem verschwörerischen Grinsen griff sie nach den Rudern rechts und links vom Boot. Sie fing an, im Trockenen zu rudern, und stieß dabei einen Besen um und einen Putzeimer, der hier offensichtlich selten eingesetzt wurde. Sie kicherten.

In der Dunkelheit konnte Allie das strahlende Weiß in Luis' Augen erkennen und seine Gegenwart machte sie auf eigenartige Weise nervös. Oder waren es seine mit Schlamm bespritzten Waden rechts und links an ihren Hüften, die ein flaues Gefühl in ihrem Bauch hervorriefen? Allie schob den Gedanken schnell zur Seite und brach das Schweigen, bevor es peinlich wurde.

»Ich verstehe immer noch nicht, weshalb Unterkühlung, Erschöpfung und die Enge eines Bootshauses genau das sein sollten, was ich jetzt brauche.« Den letzten Teil setzte Allie mit den Fingern in Anführungszeichen und imitierte Luis' Stimme. Er lächelte wissend, dieses erfahrene Lächeln, das Allie nicht leiden konnte. Dann legte er den Kopf in den Nacken, sodass die Muskeln unterhalb seines Adamsapfels hervortraten.

Das flaue Gefühl wurde nicht besser, oh nein!

»Hast du das jemals zuvor gemacht?«, fragte er.

»Einen nächtlichen Regensprint? Nein.«

»Wie fandest du es?«

Aus ihr unverständlichen Gründen spürte Allie, wie sich ihre Mundwinkel nach oben zogen, obwohl sie gerade erklären wollte, wie ätzend sie es gefunden hatte. Sie öffnete den Mund und suchte nach Worten, aber Luis war schneller. »Siehst du?«

»Was sehe ich?«

»Du hast es genossen. Du warst frei und du hast dich großartig gefühlt.«

»Ich bin nass, ich friere. Ich wärme mich notdürftig mit einer von Insekten bewohnten Decke und du wischst deine schlammigen, behaarten Beine an meinem Shirt ab.«

Luis zog eine Augenbraue nach oben. »Du stehst doch auf behaarte Beine. Du findest das männlich.«

»Lenk nicht ab.«

»Was war die Frage?«

»Typisch Mann«, seufzte Allie und verdrehte die Augen. »Vor einer halben Stunde saßen wir noch in deinem warmen, trockenen Auto, dann hat es angefangen zu stürmen und du warst der Überzeugung, dass ich nichts mehr bräuchte, als wie ein mit Tollwut infiziertes Wildschwein durch den Wald zu irren. Und zwar im strömenden Regen, falls ich das noch nicht erwähnt habe. Das war … sinnlos. Wieso all das?«

Luis schwieg bedeutsam und suchte ihren Blick. Wieder einmal hätte Allie ihn ohrfeigen können: Er wusste mit Gewissheit ganz genau, welche Wirkung dieser Blick auf sie hatte. Unruhig rutschte sie auf den Sitzkissen hin und her, mahnte sich aber zur Ruhe. Luis würde in der Enge jede Bewegung genau spüren und das wollte sie tunlichst vermeiden.

»Ich wollte dir zeigen, dass du *ihm* nicht länger nachtrauern solltest«, erklärte Luis. »Und ich wollte dir etwas zeigen, was du in deiner Beziehung mit *ihm* nicht hattest: deine Freiheit. Spaß. Spontanität. Etwas anderes als DVD-Abende auf der Couch. Das eben war nicht sinnlos, das war Freiheit.«

Bei dem Gedanken an *ihn* gesellte sich zu dem flauen Gefühl in ihrem Magen ein schmerzender Kloß in Allies Hals. Sie versuchte gegen die Enge in ihrem Hals anzuschlucken, doch der Kloß saß fest in ihrer Kehle. »Aber ...«, begann Allie traurig, »ich hätte auch mit *ihm* durch den Wald rennen können. Ich hätte sogar stundenlang allein herumrennen können und er hätte zu Hause auf mich gewartet.«

»Du willst nicht verstehen, was ich meine. Was du beschreibst, ist keine Freiheit. Freiheit ist, wenn man etwas nur für und nur mit sich tun kann. So wie man es will, ohne sich in irgendetwas einschränken zu lassen. Ohne Abhängigkeit.«

»Falsch! Freiheit ist, wenn man Dinge gemeinsam tun darf«, korrigierte Allie.

»Das hättest du mal den Sklaven im alten Ägypten erzählen sollen. Dadurch, dass sie sogar zu Tausenden die Pyramiden gebaut haben, haben sie sich bestimmt nicht viel freier gefühlt.«

»Du bist ein Spinner«, beendete Allie die Unterhaltung bestimmt, weil sie sich sicher war, dass sie beide nichts Intellektuelles mehr von sich geben würden. Sie ärgerte sich, weil ihre Gedanken wieder zu *ihm* abgeschweift waren und sich dort verhedderten wie in einem Spinnennetz.

Robbie hatte ihre Gedanken in den vergangenen drei Tagen mehr als jemals zuvor dominiert, sogar mehr als in den letzten zwei Jahren, als sie ein Paar gewesen waren. Er hatte ihr sein Herz bedingungslos geschenkt und sie es ihm vor drei Tagen unter Tränen zurückgegeben.

Vielleicht war es gerade seine immerzu tadellose und liebevolle Art, die sie letztendlich erdrückt und vertrieben hatte. Vielleicht waren es aber auch die unbezwingbaren Flügel auf Allies Rücken. Sie hatte das Gefühl, als wollten diese Flügel sie immerzu in die Lüfte heben und so sehr sie auch versuchte am Boden zu bleiben – Allie kam nicht gegen sie an. *Das konnte doch nicht alles gewesen sein!*

Sie hatte die Zweisamkeit in den letzten Tagen seit der Trennung schmerzlich vermisst. Doch gerade überlagerte ein anderes Gefühl Allies Herzschmerz – noch konnte sie nicht genau ausmachen, was das war. In jedem Fall hatte es etwas mit Luis zu tun. Und in jedem Fall besetzte es gerade jede Zelle ihres Körpers.

Allie musterte ihr Gegenüber. Luis presste die Lippen zusammen und hatte demonstrativ den Kopf abgewandt, doch Allie ignorierte, dass er offenbar eingeschnappt war.

»Was ist dir passiert, dass du die Einsamkeit als Freiheit bezeichnest?«, fragte sie.

»Nichts Gutes. Trotzdem würde ich immer die Einsamkeit wählen, bevor ich mit dieser knochigen Heulsuse zusammen sein müsste.«

Die Wut auf ihn brodelte wieder bedrohlich auf und Tränen stiegen Allie in die Augen, was sie noch mehr ärgerte. »Er ist keine Heulsuse, nur weil er mehr Gefühle zeigt als ein frustrierter Einzelgänger mit dem Herz einer Eiskönigin!«

Viel zu impulsiv! Jetzt würde er sich gleich wieder auf die vier Jahre beziehen, die er älter war als sie. Und die ihn seiner Meinung nach zu einem viel reiferen Menschen machten, als Allie es war. So sehr sie Luis auch schätzte, er war gleichzeitig auch die Person, über die sie sich stets am meisten aufregte. Nahezu jede Unterhaltung endete nach nur wenigen Worten in einer hitzigen Diskussion.

»Sorry«, knurrte er, »ich finde mich eigentlich ganz okay, wie ich mir alle Mühe gebe, dir über deinen durchaus berechtigten Liebeskummer hinwegzuhelfen. Aber wenn ich deiner Meinung nach ein Eisköniginnenherz habe, bin ich wohl keine große Hilfe.«

Aha, die Nummer mit dem schlechten Gewissen, sehr raffiniert! Allie erkannte, dass sie diese Argumentation nicht gewinnen konnte, und wich aus, sich darauf verlassend, dass Luis ihr die Spitze nicht nachtragen würde.

»Du bist mit mir hier«, versuchte sie einen Neustart.

»Gut erkannt.«

»Und du sagst, dass ich frei bin.«

»Ich sehe das so, ja.«

»Aber frei ist man deiner Meinung nach nur für sich. Wir sind zu zweit. Gemeinsam kann man nicht frei sein, sagst du.«

»Bei uns ist es etwas anderes.«

Bei seinem letzten Satz überschlug sich Allies Herz beinahe, heißes Blut schoss durch ihre Adern direkt in ihre brennenden Wangen. Sie sog scharf die Luft ein und atmete betont langsam wieder aus, ängstlich, Luis könnte ihre Reaktion falsch deuten. *Bei uns ist es etwas anderes.* Hatte er es so gemeint, wie sie es verstanden hatte?

Sein Blick suchte ihren und darin lag viel mehr, als Worte hätten ausdrücken können. Glaubte Allie zumindest. »Ich meine, wir sind Freunde, wir sind kein Paar. Man kann sehr gut zu zweit frei sein, wenn man befreundet ist. Das hätte ich vielleicht von vornherein dazusagen sollen.«

Allie merkte, wie sich ihr Puls ein wenig beruhigte, und sie wischte unauffällig ihre feuchten Handflächen an der Wolldecke ab. Vorsichtig spähte sie zu Luis herüber.

Er tat, als hätte er von der Zweideutigkeit in seiner Aussage nichts bemerkt. *Aber das musste ihm doch aufgefallen sein!* Schon dieser Blick war ganz klar zweideutig gewesen. Und selbst wenn er das nicht beabsichtigt hatte, dann verriet doch spätestens ihre glühende Haut an seinen Unterschenkeln, wie sie seine Worte aufgefasst hatte! Wie oft hatte sie sich in den letzten Tagen gefragt, ob Luis eine Rolle bei der Entscheidung gespielt hatte, Robbie zu verlassen. Bislang hatte sie die Frage immer eindeutig mit *Nein* beantworten können. Jetzt gerade war sie sich da nicht mehr so sicher.

Plötzlich war Allie gar nicht mehr kalt. Trotzdem wickelte sie die Decke fester um sich, um ihre zitternden Hände und die roten Flecken, die sich sicherlich gerade auf ihrem Hals ausbreiteten, zu verbergen.

Als hätte Luis ihre Gedanken gelesen, zog er fragend die Augenbrauen hoch. »Wird dir so langsam nicht echt warm unter dem Ding? Ich meine, es gewittert zwar, aber wir haben trotzdem Sommer und die Luftfeuchtigkeit fühlt sich an, als wäre sie zum Gemüsedünsten echt brauchbar.«

Er lachte kurz auf und Allie spürte, wie sich ihre verkrampften Muskeln ein wenig lockerten. Das Klatschen des Regens an das kleine

Fenster und der durch die Wolkendecke schimmernde Strahl des Mondlichtes hatten sie offenbar sentimental gemacht. Kein Grund, ungefühlte Gefühle in seine Worte zu interpretieren. Ihre eigenen waren ihr immerhin Rätsel genug.

»Nein, mir ist noch nicht warm.« Demonstrativ zog sie die Decke noch fester um sich. »Dieses mottenzerfressene Ding hier hat nicht den gleichen Effekt wie Körperwärme. Es sind zwar erst drei Tage, aber ich vermisse es jetzt schon, in seinem Arm zu liegen«, dachte Allie laut und hätte sich im gleichen Moment am liebsten selbst geohrfeigt. Manchmal hasste sie es wirklich, das Herz auf der Zunge zu tragen! Konnte sie nicht einmal den Kopf einschalten, bevor die Worte aus ihrem Mund sprudelten?

»Wäre auch der muskulöse, männlich-behaarte Arm einer Eiskönigin okay?«, erkundigte sich Luis.

Allie schielte auf seinen Oberarm. *Was Robbie an Muskeln fehlte, machte Luis definitiv gleich doppelt wett …* »Dein Arm ist doch gar nicht behaart.«

Als Luis ihren Blick bemerkte, spannte er möglichst unauffällig seine Muskeln an. Allies Augen weiteten sich beim Anblick seines Bizeps. Es sah aus, als würde er jeden Moment die Ärmel seines T-Shirts sprengen! Irgendwo in Allies Bauch explodierte ein kleiner Vulkan; sie spürte, wie die Lava von dort aus jede Faser ihres Körpers flutete. Ihre Haut prickelte, augenblicklich waren ihre Hände wieder schweißnass. Doch Luis fuhr seelenruhig fort, als hätte er Allies Reaktion erneut nicht registriert.

»Ne, stimmt. Aber seine waren es. Ich dachte, das würde dir ein bisschen das Gefühl von Vertrautheit geben.«

»Im Moment ist mir mehr nach etwas Neuem, das mich nicht daran erinnert«, erwiderte sie ein wenig atemlos – *imaginäre Ohrfeige Nummer zwei.*

»Na, dann ist ja mein aalglatter Arm, weich wie ein Babypopo, genau richtig.«

Luis streckte seinen linken Arm einladend aus, doch alles in Allie sträubte sich. Und das, wo sie diese Situation selbst provoziert hatte. *Na toll! Was genau will ich eigentlich,* dachte Allie, stand in dem wackeligen Mini-Boot umständlich auf und überlegte fieberhaft, wie sie seinem Arm doch noch entkommen konnte.

Für so viel Nähe war sie noch nicht bereit. Sie brauchte einen Grund aus diesem Bootshaus zu verschwinden, um endlich wieder durchatmen zu können. Leider prasselten die dicken Tropfen immer noch lautstark auf das Wellblechdach. Bevor sie weitere Überlegungen anstellen konnte, hatte Luis sie an der Taille geschnappt, drehte sie, sodass sie einander nicht mehr gegenüber waren, sondern in die gleiche Richtung schauten, und zog sie auf seinen Schoß zwischen seine Oberschenkel. Sein Körper war die himmlischste Kombination aus straffen Muskeln und weicher, warmer, nach Moschus, Wald und Regen duftender Haut, gebräunt vom Training im Freien. *Wie ein verliebtes Pärchen, das in einem Boot den Sternenhimmel beobachtet – wäre da nicht das Wellblechdach. Dabei sind wir alles andere als das*, dachte Allie, *zumindest noch bis vor einer halben Stunde.* Allie schloss die Augen und lauschte dem beruhigenden Klang des Regens.

Sie hatte bisher geglaubt, Luis und sie wären das perfekte Beispiel dafür, dass Freundschaft zwischen Jungen und Mädchen existieren konnte, auch wenn das Ganze erst weniger als ein Jahr ging. Allie hatte Luis auf dem Weg von Wabeno, wo ihre High School lag, zurück nach Townsend, was ihre Heimat war, getroffen. Besser gesagt, er hatte sie getroffen, und zwar mit dem Außenspiegel. Sie hatte den Tag noch ganz genau im Gedächtnis. Denn nachdem sie »Autsch« gejammert hatte, begrüßte Luis sie mit »Hi« – und irgendwie fand Allie das damals echt merkwürdig. Die Frage nach einer ärztlichen Behandlung kam gar nicht erst auf, denn mit etwas über neunhundert Einwohnern hatte Townsend keinen eigenen Arzt. Daher kam man eben ohne aus, erst recht bei einer Lappalie wie einer geprellten Hüfte. Die Mutter ihrer besten Freundin Jenna war nicht nur Hebamme, sondern auch Krankenschwester und Hobby-Ärztin zugleich. *Sie würde Allies Hüfte schon mit irgendwelchen Salben einzuschmieren wissen, darin war sie wirklich gut …*

Sogar durch ihre geschlossenen Lider bemerkte Allie, dass es kurz taghell im Bootshaus wurde. Der Blitz schreckte sie aus ihren Gedanken. »Erinnerst du dich daran, wie wir uns kennengelernt haben?«

Luis schnaubte. »Insbesondere erinnere ich mich daran, wie du mich im Auto angekeift hast: Du meintest, deine Hüfte sei schon so sehr angeschwollen, dass sie die Luftverdrängung erhöhen und dich beim Staffellauf verlangsam würde.« Er lachte heiser und schloss die Arme enger um Allie.

»Das war sarkastisch gemeint«, verteidigte sich diese, aber an Luis' vibrierendem Körper merkte Allie, dass er sie immer noch stumm auslachte.

»Glaub mir, in dem Moment meintest du es todernst! Du warst so wütend auf mich und hast geschimpft wie ein Bauarbeiter. Was für Wörter du kennst! Hat mich damals tief beeindruckt.« Allie hörte an seiner Stimme, dass er grinste. »Und trotzdem: Ich bereue nichts!«

Allie musste lächeln. Nein, sie würde jenen Tag auch nicht rückgängig machen wollen. Zugegeben, für viele ihrer Freunde war das schwer nachvollziehbar. Denn auch nach einem Jahr konnte Allie nicht behaupten, den Mann in ihrem Rücken in irgendeiner Form zu kennen. Sie wusste lediglich, dass er mit seinem Vater zusammenlebte und ihn manchmal bei dessen Arbeit unterstützte. Irgendetwas mit Fischen, nicht sehr ungewöhnlich in Townsend. Mehr persönliche Informationen hatte sie ihm bis heute nicht aus der Nase ziehen können. Luis war verschlossen und stur. Ständig brachte er sie auf die Palme. Sich länger als zehn Minuten lang *nicht* mit ihm zu streiten, lag außerhalb des Möglichen. Und doch nannte sie ihn schon nach sehr kurzer Zeit ihren besten Freund – den besten, den sie je gehabt hatte.

Der Regen prasselte weiterhin unaufhaltsam auf das Wellblechdach und im Minutentakt wurde es hell im Bootshaus, immer dann, wenn ein Blitz über den schwarzen Himmel zuckte. In alter Gewohnheit kuschelte Allie sich wohlig in die warme Umarmung. Sogleich schloss Luis seine Arme fester um sie. Allie versteifte sich, instinktiv wich sie ein Stück nach vorne, weg von dem warmen Körper, der sie umarmt hielt. Der Mann hinter ihr war nicht Robbie. Es war Luis. Mit Luis sollte sie nicht kuscheln. *Sie waren nur Freunde. Nichts weiter.*

Luis musste Allies Reaktion bemerkt haben, schließlich hatte sie sich eben noch an seine Brust geschmiegt und lag jetzt steif wie ein Brett in seinen Armen. Trotzdem lockerte er seinen Griff nicht. An seinem linken Arm spürte er ihr Herz klopfen, ihr frisch gewaschenes

Haar kitzelte an seiner Nase. *Es roch so gut. Was für ein Duft das sein mochte…?* Er wollte diese Position nicht aufgeben.

Allie erkannte, dass Luis keine Anstalten machte, sie aus seinem Griff zu lassen. Erleichtert, nicht die Entscheidung treffen zu müssen, ob sie weiter in Luis' Armen liegen oder aufspringen sollte, gab Allie nach und ließ sich vorsichtig wieder in die Umarmung sinken.

Wie sich die letzten zwei Jahre wohl entwickelt hätten, wäre Luis ihr schon früher über den Weg gelaufen? Seine Umarmung war so anders. In Robbies Armen hatte sie stets ein Gefühl von Geborgenheit überkommen, in Luis' Armen war es nicht nur Geborgenheit, sondern auch Schutz. Das war etwas grundlegend anderes. Hätte sie sich auch dann in Robbie verliebt, wenn sie Luis damals schon gekannt hätte?

Weil Luis genau vier Jahre älter war als Allie, war sie ihm nie begegnet. Als sie auf die Elementary School kam, ging er gerade auf die Middle School, und als Allie auf die Wabeno High wechselte, hatte Luis seinen Schulabschluss schon in der Tasche. Nicht einmal im Kindergarten hätten sie sich über den Weg laufen können, denn Allie war erst im Grundschulalter hergezogen, kurz nachdem sich ihre Mutter von ihrem Vater getrennt hatte. Ihre Urgroßmutter hatte hier gewohnt und eine Pension betrieben. Diese übernahm ihre Mutter, als die Urgroßmutter fast zeitgleich zum Scheidungstermin verstarb. Allies Mutter hielt das für ein Zeichen oder eine göttliche Fügung, Allie selbst hielt das für einen ganz ungünstigen Zufall und eine Katastrophe. Sie war ein Stadtkind und würde das auch immer bleiben!

»He, Al«, raunte Luis sanft und riss Allie damit aus ihren Gedanken. Sich fallen zu lassen war in Luis' Armen so einfach und so schwer zugleich: Einfach, weil sie sich bei ihm in sicheren Händen wusste. Schwer, weil schon zwei Worte von ihm ausreichten, um ihren Puls in Rekordhöhe zu treiben. Sie liebte den Klang seiner Stimme, so tief und rauchig, obwohl er Zigaretten oder härteres Zeug niemals angerührt hätte. Ein Schauer lief ihren Rücken hinab und verursachte ihr Gänsehaut. Nur mit seiner Stimme konnte er ein Feuer in Allie entfachen, das Robbie nicht mal mit einem Flammenwerfer hinbekommen hätte.

»Wir müssen reden«, fügte Luis hinzu, als Allie nicht antwortete. Sie hatte erwartet, dass ihr Herz bei der Ernsthaftigkeit in seiner Stimme, die er nur sehr selten anschlug, noch schneller schlagen würde. Doch sie stellte fest, dass dies nicht mehr möglich war. Aus Angst, ihre Stimme würde zu sehr zittern, brachte sie nur ein »Hm« hervor.

Das Zittern entging Luis nicht. Es schien, als hätte er Mut gefasst, denn er drückte sie nun entschlossener an seine Brust, ihren Kopf in seiner Halsbeuge: »Dir kann doch unmöglich immer noch kalt sein.« Ihr Schweigen nahm er als Aufforderung fortzufahren. »Worüber ich mit dir reden möchte ... Es ist eigentlich ganz einfach: Ich möchte gerne wissen, wie du dir die Zukunft vorstellst.«

Luis spürte, wie sich ihr schlanker Körper in seinen Armen entspannte. Allie hatte mit einem komplizierteren Thema gerechnet. Sie lächelte, fühlte sich auf sicherem Terrain. Sie löste sich aus Luis' Umarmung und drehte sich ein wenig in dem engen Boot, sodass sie Luis ins Gesicht schauen konnte. Von ihrer plötzlichen Positionsveränderung überrascht, sah Luis, wie das Lächeln ihr gesamtes Gesicht öffnete und sie auf eine seltsame Weise erstrahlen ließ. Die feinen Lachfältchen um ihre Augen kräuselten sich, auf ihren Wangen bildeten sich winzige Grübchen, ihre blauen Augen leuchteten. *Wow. Auf einer Skala von eins bis zehn war sie eine Zwölf. In jedem Fall zählte sie zu den schönsten Frauen, die er jemals ...*

»Ha, die Zukunft ist leicht! Erstmal möchte ich weg. Raus hier, aus diesem Kaff, und was von der Welt sehen.« Allie schmunzelte über ihre eigenen Worte. »Bisschen zu klischeehaft vielleicht. Aber ich habe wirklich keine großen Wünsche, nur hohe Erwartungen an mich selbst.« Allie strich sich eine Locke aus der Stirn. »Fürs Erste ist mir ein Studium an einem guten College wichtig. Dann will ich den richtigen Mann kennenlernen. Ich muss von den wichtigsten Personen in meinem Leben immer umgeben sein. Dazu zählen meine Mum und Jenna. Und du vielleicht, wenn ich gerade einen guten Tag habe.«

Luis warf ihr einen gespielt strafenden Blick zu und kniff sie blitzschnell in den nackten Oberschenkel. Quietschend schlug Allie nach ihm, doch Luis zog seine Hände hoch, bevor Allie ihn erwischte, und verschränkte sie hinter seinem Kopf.

Schon besser. Beinahe hatte er sie schon wieder aus der Fassung gebracht! Sie nahm den Faden wieder auf. »Weißt du, ich habe da ein

Bild vor Augen, das den Höhepunkt meines Lebens markiert: Ein Whirlpool im Garten meines wunderschönen Hauses für mich, meinen Mann und meine zwei – nein! – drei Kinder. Ich kann dir nicht genau sagen, warum, aber irgendwie wäre das schon verdammt gut.« Allie stockte und verzog das Gesicht. »Vielleicht sind das doch mehr Wünsche als Erwartungen an mich selbst. Und vielleicht sind es auch ziemlich viele.«

Die Hände noch immer hinterm Kopf verschränkt, betrachtete Luis Allie, die nun schräg auf seinem Schoß saß. In ihren Worten steckte so viel Lebensfreude! Gerne hätte er mit ihr über dieses Thema weitergeredet. Aber er hatte sich vorgenommen, ein wichtigeres Thema in dieser Nacht mit ihr zu besprechen, sei es noch so unangenehm. Es blieb nicht viel Zeit.

»Du hast recht. Höchstwahrscheinlich ein großer Wunschanteil. Aber über genau den möchte ich sprechen, über deine Wünsche für die Zukunft.« Luis suchte ihren Blick. »Nicht über unser Leben in dreißig Jahren. Sondern über unsere Wünsche jetzt. Was hast du konkret vor? Heute, morgen. Ich will darüber reden, was so zwischen uns beiden los ist, Allie.«

Der letzte Satz hallte in ihrem Inneren nach. … *was so zwischen uns beiden los ist, Allie.* Sie reagierte äußerlich erstaunlich gefasst und war plötzlich ganz ruhig. Vielleicht war etwas in ihr auch einfach froh, dass *das Thema* endlich angeschnitten wurde. Was auch immer das Thema sein mochte.

»Zwischen uns was?«

»Komm schon, Al, es ist schon schwer genug, spiel jetzt nicht die Ahnungslose!«

»Was sollte es zwischen uns geben? Wir sind Luis und Allie; Al und Lu, wenn du es so willst.«

»Du kannst meine Gedanken lesen.«

»Ein bisschen gesunder Menschenverstand, nichts weiter. Oder auch weibliche Intuition, der sechste Sinn, nenn es, wie du willst. Und?«

»Niemand versteht mich so wie du.«

»Deshalb sind wir ja auch Al-und-Lu-die-sich-sehr-nahestehen«, betonte Allie jedes einzelne Wort, als wäre Luis schwer von Begriff. »Aber noch einmal: und?«

»Wie nahe stehen wir uns, Allie?«

»Keine Ahnung! Ich habe mein Beziehungsbarometer im Chevy vergessen. Herr Gott, woher soll ich das denn wissen; halt so nahe, wie sich zwei beste Freunde stehen!«

Luis bereute bereits, dass er das Thema angeschnitten hatte. Jedes Mal, wenn er ihr die Hand reichte, ergriff sie sie nicht. Er verstand nicht, weshalb Allie nicht bereit war, das Offensichtliche zuzugeben. Alles in ihm sträubte sich, das Folgende auszusprechen. Sie waren doch das Beispiel, dass Freundschaft zwischen Männlein und Weiblein funktionierte! »Ich glaube einfach nicht, dass das funktioniert.«

Allie wandte sich mit einer Bewegung aus Luis' Arm, sprang aus dem Boot und konnte ihm nun ins Gesicht blicken. Die körperliche Nähe hatte sie wahnsinnig gemacht, total vom Thema abgelenkt. »Luis, ich weiß einfach nicht, wovon du redest. Merkst du denn nicht, dass du noch keine einzige Aussage mit Inhalt gemacht hast, seit du über uns reden willst?« Allie gestikulierte wild mit den Händen.

Er setzte sich auf. »Das könnte daran liegen, dass ich selbst nicht genau weiß, was ich sagen möchte, geschweige denn, wie. Ich weiß nur, dass es wichtig ist. Das mit uns.«

Seine Ehrlichkeit besänftigte Allie augenblicklich. Sie hielt seinen Blick fest und bemühte sich um einen aufmunternden Tonfall. »Dann versuch's, so gut es geht.«

Sie schwiegen einen Moment. Die Stille schien beinahe lauter als das Gewitter, das mittlerweile ein Stück weitergezogen war. Die Regentropfen prasselten nur noch leise auf das Wellblech, als wollten sie nicht stören. Der Mond versteckte sich nicht mehr hinter den schwarzen Wolken und erleuchtete das Bootshaus beinahe taghell.

»Da ist was«, begann Luis zögerlich.

»Oh, Luis, versuch doch mal, dich *noch* undeutlicher auszudrücken«, bat Allie sarkastisch, lächelte aber diesmal. Luis ergriff den Strohhalm und lächelte auch. Plötzlich verflog das Unbehagen und Luis gewann sein Selbstvertrauen zurück.

Allie schnitt ihm jedoch das Wort ab, sehr sanft: »Kann es sein, dass du mir sagen möchtest, dass du etwas für mich empfindest, Lu?«

Luis fiel aus allen Wolken, die Gesichtszüge entglitten ihm. *Wie konnte sie die Tatsachen nur so sehr verdrehen?* Ihr zärtlicher Tonfall beduselte ihn, ansonsten wäre er vor Empörung wahrscheinlich durch das Wellblechdach gegangen. So stieß er sich nur fast den Kopf daran, als er sich im Boot aufrichtete, heraussprang und fast lautlos auf den feuchten Holzdielen aufkam.

»Nein! Nein! Genau das wollte ich *nicht* sagen! Ich … ich habe gar keine Zeit für so etwas wie Beziehungskram. Es ist doch genau anders herum: *Du* empfindest etwas *für mich!* Oder meinst du, ich bemerke deinen rasenden Puls nicht, wenn ich dich berühre? Oder deine Schweißausbrüche, wenn ich eine zweideutige Bemerkung mache?« Der letzte Satz hatte sich schneller seinen Weg aus Luis' Mund gebahnt als beabsichtigt und er wartete angespannt auf ihre Reaktion.

»Ach, so ist das also! Und meinst du, ich bemerke nicht, wie du mich anstarrst, wenn du denkst, ich schaue nicht hin? Oder wie du an meinen Haaren riechst, wenn ich auf deinem Schoß liege wie gerade? Ist übrigens Orangenblütenshampoo, falls dich das oft beschäftigt.«

Das Blut schoss Luis in die Wangen und das passierte nicht oft. Allie holte tief Luft, bevor sie erneut ansetzte. »Ich habe mich vor gerade mal drei Tagen von Robbie getrennt, Luis. Ich möchte zuerst darüber hinwegkommen und dann Erfahrungen sammeln, aufregende Dinge tun – und nicht in die nächste komplizierte Beziehung rutschen.« Sie hielt kurz inne. »Und sollte auch nur ein Fünkchen Wahrheit in dem stecken, was du gerade gesagt hast: Ich würde niemals einen Menschen lieben und vermissen wollen, der meint, dem Tod täglich ins Gesicht spucken zu müssen.«

Diesen Ausdruck hatte Allie schon oft für sein Vorhaben, der U.S. Army beizutreten, benutzt: *dem Tod täglich ins Gesicht spucken.*

Denn Luis hatte ebenso wenig wie Allie vor, den Rest seines Lebens in Townsend zu verbringen. Genau genommen wartete er nur auf seinen einundzwanzigsten Geburtstag, an dem er sich bei der U.S. Army bewerben wollte. Und der war in genau zwei Wochen.

Luis dachte an die stundenlangen Diskussionen, in denen Allie versucht hatte, ihm das auszureden. Doch sie blieb genauso erfolglos wie Luis' Vater, der ihn immerhin überredet hatte, bis zu seinem einundzwanzigsten Geburtstag zu warten. Luis lief weiterhin täglich unzählige Kilometer, hob unmenschliche Gewichte und überwand haushohe Hindernisse. Sie beide wussten, Luis würde mit offenen Armen empfangen werden.

Und von da an *dem Tod täglich ins Gesicht spucken.*

Luis fand den Ausdruck schrecklich melodramatisch, und trotzdem hatte Allie recht: Zwischen ihnen konnte und würde niemals *mehr* sein. Nicht, wenn er in wenigen Wochen Tausende Kilometer von ihr entfernt sein und nur alle paar Monate nach Townsend zurückkehren würde. Es gab keine Zukunft für sie.

Ob es sein konnte, dass er etwas für Allie empfand? Und wie das sein konnte! Er hatte sie angelogen. Luis spürte gähnende Leere dort, wo er sein Herz vermutete. Nicht einmal der Blick in Allies vor Emotionen überlaufendes Gesicht konnte diese Leere füllen. Sein Blick wanderte an ihr auf und ab, wie sie nur eine Armlänge entfernt vor ihm stand und zu ihm aufblickte. *Sie sah unglaublich schön aus. So große Augen!*

»Lass es uns vergessen, Luis«, bat Allie. Er glaubte, eine tiefe Traurigkeit in ihren Worten auszumachen, zwang sich dann aber, nicht mehr in ihre Aussage rein zu interpretieren, als tatsächlich da war.

»Wir schlafen eine Nacht darüber und morgen sind wir Freunde wie immer. Die allerbesten«, versprach sie.

Allie öffnete die Tür des Bootshauses und trat in den Nieselregen, der augenblicklich ihr vom Mondlicht erhelltes Gesicht benetzte und von ihren Armen abperlte. Luis griff nach dem Fahrradschloss auf dem Wellblechdach, mit dem Marshall sein Bootshaus gesichert und natürlich auch diese Nacht nicht offenstehen gelassen hatte. Er ließ es einschnappen. Diesmal grinste Allie ihn vertraulich an und ihr gemeinsames Geheimnis ließ ihn glauben, dass tatsächlich alles wieder gut werden konnte, dass sie wieder Freunde sein würden, als hätte dieses Gespräch nie stattgefunden.

Luis wusste nicht, wie es geschah. Das Letzte, an das er sich erinnerte, war Allies einnehmendes, ihr ganzes Gesicht einbeziehendes Lächeln. Im nächsten Augenblick spürte er ihren warmen Körper an seinem Bauch, ihre Füße zwischen seinen, die Wangen ihres zierlichen Gesichts in seinen Händen. In dem Moment, als ihr heißer Atem sein Kinn streifte, schien die Welt um ihn herum mit davonzuwehen und seine Lippen trafen ihre für eine unendliche Sekunde.

Ein erleichtertes Stöhnen drang aus Luis' Kehle. *Endlich*. Bis zu diesem Moment hatte er nicht gewusst, wie sehr er sich nach ihr gesehnt hatte. Doch mit ihrem Kuss überrollten ihn all die Gefühle der vergangenen Monate wie eine Flutwelle. Er dürstete nach ihren Lippen, als wäre er beinahe ausgetrocknet, gleichzeitig fühlte es sich an, als würde er in ihr ertrinken. Kein Gedanke ließ sich mehr steuern, seine Welt war Allie. Wie ein wunderbarer Strudel, aus dem er nie wieder entkommen konnte. Überall dort, wo Allie ihn berührte, prickelte seine Haut wie elektrisiert, er fühlte das Blut in seinen Adern rauschen, so schnell pumpte sein Herz beim Anblick ihrer erhitzten Wangen.

Doch kaum hatten Allies Lippen seine berührt, spürte er ihre kleinen, aber kräftigen Hände auf seiner Brust, die versuchten, ihn wegzustoßen. Oder wollte sie sich selbst von ihm losreißen? Ihr Körper trennte sich von seinem, sie trat einen Schritt zurück. Die Entfernung zwischen ihnen schmerzte Luis fast körperlich. Benommen suchte er ihren Blick und las darin ihre Gedanken: *Was hatten sie sich dabei gedacht? Warum hatte er sie geküsst? Nein, sie ihn! Oder doch andersherum?*

Verwirrt schüttelte Allie den Kopf. Noch immer spürte sie seine warmen Lippen auf ihrem Mund, seine starken Hände auf ihren Hüften, roch seinen überwältigenden Duft. Allie versagten die Knie, beduselt von dem gewaltigsten Kuss ihres Lebens. Sie verlor das Gleichgewicht. Kurz bevor sie fiel, griff Luis ihren Arm, um sie zu halten. Erschrocken zog Allie die Hand weg, als könnte sie sich an seiner Berührung verbrennen. *Nein! Sie durfte ihm nicht mehr zu nahe kommen. Er würde sie schon bald verlassen! Sie waren nur Freunde. Nichts weiter. Sie durften nichts weiter sein!*

Allie riss sich los und taumelte dabei unkontrolliert ein paar Schritte nach hinten. Abermals erfasste Luis ihren Blick, verständnislos, bestürzt. Er versuchte ein zweites Mal, sie zu halten, doch sie entglitt ihm. Allie schwankte und stolperte einen weiteren Schritt rückwärts. Ihr rechter Fuß rutschte von der Kante, an der es zum Wasser hinunterging. Überrascht riss sie die Augen auf und öffnete den Mund zu einem stummen Aufschrei. Sein »Allie!« blieb Luis im Hals stecken. Er hechtete nach vorne, doch das kam zu spät. Allie verlor das Gleichgewicht, kurz bevor Luis sie erreichte, und stürzte mit dem Kopf zuerst den kleinen Abhang zum *Townsend Flowage* hinunter. Sein Herz setzte einen Schlag aus. Die Klippe war bestimmt nicht höher als zwei Meter, das Ufer des Gewässers jedoch mit großen Steinen gesäumt.

Der letzte Anblick, der sich in Luis' Gehirn brannte, war Allies lebloser Körper an der Stelle, wo Wasser in Land überging, seltsam gekrümmt und mit Blut übersehen. So viel Blut, das aus einem Loch in ihrem Kopf floss und sich mit der dunklen Flüssigkeit neben ihrem Mund mischte. *Erbrochenes?* Ihre Augen waren geschlossen. Mondstrahlen fielen auf ihr Gesicht und die Regentropfen auf ihren Wangen sahen aus wie Tränen.

Von nun an schien jede Sekunde eine Ewigkeit zu dauern. Luis hatte das Gefühl, sich im Zeitlupentempo zu ihr zu bewegen. Er sprang den Abhang hinunter und merkte gar nicht, dass beim Aufkommen sein Knöchel umknickte. Verzweifelt fuhr er sich mit den Händen durch die Haare, sein Herz schlug wie wild.

Was sollte er tun? Er erinnerte sich an nichts. An nichts von dem, was er jemals im Erste-Hilfe-Kurs gelernt hatte. *Dreißig Mal Herzdruckmassage, zwei Mal beatmen! Oder waren es sechzig Mal? Und musste er die stabile Seitenlage anwenden?* Die Panik betäubte ihn wie ein lähmendes Gift. Übelkeit schoss ihm die Kehle hinauf. Fast hätte er sich bei Allies Anblick selbst übergeben, doch er riss sich zusammen, um etwas Sinnvolleres zu tun. Zum Beispiel den Notruf abzusetzen und einen Helikopter zu ordern, der sie ins nächste Krankenhaus bringen würde.

Luis blickte am Bootshaus vorbei den Abhang hoch zum Haus des alten Marshall. *Ein Telefon, er brauchte ein Telefon!* Luis wusste nur, dass er alles, was sein Körper hergab, tun musste, um sie nicht zu verlieren. *Niemals* durfte er sie verlieren. Und deshalb rannte er um ihr Leben.

Zwei

Allie wurde von dem anhaltenden, gleichmäßigen Klopfen an ihrer Zimmertür geweckt. In der Sekunde, die sie bereits wach war, aber noch nicht die Augen geöffnet hatte, wurden ihr zwei Dinge bewusst: Erstens war dieser Raum so grell erleuchtet, dass sie sich eigentlich nur im Himmel befinden konnte, und zweitens würde sie dem ausdauernden Klopfer an der Tür den Marsch blasen.

Sie öffnete die Augen, nicht ohne unendlich viele Male zu blinzeln. Das Rot hinter ihren Lidern wich einer weißen Decke, weißen Wänden und weißem Boden. Mit ihrer Sehkraft fand Allie auch ihre Orientierung wieder und stellte fest, dass das Klopfen nicht von der Tür herrührte, sondern aus ihrem eigenen Kopf. Er pochte, und zwar vom Zentrum aus in alle Himmelsrichtungen. Es fühlte sich an, als ob jemand versuchte, einen Gymnastikball in ihrem Schädel aufzublasen und mehr Luft hineinzupumpen, als es anatomisch möglich war. Sehr bald würde ihr Kopf sicherlich explodieren.

Allie schloss die Augen wieder. Sie kannte dieses Gefühl leider allzu gut. Es war ja nicht so, als hätte sie zum ersten Mal zu viel getrunken. Am meisten daran ärgerte Allie, dass sie niemanden dafür verantwortlich machen konnte, wie elend sie sich fühlte. Keinen Klopfer und keinen Gymnastikball-Aufblaser: einzig und allein sich selbst, die sie es gestern wieder mal mit dem Alkohol übertrieben hatte. *Hackenkackendicht*, wie Robbie das genannt hätte, wenn er selbst schon ein paar Bier intus hatte. Sie war so betrunken gewesen, dass sie keine einzige Erinnerung mehr an den Abend hatte – Filmriss vom Allerfeinsten. Und so langsam, wie ihre Gedanken sich formten, war nicht mal auszuschließen, dass sie immer noch Restalkohol im Blut hatte. *Na großartig!* Aber hey, sie lebte in einem verdammten Dorf! Was sollte man da auch anderes tun, als sich die langweiligen Grillabende am *Townsend Flowage* schönzutrinken?

Sie startete einen neuen Versuch, die Augen zu öffnen. Es klappte! Allie suchte sich einen Fixpunkt und starrte konzentriert auf den kleinen Fleck an der weißen Decke. Erst jetzt begann sie sich zu fragen, in wessen Haus man sie zum Ausnüchtern gebracht hatte. Jennas war das definitiv nicht, das hätte sie erkannt. In Robbies Haus sahen die Möbel aus wie Andenken an den Ersten Weltkrieg, seine Mutter stand nicht auf diesen Alles-in-steril-weiß-Look. Und in Luis' Haus befand sie sich erst recht nicht. Nicht nur, dass er sie noch nie mit zu sich genommen hatte: Nach dem Vorfall am Bootshaus würde sie *nie* mehr ein Wort mit ihm reden, nicht mal, wenn sie hackenkackendicht war … – und in diesem Moment fiel Allie alles wieder ein. Luis, der Unfall, das Bootshaus, die durchnässten Schuhe, der Sturz. Daher also der Gymnastikball in ihrem Kopf. Kein Alkohol.

Sie wagte es, den Blick von ihrem Fixpunkt an der Decke zu nehmen und sich im Raum umzuschauen. Prompt begann alles sich zu drehen, schwarze Schliere waberten vor ihren Augen hin und her. Schnell kniff sie die Augen wieder zusammen und öffnete sie diesmal langsamer. Die Schliere verschwanden.

Außer einem Sessel, einem kleinen Tisch, Jesus am Kreuz und den zugezogenen vergilbten Vorhängen befand sich nicht viel in diesem Zimmer. Sie musste ihren Kopf erst vollständig nach rechts drehen, um die Gerätschaften um sie herum bewundern zu können: ein Kunstwerk aus ineinander verschlungenen Schläuchen, mit Flüssigkeit gefüllten Beuteln und Monitoren. Der Anblick unterschied sich weit von der geläufigen Ausstattung, allerdings ließ er auch keinen Zweifel daran, dass sie sich in einem Krankenhauszimmer befand. Hatte sie es so kolossal weit getrieben, dass man ihr den Magen hatte auspumpen müssen?

Doch dann dachte sie wieder daran, was ihr eben schon eingefallen war: Nicht der Alkohol war schuld an diesem Dilemma, sondern Luis und sein unverschämter Versuch sie zu küssen!

Sie versuchte ihre rechte Hand zu heben und entdeckte eine Kanüle, die in ihrem blau zerstochenen Handrücken steckte. *Oh Gott, wie eklig.* Sie hob die linke Hand und befühlte ihren Kopf. Da, ein Verband. Und ein Pflaster, quer über ihrer Schläfe. Sie war also auf den Kopf gefallen.

Allie beschlich die leise Sorge, dass es etwas Schlimmeres sein könnte. Weshalb sonst hätte man sie aus Townkaff – ihre lieblose Bezeichnung für Townsend – in eine Spezialklinik fliegen sollen? In normalen Krankenhäusern war alles weiß, aber nicht *so* weiß. Dieses Zimmer – und vor allem die modernen Gerätschaften links und rechts von ihr – konnten sich eindeutig nicht in einem Dorfkrankenhaus befinden. Eher in einer größeren, moderneren Klinik in einer Universitätsstadt.

Hoffentlich ließ sich das nicht darauf zurückführen, dass ihrem Kopf etwas Verheerendes zugestoßen war. Wobei sie das eigentlich schon ausschließen konnte: Das mit dem Denken klappte zwar langsam, aber ganz gut. Immerhin wusste sie bereits, wo sie war, und erinnerte sich an die Erklärung für ihre rasenden Kopfschmerzen. Weil ihr nichts Besseres einfiel und sie ziemlich neugierig war, ob ihre Mum gleich mit einer Schimpftirade oder in Tränen aufgelöst den Raum stürmen würde, drückte Allie den roten Knopf an ihrem Nachttisch. Es dauerte keine Minute, bis eine rundliche Afroamerikanerin mit Häubchen freudestrahlend ins Zimmer wackelte und Allie fröhlich begrüßte.

Die Schwester griff nach Allies Hand und legte ihr ein Blutdruckmessgerät an. Allie ließ sie widerstandslos gewähren. Aus dem Augenwinkel beobachtete sie, wie die Schwester stirnrunzelnd ein paar Notizen auf einem Klemmbrett machte.

»Wie … Wie lange habe ich denn geschlafen?«

»Geschlafen?« Flinker, als Allie es ihr zugetraut hätte, lief die Schwester zum Fenster und zog die Vorhänge zurück. Die plötzliche Helligkeit stach Allie in die Augen und jagte einen blitzartigen Schmerz durch ihren Schädel. Schnell kniff sie die Augen wieder zu, doch der Schmerz hielt an. »Wir mussten Sie nach der OP in ein künstliches Koma versetzen. Das … das war vor ein paar Tagen«, antwortete die Schwester vage und steuerte zielstrebig auf ihr Klemmbrett zu, als wollte sie weiteren Fragen entgehen.

»Wie lange genau?«, presste Allie trotzdem hervor. »Habe ich wenigstens Schule verpasst?«

Die Schwester lachte unsicher und der laute Ton hallte noch Sekunden später in Allies Kopf nach.

»Sie sind Lehrerin? Wollen wir mal sehen … wir haben Donnerstag, am Samstag sind Sie eingeliefert worden. Wir haben keine Ferien, das weiß ich allein schon deswegen, weil wir zurzeit so wenig Unfallpatienten haben. Also ja, haben Sie.«

So wenig Unfallpatienten, dass sie mich vor Langeweile wirr plaudert. Allie fiel auf, dass sie schon nicht mehr wusste, was die Schwester gerade gesagt hatte. Oder was sie selbst zuvor gefragt hatte. Plötzlich fühlte sie sich schwer wie Blei, so müde, als würde sie jede Sekunde wegdämmern.

»Wie fühlen Sie sich, Mrs Keepsaker?«, erkundigte sich die Schwester endlich.

Doch für Allie drehte sich die Welt schon wieder, obwohl sie die Augen geschlossen hatte. Ihre Gedanken und alles, was sie in den vergangenen Minuten erfahren hatte, entglitten ihr.

»Mies. Gymnastikball im Kopf, aber das kommt davon, wenn man so hackenkackendicht ist«, murmelte Allie. Eine tiefe Schwärze hüllte sie ein. Sie kam einfach nicht dagegen an. Sekunden später schlief sie tief und fest.

Debbie, die Krankenschwester, musterte Allie noch einen Augenblick lang besorgt, schüttelte den Kopf und fragte sich, wie oft Mrs Keepsaker wohl noch zum ersten Mal aufwachen und dieses Gespräch mit ihr führen würde. Kein einziges Mal war sie länger als zehn Minuten wach geblieben und jedes ihrer kurzen Gespräche hatte sie danach wieder vergessen. Gespräche, die aus Debbies Sicht nicht mal einen Sinn ergaben, denn ihres Wissens nach arbeitete Mrs Keepsaker nicht als Lehrerin. Und was *hackenkackendicht* bedeuten sollte, konnte sich Debbie auch nicht erklären. Gedanklich unterstrich Debbie die Notiz in ihrem Kopf, Mr Keepsaker und seinen Sohn noch einen weiteren Tag zu vertrösten.

Doch Debbies Sorge sollte sich fürs Erste als unberechtigt herausstellen. Sie saß gerade in ihrem kleinen verglasten Kabuff und las die Marie Claire, als das monotone Piepen ihr verriet, dass Mrs Keepsaker wieder aufgewacht war. Eigentlich war ihre Schicht bereits zu Ende und sie hörte schon Phoebes Schritte im Flur schallen, die auf dem Weg war, sie abzulösen. Debbies Fürsorgeinstinkt führte sie dennoch in Mrs Keepsakers Zimmer, das weitaus schöner war als alle anderen auf dieser Etage. Als sie die Tür öffnete, lag die Patientin noch genauso da, wie Debbie sie einige Stunden zuvor verlassen hatte.

»Hallo, Schwester«, begrüßte Allie sie und Debbies Herz machte einen freudigen Hüpfer.

»Guten Abend, Mrs Keepsaker, haben Sie gut geschlafen?«

»Ich denke schon. Aber jetzt tut mein Kopf schrecklich weh. Haben Sie vielleicht etwas dagegen? Etwas Wasser wäre auch schön.«

Debbie versteckte ein kleines Lächeln, als sie Allies Blutdruck erneut überprüfte. Die Stimme der Patientin war klar, das undeutliche Nuscheln vom Nachmittag verschwunden. Das EEG zeigte hervorragende Werte. Vielleicht waren all ihre Bedenken, ob Mrs Keepsaker sich erholen würde, doch völlig unbegründet.

»Selbstverständlich. Ich werde Ihnen gleich etwas bringen. Kann ich sonst noch etwas für Sie tun?«

»Das wäre sehr freundlich. Ich möchte Luis sehen. Können Sie ihn herholen?«

Die dickliche Frau strahlte Allie an. »Natürlich. Ein Glas Wasser, eine Ibuprofen und Luis. Ganz wie Sie wünschen.«

Nachdem die Schwester die weiße Tür hinter sich zugezogen hatte, fragte sich Allie, seit wann man im Krankenhaus wie im Hotel behandelt wurde. Sie betrachtete ihre rechte Hand und blickte auf die durchsichtige Kanüle. Diesmal kam ihr der Anblick nicht so neu vor wie am Nachmittag und sie erinnerte sich dunkel, den großen blauen Fleck rund um das Einstichloch schon einmal gesehen zu haben. Sie schloss die Augen, aber die Müdigkeit überfiel sie nicht, stattdessen trocknete ihr Hals mit jedem Atemzug mehr aus. Bald würde ihre Speiseröhre in ihren Magen hinunterkrümeln.

In der Stille konnte sie das Murmeln vor ihrer Tür hören – auch ohne den Inhalt der Worte zu verstehen, blieb Allie die Aufregung, die in dem Gesagten lag, nicht verborgen. Es ging um sie. Das war ihr völlig klar.

Wenige Sekunden später riss Debbie die Tür auf, unter ihrem Arm das Klemmbrett, ein großes Glas Wasser in ihrer Hand und ein Döschen in der anderen. Allie griff hastig nach dem Wasserglas. *So fühlte man sich also kurz vor dem Verdursten.* Das Wasser lief Allies Kehle runter, doch sobald sie auch den letzten Tropfen gierig geschluckt hatte, überkam sie ein Gefühl, als drehte sich ihr der Magen um.

Während sie die Tablette nun ohne Wasser herunterwürgte, spürte sie Debbies Blick auf sich ruhen. Die Schwester wirkte nervös. Irgendetwas stimmte nicht. Offensichtlich war Debbie eine schlechte Lügnerin und tat sich schwer damit, ihre Gefühle zu verstecken. Sie umklammerte das Klemmbrett, als hielte sie sich daran fest. »Mrs Keepsaker, ich brauche für die Akten Ihr Geburtsdatum. Können Sie es mir nennen?«

Weit und breit kein Stift zu sehen, mit dem Debbie das Datum hätte notieren können. Allie nannte es ihr trotzdem.

»Sehr gut, danke.«

Die nächste Frage hätte offensichtlicher nicht sein können und Allie hasste es, für dumm verkauft zu werden. Oder für nicht zurechnungsfähig. Oder beides.

»Wissen Sie auch, welcher Tag heute ist?«

»Ja, Schwester. Sie haben mir gesagt, dass wir Donnerstag haben.« Allie runzelte missbilligend die Stirn. »Da ich nicht weiß, wie lange ich geschlafen habe, könnte es immer noch Donnerstag sein, vielleicht spät am Abend; habe ich allerdings länger geschlafen, könnte auch bereits Freitag sein. Ich bezweifele hingegen, dass ich derart lange geschlafen habe, dass es bereits Samstag ist. Im Übrigen kenne ich auch meinen Namen, meine Anschrift und weiß, was ich zuletzt zu Mittag gegessen habe.«

Debbie errötete und tat, als vertiefte sie sich ganz in den Unterlagen auf ihrem Klemmbrett. Sogleich schämte Allie sich, die Schwester angefahren zu haben. Sie machte ja wirklich nur ihren Job.

»Ihr Besuch kann Sie leider erst morgen früh erreichen, Mrs Keepsaker, die Besuchszeit ist schon lange vorbei. Ich werde Ihnen gleich ein Schlafmittel bringen.« Debbie redete weiter, bevor Allie sie unterbrechen konnte. »Ich weiß, Sie haben vorerst genug geschlafen, aber wir müssen Sie an einen normalen Tag-Nacht-Rhythmus gewöhnen und es ist bereits sehr spät.« Debbie lächelte schüchtern und Allie erwiderte es großzügig. Dann verschwand die Krankenschwester aus dem Zimmer.

Dieser Mistkerl! Der Unfall war schließlich auf seinen Mist gewachsen und dann schaffte er es nicht einmal, sich noch an diesem Abend hierher zu bewegen! Wo er doch sonst eher nachtaktiv war. Aber vielleicht tat sie ihm auch unrecht. Woher sollte sie schließlich wissen, ob das Krankenhaus überhaupt mit dem Auto zu erreichen war? So modern, wie es aussah, könnte es auch in einer Großstadt liegen. Madison, vielleicht sogar Chicago, je nachdem, wie schwer ihre Verletzungen waren. Sie nahm sich vor, die Schwester beides so schnell wie möglich zu fragen. Doch als Debbie das Schlafmittel und eine Scheibe Toastbrot mit einem Töpfchen Marmelade brachte, war sie fast wieder weggenickt und vergaß es. Das Brot blieb unangetastet und Allie schlief schneller ein, als sie es erwartet hatte.

Erstaunlicherweise schlief Allie die ganze Nacht tief und fest. Als sie jedoch am nächsten Morgen erwachte, waren von dem Toastbrot nur noch ein paar Krümel übrig, das Marmeladenschälchen hatte sie – wahrscheinlich mit einer Toastecke, wie sie es immer tat – leer gewischt. Sie konnte sich nicht daran erinnern, in der Nacht wach gewesen zu sein, gab jedoch nicht viel darauf, da sie den vorherigen Tag noch genau im Kopf hatte und wusste, was heute geschehen würde: Luis würde sie besuchen.

Allie hoffte nur, dass sie nahe genug an ihn heran kam, um ihn festzuhalten. Anderenfalls würde er mit Sicherheit schon Sekunden nach Beginn ihres Wutanfalls flüchten. Allie hatte nämlich herausgefunden, dass man ihr eine kleine Stelle rund um den Schnitt in ihrer rechten Schläfe kurz rasiert hatte. *Der konnte was erleben!*

Sie hätte sich auch gerne dabei imposant vor ihm aufgebaut, allerdings schmerzte ihr Kopf heute noch schrecklicher als am Vortag, und jedes Mal, wenn sie den Blick von ihrem Fixpunkt – einem Wasserfleck in der Decke – abwandte, wollte sie ihren Mageninhalt von sich geben – und den Magen am besten gleich mit. Demnach hatte sie sich auch noch keinen Zentimeter aus ihrem Bett bewegt und bisher auch noch nicht viel von ihrer näheren Umgebung gesehen. Außerdem hätte sie sich gerne geduscht und alltagstauglich angezogen, doch auch das war in ihrem jetzigen Zustand nicht möglich.

Die Tür sprang auf und eine Gestalt rauschte herein. Schon aus dem Augenwinkel erkannte Allie an dem langen Kittel, dass es sich nicht um Luis handeln konnte.

Der Arzt warf einen kurzen Blick auf eine Tafel an ihrem Fußende, in seine Unterlagen, auf ihre Monitore, wieder in seine Unterlagen und schaute letztendlich mit einem Lächeln dahin, wo er unter alldem Verband Allies Gesicht vermutete.

»Schön, dass wir uns kennenlernen, Mrs Keepsaker«, piepste er. Sein Grinsen war wie festgefroren, als versuchte er, betont fröhlich zu wirken. Er griff nach Allies gesunder Hand und schüttelte sie energisch. »Die Schwester hat mir schon von Ihren Fortschritten berichtet. Wie geht's, wie steht's heute, an was erinnern Sie sich?«

Oh Gott, wollte er etwa die ganze Geschichte hören?

»Nun, ich hatte einen Unfall, bin auf den Kopf gefallen«

»Sehr schön!«

»Das sehe ich anders.« Allie runzelte die Stirn. »Dann bin ich ohnmächtig geworden und offensichtlich wurde ich in ein künstliches Koma versetzt und habe etwas länger geschlafen. Mein Kopf tut scheiße – äh – sehr weh. Luis wollte mich heute besuchen. Ich kenne meinen Namen und meinen Geburtstag. Und wir haben Freitag.«

»Sehr schön, sehr schön, Mrs Keepsaker. Sie haben die volle Punktzahl erreicht und das ohne Gegenfragen.« Er klatschte in die Hände und Allie zuckte zusammen. »Das erleichtert mich ungemein. Wie verhält es sich mit meinem Namen?«

Kurz war sie irritiert, aber dann antwortete Allie sicher:

»Den haben Sie mir heute noch nicht genannt.«

Sein künstliches Dauergrinsen verwandelte sich in ein mitleidiges Dauergrinsen und Allie hätte schon wieder an die Decke gehen können, ob der Tatsache, dass jeder sie behandelte, als wäre sie nicht ganz bei Verstand.

»Ich möchte ganz ehrlich zu Ihnen sein, Mrs Keepsaker: Genau genommen habe ich mich Ihnen schon dreimal vorgestellt. Mein

Name ist Dr. Walden, ich bin Chefarzt hier in der Neurologie. Machen Sie sich aber keine Gedanken, denn Ihr jetziger Zustand lässt darauf schließen, dass Sie mich – und alle anderen Ereignisse natürlich auch – nicht mehr so schnell vergessen werden wie bisher. Ich bin da zuversichtlich.«

Alles drehte sich. Allie spürte das Pochen in ihrem Schädel stärker werden, als sie versuchte, die Informationen zu verarbeiten. *Dreimal war sie ihm schon begegnet?*

»Ja, Mrs Keepsaker. Das erste Mal sind Sie am Mittwoch aufgewacht. Sie haben allerdings nicht viel geredet, Sie wollten – entschuldigen Sie die Ausdrucksweise, ich zitiere nur – *Luis sehen und ihm den Arsch versohlen.*« Er gluckste. »Das zweite und dritte Mal sind Sie gestern aufgewacht. Als Sie gestern Mittag wach wurden, haben Sie mir allerdings nur von einem Gymnastikball in ihrem Kopf, von einem Robbie und von einem Klopfer berichtet, dem Sie den Hals umdrehen wollten, obwohl Sie relativ klar wirkten. Und das letzte Mal war gestern Abend. Da konnten Sie sich zwar nicht an mich, aber an alles andere erinnern, das am Mittag geschehen ist. Sie haben die Schwester ganz schön aus den Socken gehauen mit Ihren ganzen Erinnerungen – sogar den Wochentag wussten Sie. Wir haben das als gutes Zeichen aufgefasst.«

Das weiße Zimmer drehte sich immer schneller. Der Arzt machte einen Kopfstand. Allie wusste, dass dem nicht so war und dass ihre Augen ihr nur einen Streich spielten. Doch sie sah den kopfstehenden Doktor weiterhin so real wie die vergilbten Vorhänge und den Wasserfleck an der Decke.

»Diese kleinen gedanklichen Irrtümer, so nennen wir sie mal, stammen von dem Schädelhirntrauma, das Sie erlitten haben. Am Mittwoch haben Sie auf der Glasgow-Koma-Skala einen Wert von sieben erreicht. Sieben von fünfzehn. Damit gehört Ihr Fall eher zu den komplizierteren, aber ich bin mir sicher, Sie würden heute einen besseren Wert machen. Schließlich hatten Sie ja gerade schon volle Punktzahl.«

Der Arzt kicherte, aber Allie kam nicht hinterher. Sie verstand nicht, was er sagte, und sie fühlte sich dumm wie ein kleines Kind. Kurz fragte sie sich, ob er einen Aus-Knopf hatte. *Sie konnte die Kas-*

sette später weiter hören, wenn sie ausgeschlafen hatte. Aber sie wollte nicht, dass er merkte, dass sie ihm nicht folgen konnte. Sie wollte respektiert werden und er sollte nicht aufhören zu reden. Deshalb riss sie die Augen auf und lächelte höflich, da er auch lächelte.

»Bitte vergessen Sie das nicht, Mrs Keepsaker. Was Sie gerade so sehr verwirrt, ist etwas, das wir retrograde Amnesie nennen. Das ist nur ein kurzer Gedächtnisverlust, der oftmals nach einer Narkose oder eben nach einem künstlichen Koma auftritt. Das heißt, es ist völlig okay, wenn Sie sich nicht ganz an die Ereignisse vor ihrem Unfall erinnern. Und ein zeitweiser Ausfall des anterograden Gedächtnisses, also Ihres Kurzzeitgedächtnisses, ist ebenfalls ganz normal. In Ordnung?«

Allie lächelte verständnisvoll, als der Arzt ihr beschwichtigend die Hand auf die Schulter legte. Sein zufriedenes Grinsen sagte ihr, dass sie ihre Rolle gut spielte. Nach außen hin wirkte sie gefasst, in ihrem Inneren tobte ein Sturm. Aber sie durfte nicht zulassen, dass er sie aus falscher Sorge schonte. Sie musste die ganze Wahrheit erfahren.

»Mrs Keepsaker?«

»Ja?«

»Wollen Sie nun, oder nicht?«

»Entschuldigen Sie bitte. Was genau sagten Sie?«

»Ob Sie gerne eine weitere Ibuprofen gegen die Kopfschmerzen hätten. Sie sehen ein bisschen verkrampft aus.«

»Das wäre gut, danke sehr.«

»Ihr Besuch hat sich übrigens für heute Nachmittag angekündigt. Sie freuen sich bestimmt.«

»Kommt meine Mutter auch?«

»Ich werde sehen, was sich da machen lässt.« So schnell, wie er gekommen war, rauschte Dr. Walden aus dem Zimmer.

Allie beschloss, sich noch ein weiteres Mal aufs Ohr zu legen, bevor Luis, hoffentlich mit einem riesigen Blumenstrauß – *oh, das wollte sie ihm aber geraten haben!* – kommen würde.

Diesmal wusste Allie schon im Halbschlaf, dass das Klopfen nicht aus ihrem Kopf, sondern von der Tür kam. Hatte sie schon wieder so lange geschlafen? Sie hätte sich zumindest gewünscht, schon ein wenig früher aufzuwachen; ihr zerknautschtes Gesicht würde ihr Luis gegenüber jeden Rest Autorität nehmen.

Eine Sekunde lang geschah nichts, dann öffnete sich die Tür langsam und zaghaft. Ein großer schlanker Mann mit braunem, zerzaustem Haar streckte seinen Kopf durch den Türspalt. Aber es war nicht Luis. Der muss in den Achtzigern stecken geblieben sein, dachte Allie angesichts des dicken schwarzen Brillengestells auf seiner Nase. Er wirkte sehr sympathisch, als er das Gesicht der Person im Bett suchte, es fand und feststellte: »Ich muss mich im Raum geirrt haben.«

Doch gegensätzlich seiner Erkenntnis schloss er nicht die Tür, sondern schob sie weiter auf und zog einen kleinen Jungen mit dem gleichen braunen Vogelnest auf dem Kopf hinter sich her.

»Das glaube ich auch«, versuchte es Allie zaghaft, aber der große Mann lachte und zeigte dabei zwei gerade Reihen weißer Zähne. Er passte zur Einrichtung.

»Das war doch nur ein Scherz! Ich meinte das, weil dich dein Turban da fast bis zur Unkenntlichkeit verhüllt.«

Mit großen Schritten ging er aufs Bett zu und drückte Allie einen Kuss auf den Teil der Stirn, der nicht verbunden war. Sie registrierte es erst, als es bereits geschehen war.

»Komm her, Mo«, sagte er zu dem kleinen Jungen, »sag Hallo. Du brauchst gar keine Angst zu haben.« Aber der Junge starrte Allie nur weiter mit seinen großen, besorgten Augen an, den Stoffhasen im Arm, und hielt einen Sicherheitsabstand. Allie fand keine Worte.

»Wie geht es dir, mein Schatz? Ich bin so froh, dass du aufgewacht bist.«

In ihrer Überforderung schnellte Allies Hand instinktiv zu dem roten Knopf an ihrem Nachttisch und diesmal war Debbie noch schneller da als beim ersten Mal. Der Mann schaute verständnislos auf sie herab und Debbie sichtete von der Tür aus schnell die Lage, bevor sie neben Allie ans Bett trat.

»Ist alles in Ordnung, Mrs Keepsaker? Haben Sie wieder Schmerzen?«

»Ich – dieser Mann ist das Problem. Ich kenne ihn nicht, aber … aber er küsst mich.«

Der kleine Mo und sein Stoffhase hatten sich keinen Zentimeter bewegt, seit sein Vater ihn in diese weiße Zelle gezogen hatte. Er verstand nicht, was die Erwachsenen redeten, aber er hatte ein außerordentlich gutes Gespür für Gefühle. Und obwohl er das Wort noch nicht kannte, spürte Mo, dass sich dieser Raum bis oben hin mit *Panik* füllte.

Debbie wollte das Wort ergreifen, aber der große Mann kam ihr zuvor. »Liz, das ist doch nicht dein Ernst! Was soll das heißen? Natürlich kennst du mich.«

»Sir, vielleicht wäre es besser, wenn wir Mrs Keepsaker erst noch ein wenig …«

»Liz, bei allem Verständnis, das kannst du nicht ernst meinen. Du kennst mich wie niemanden sonst! Und Mo. Komm her, Mo, und sag endlich Hallo!«

Mo blieb wie versteinert stehen und die Schwester fasste den Mann am Oberarm. Sie wirkte jetzt größer, als sie eigentlich war. »Ich bitte Sie, Mr Keepsaker, wir gehen jetzt erst einmal vor die Tür. Mrs Keepsaker kann so viel Aufregung noch nicht vertragen.«

Allie hatte das Gefühl, ihre Synapsen im Kopf klappern zu hören. *Nichts machte Sinn, nichts! Wann tauchte Luis endlich auf? Konnte er nicht einmal pünktlich sein?*

Die Panik, die Mo gespürt hatte, machte sich auch jede Faser von Allies Körper zu eigen. Übelkeit kletterte ihre Kehle hinauf. Trotzdem wollte sie nicht, dass hinter ihrem Rücken über sie entschieden oder auch nur geredet wurde. Sie war verwirrt, aber sie war nicht unzurechnungsfähig.

»Nein, halt!«, rief sie entschlossen. »Er soll bleiben. Ich will wissen, was hier los ist und wer die beiden sind. Und wer ist Liz?«

Die anderen blickten bestürzt zu Boden. Niemand sagte ein Wort. Als der Mann seinen Blick hob, sprachen Ungläubigkeit und Zweifel aus seinen Augen.

»Du bist Liz … Alison Keepsaker, aber wir nennen dich Liz, weil du deinen richtigen Namen hasst und im College entschieden hast, dass du nie wieder mit deinem früheren Spitznamen angesprochen werden möchtest. Deshalb nenne ich dich – wir *alle* nennen dich – Liz.« Der Mann, den Debbie Mr Keepsaker genannt hatte, starrte sie mit großen Augen an und Allie starrte zurück. Stumm sah sie ihm in die Augen. Wartete, dass die Erkenntnis über sie hereinbrach. Doch nichts geschah. Fast hätte sie gewürgt, doch sie schluckte die Übelkeit herunter.

»Eigentlich nennt man mich Allie, *alle* nennen mich Allie. Und ich mag meinen Namen. Woher meinen Sie mich zu kennen?«

Er riss die Augen noch weiter auf, stockte, bevor er die Sprache wiederfand. »Wir sind seit vier Jahren verheiratet, Liz. Ich bin Aaron, dein Ehemann. Ich habe deinen Nachnamen angenommen, weil du ihn wegen deines beruflichen Erfolges behalten wolltest. Wir sind gerade in ein neues Haus gezogen. Du hast es ausgesucht, weil dir die Blumenwiese vor dem Haus so gut gefallen hat. Mo hat jetzt ein größeres Zimmer und du hast eine Bibliothek für deine Bücher. Erinnerst du dich?«

»Um ehrlich zu sein: nein. Sie müssen sich wirklich vertan haben. Sehen Sie, man erkennt mich echt schlecht in dieser Mumienverkleidung und …«

In diesem Moment fiel Allie, Alison, oder auch Liz, auf, dass ihre Begründung keinen Sinn machte. Wenn dieser Mann überzeugt davon war, seine Frau vor sich zu haben, so irrte er bestimmt nicht wegen eines Kopfverbandes. Und ihr fiel ein, dass Debbie diesen Mann, der behauptete Aaron, ihr Ehemann, zu sein, Mr Keepsaker genannt hatte.

Drei Augenpaare starrten sie an. Allie kam es vor, als lechzten Debbie und dieser Aaron nur nach ihren nächsten Worten, nach neuem Unsinn, den sie ihr vorhalten konnten: *Sie ist verrückt, hört nur, was sie da redet, sie ist völlig durchgeknallt!*

Sie fühlte sich wie in einem ihrer schlimmsten Albträume: Man wollte etwas sagen, doch sobald man den Mund öffnete, kamen ganz andere Worte heraus, als gedacht. *Irrsinn!* Erneut begann sich das Zimmer zu drehen.

»Schauen Sie, Mrs Keepsaker«, begann Debbie, »der kleine Irrtum hier könnte von der Aspirin kommen, die ich Ihnen vorhin noch …«

»Nein! Ich kann nicht verheiratet sein, verstehen Sie? Ich habe mich vor ein paar Tagen erst von meinem ersten Freund getrennt und im Sommer möchte ich mich an der University of Wisconsin einschreiben. Ich bin zu jung, ich gehe zur Schule. Und ich heiße Allie.«

Aarons Gesicht erhellte sich. »Sprichst du von diesem Robbie, deinem damaligen Freund?«

Ein kalter Schauer jagte über Allies Rücken, obwohl sie schwitzte. *Er wusste von Robbie!*

»Ja, wir waren zwei Jahre ein Paar, seit wir fünfzehn sind. Aber jetzt ist es vorbei.«

Als würde die Zeit stillstehen, dachte Allie, so ruhig ist es. Vielleicht sagte eine Minute keiner ein Wort, vielleicht waren es aber auch nur Sekunden, bis Aaron sprach.

»Ich … kenne die Geschichte von Robbie. Du hast dich von ihm getrennt, als du siebzehn warst. In deinem letzten Sommer in Townkaff, wie du es nennst. Aber das ist jetzt über siebzehn Jahre her, Liz.«

Allies Blick traf Mos. Sie sah, dass er sie erkannte, aber sie erkannte ihn nicht. Sie sah die blauen Augen, die sowohl sie selbst als auch ihre Mutter besaßen – sie nannten das ihr *Keepsaker-Gen.*

Der kleine Mo war ihr Sohn und sie konnte sich nicht an ihn erinnern! Ein einzelner geschockter Schluchzer entfuhr ihr.

Ihr Gestern, das kein bisschen weniger deutlich war als jedes Gestern, das sie je erlebt hatte, lag siebzehn Jahre zurück. Siebzehn Jahre ihres Lebens waren ihr entglitten.

Allie riss die Augen so weit auf, wie sie konnte – doch sie wachte nicht auf. Das hier war kein Traum. Der Schmerz in ihrem Kopf hämmerte, ihr Magen rebellierte, Galle brannte sauer in ihrem Mund, blanke Angst schnürte ihr die Kehle ab. Doch Allie spürte nichts davon, so übermächtig ergriffen die seelischen Qualen von ihr Besitz.

Erneut starrte sie in die blauen Augen ihres Sohnes, auf der Suche nach einer Erinnerung. Sie konzentrierte sich so sehr, bis das Denken schon wehtat. Aber da war nichts. *Nichts!* Tränen schossen ihr in die Augen. Tränen, weil sie sich nicht erinnerte. *Weil sie ihren eigenen Sohn vergessen hatte.* Hilfesuchend blickte sie von Aaron zu Debbie, die ebenso hilflos zurück starrten. *Das war unmöglich.* Sie konnte doch nicht siebzehn Jahre ihres Lebens einfach vergessen haben! Irgendetwas musste hier schief gegangen sein. Eine Verwechslung oder falsch eingestellte Medikamente, vielleicht … Doch in ihrem Innersten wusste Allie bereits, dass das nicht stimmte.

Die schwarzen Schliere tanzten wieder vor ihren Augen. Sie hörte Debbie und Aaron miteinander sprechen, aber ihre Worte rauschten an Allie vorbei, sie verstand kein einziges. Die aufgeregten Stimmen wurden immer leiser, bis Allie nichts als ein langes, monotones Piepen hörte.

Allie fiel nicht in Ohnmacht, aber verschwand in einem Zustand, den Dr. Walden später als *apathisch* protokollierte. Sie hörte kein Wort mehr von dem, was Debbie, Aaron, Mo oder Dr. Walden sagten. Stattdessen *spürte* sie es, wie ihr Sohn. Sie spürte Aufregung, Sorge, Spannung, *Panik*. Noch einige Jahre später glaubte sie insgeheim, dass sie das Weinen ihres Kindes dennoch gehört hatte.

Es war Sommer 2014.

Drei

Beinahe viertausend Kilometer von Allies Krankenhauszimmer entfernt wirbelten dreihundert PS eines alten Cadillac STS eine große Staubwolke in die trockene Hitze am Lions Bay. Der Wagen, der vor Kurzem zumindest zum Teil seinen fünfzehnten Geburtstag gefeiert hatte (die vielen Ersatzteile, die gewiss mehr als die Hälfte des Gesamtwerks ausmachten, zählten weniger Jahre), raste auf dem Weg Richtung Süden. Er brauchte sich dabei nur den Sea-to-Sky-Highway an der Küste entlangzuschlängeln.

Aus dem ruhigen Gewässer zu seiner Rechten erhoben sich lauter grüne Inseln wie Schildkrötenpanzer. Es könnte alles so idyllisch sein, würde die Luft trotz der Nähe zum Wasser nicht beinahe Feuer fangen und würde die Aussicht nicht seit bereits drei Stunden die Gleiche sein.

Wäre im alten Cadillac ein Navigationssystem angebracht, so könnte man sehen, dass Lions Bay sich an der Westküste British Columbias befand, der äußersten Provinz Kanadas. Das Gewässer zur Rechten war ein kleiner Arm der Strait of Georgia, die sich an der westlichen Grenze zwischen Kanada und den USA ins Festland fraß.

Für den Fahrer des Cadillacs wirkte die Umgebung schon lange trist und trostlos, doch auf eine Weise gefiel ihm ihre Beständigkeit. Insgeheim konnte er sich mit der Umgebung identifizieren: Er tat sich ebenfalls schwer mit Veränderungen. Außerdem tröstete ihn der Gedanke, dass er in nur einer Stunde eine der größten und bekanntesten Metropolen Kanadas durchqueren würde: Nur noch wenige Meilen, dann würde er zwischen den Hochhäusern Vancouvers der Grenze zu den Vereinigen Staaten von Amerika immer näher kommen. Was ihm daran nicht gefiel, war der Gedanke an das Schneckentempo, das er dort wohl an den Tag legen müsste, wenn ihm das Leben der High Society und der asiatischen Touristen wichtig war.

Er hatte es eilig.

Momentan kletterte die Tachonadel des Cadillacs auf einhundertsiebenundsiebzig Stundenkilometer. Für gewöhnlich verabscheute er verantwortungslose Raserei, aber er hatte ein wichtiges Ziel. Rational gesehen erschien es ihm utopisch: In mittlerweile einer Stunde und sechs Minuten ging sein Flug am YVR Vancouver International Airport und um dorthin zu gelangen, musste er sowohl die Lions Gate Bridge als auch Downtown durchqueren.

Auf der anderen Seite war ihm der Anruf, der heute Morgen auf seinem Festnetztelefon eingegangen war, ebenfalls utopisch vorgekommen, und das hatte ihm wieder einmal gezeigt: Man durfte die Hoffnung nie aufgeben. Darum drückte er das Gaspedal durch und hoffte auf ein Wunder – oder auf die Verspätung seines Fluges.

An diesem Morgen hatte das Telefon ungewöhnlich früh geklingelt, sodass Luis sich alarmiert aus seinen Bettlaken wühlte, eine verdutzte Katie Harpers dort zurückließ und mit wippender Halberektion die Holzstufen zu dem Kabeltelefon an seiner Küchenwand hinunterstolperte. Gleich nachdem der Anrufer seinen Namen genannt hatte, wusste Luis, dass ihn seine Intuition nicht getrogen hatte: Der Anrufer hieß Aaron Keepsaker, und obwohl er ihn nie getroffen hatte, kannte Luis diesen Mann zu gut.

Ein Gefühl der Erlösung strömte durch Luis' Körper. Er war vorbereitet. Wie lange hatte er auf diesen Anruf gewartet? Jahrelang hatte er sich bereits gefragt, wann es so weit sein würde, unter welchen Umständen man ihm letztendlich, wenn es zu *der Sache* kam, gegenübertreten würde. Zutiefst betrübt? Himmelhochjauchzend? Stocksauer? Luis tippte auf Letzteres.

Doch nichts davon traf zu. Aaron Keepsaker rief nicht wegen *der Sache* an und dieser Fakt sollte Luis für den Rest des Tages – und insgesamt gesehen noch viel länger – völlig aus dem Konzept bringen.

Nachdem das Telefonat beendet war, konnte Luis kaum einen klaren Gedanken fassen. Auf einen Notizblock auf seinem Küchentresen hatte er die Daten eines für ihn reservierten Fluges notiert, der ihn noch an diesem Nachmittag an die Ostküste Amerikas bringen sollte. Außerdem hatte er eine Adresse dazugeschrieben und der Name darüber, doppelt unterstrichen, erinnerte ihn an die Dringlichkeit, weshalb er noch innerhalb der nächsten halben Stunde Richtung

Vancouver aufbrechen musste, um diesen Flug zu erwischen. Die Dringlichkeit hieß *Alison Keepsaker*.

Luis hatte seinen Nachtgast Katie recht schroff nach Hause gebeten und seinen gesamten Kleiderschrankinhalt in einer Tasche verstaut, weil dieser erstens komplett hineinpasste und weil ihm zweitens die Nerven fehlten, etwas auszuwählen. Dann hatte er den Wagen seines Vaters gestartet.

Der Cadillac stieß lautstark an seine Grenzen, der Motor röchelte als würde er Benzin spucken – Luis lockerte den Griff um das Lederlenkrad. Die Tachonadel kroch zurück. Wenn er nicht pünktlich ankam, würde er halt den ersten Flug am nächsten Morgen nehmen. Aber irgendwie erschien ihm das unmöglich.

Wenn Allie ihn nach sechzehn Jahren kontaktierte – kontaktieren ließ – so brauchte sie unbedingt seine Hilfe, das wusste er. Es musste etwas wirklich Schlimmes passiert sein. Nicht einmal anlässlich des Todes ihrer Mutter hatte Allie auch nur ein Wort mit ihm geredet. Er war bloß nicht darauf vorbereitet, aus einem anderen Grund als *der Sache* zu ihr zu reisen und er glaubte vor Sorge, Nervosität und Unwissen beinahe durchzudrehen.

Trotz des *Wahnwitzes dieser Aktion* (mit diesen zeternden Worten hatte Katie das Ganze jedenfalls betitelt, sogar dann noch, als die Haustür bereits hinter ihr ins Schloss gefallen war) trat Luis wieder aufs Gaspedal. Er hatte sich vorgenommen, noch an diesem Abend bei Allie anzukommen und was er sich vornahm, gab Luis meistens nicht so schnell auf.

Als sich Luis in letzter Sekunde an Bord schob, hatte er seinen Namen schon das dritte Mal aus dem Lautsprecher schallen hören. Er wischte sich mit dem Handrücken über seine verschwitzte Stirn und fing dabei den strafenden Blick eines Mannes auf, der in der ersten Reihe am Gang saß. Der Anzugträger links daneben sah wie demonstrativ auf seine Uhr. Luis achtete weder auf sie, noch auf das kokette Lächeln einer jungen Dame, die sich bei seinem Anblick kerzengerade hingesetzt hatte.

Er war einer dieser glücklichen Menschen, die das Alter attraktiver machte. Die Lachfalten um seinen Mund waren tiefer geworden – und das, obwohl Luis gar nicht so häufig lachte. Die Ränder seiner Schläfen ergrauten bereits leicht. Er selbst sorgte in jahrelang angelernter Disziplin dafür, dass kein einziger Muskel seines Körpers schwächer wirkte, als er es noch vor zehn Jahren gewesen war. Seine Lebenserfahrung und das damit einhergehende Selbstvertrauen ließen ihn heißer wirken als einen muskelbepackten Mittzwanziger mit Pilotenbrille – das sagte zumindest Katie.

Der Flug verlief ohne Turbulenzen. Fünf Stunden später atmete Luis zum ersten Mal seit langer Zeit Ostküstenabendluft ein. Er mietete einen älteren GMC Pick-up, weil er seinem ersten Wagen sehr ähnlich sah. Der, mit dem er Allie durch einen Unfall kennengelernt hatte. Er hatte sogar eine Gangschaltung, wie damals, als er sich noch keinen Automatikwagen leisten konnte. Gott sei Dank gab es dennoch einen gravierenden Unterschied zu seinem alten Pick-up: ein Navigationssystem. Luis tippte mit unruhigen Fingern – ihm fehlte sowohl die Geduld als auch die Fingerfertigkeit für Touchscreens – die Adresse ein, die er noch am Morgen auf einen *Dina's Place* Notizblock gekritzelt hatte.

Laut seines Navigationssystems dauerte die Fahrt vom Flughafen zum Haus der Keepsakers eine knappe halbe Stunde. Indem er jede Geschwindigkeitsbegrenzung überschritt, schaffte Luis die Strecke nach Rose Tree, einem Vorort von Philadelphia, in einer Viertelstunde. Er stoppte den Wagen am Fuß eines kleinen Hügels, auf dessen Plateau das glasierte Ziegeldach des renovierten Landhauses in der Abendsonne glänzte. Es war noch nicht ganz acht, aber die Sonne stand bereits sehr tief und tauchte das Anwesen der Keepsakers in rötliches Zwielicht.

Hätte Luis es nicht besser gewusst, er hätte gedacht, dass es im Umkreis von einigen Kilometern keine Anzeichen von Zivilisation gab. In Wahrheit aber begann fünfhundert Meter entfernt schon das Grundstück der Nachbarn. Die Grenze wurde durch hainartige Bepflanzung versteckt, sodass das Landhaus völlig abgeschieden wirkte.

Luis überprüfte noch einmal die Adresse auf seinem Notizzettel. Er hatte sich etwas ganz anderes vorgestellt. Die Allie, die er kannte, fühlte sich zwischen Hochhäusern und blinkenden Neonlichtern wohl, nicht inmitten von Wald und Wiese. Allie zog das Heulen von Polizeisirenen dem Grillenzirpen vor und hatte es früher in Townsend immer vermisst, auf einem Weg Fremden zu begegnen, anstatt mit jeder einzelnen Person einen höflichen Plausch halten zu müssen. Luis runzelte die Stirn. Er hätte Allie ein Penthouse irgendwo in *Philadelphia Downtown* zugetraut, nicht jedoch ein braves Einfamilienhaus in einem ruhigen Vorort wie Rose Tree.

Er kurbelte die Fenster seines Pick-ups hoch und schlug die Autotür zu. Der gepflegte Aufstieg zum Haupteingang auf der Veranda sollte bestimmt aussehen wie ein verwilderter Trampelpfad, doch die Sorgfalt in seiner Anlegung war nicht zu übersehen. Der stechende Duft all der Wildblumen um ihn herum bereiteten Luis Kopfschmerzen. Während er den Weg schon beinahe hochsprintete, fühlte sich Luis wie ein Eindringling, der aufgrund der Lage der einzunehmenden Festung keine Chance hatte, unentdeckt zu bleiben. Fast alle Fenster des Hauses – sowohl die bodentiefen als auch die Oberlichter im Schrägdach – waren hell erleuchtet. Tatsächlich schien ihn jemand schon von Weitem kommen gesehen zu haben. Luis wurde die Tür geöffnet, noch während er die Verandastufen erklomm. Sein Körper verkrampfte sich beim Anblick des Gastgebers.

Das war er. Aaron Keepsaker, auffallend groß, trug eine dieser schwarzen, modernen Hornbrillen im 70er-Jahre-Stil und hatte langes braunes Haar, gekonnt zerzaust, wie es die Männer in Frauenmagazinen trugen. Trotz seiner schmalen Schultern und der schlaksigen Statur wirkte sein Auftreten einnehmend. Er überragte selbst Luis, der nur selten kleiner war als sein Gegenüber, um einen halben Kopf.

Luis schätzte, dass die Frauen im Flugzeug diesem Mann aufgrund seiner Ausstrahlung genauso hinterhergestarrt hätten, wie ihm selbst. Obwohl Aaron Keepsaker Luis' Meinung nach die typischen Merkmale eines gut aussehenden Mannes fehlten: Aaron Keepsaker wirkte so schmächtig, dass Luis bei einem Zweikampf zwischen Aaron und einer Grundschülerin sein ganzes Vermögen auf das Mädchen gesetzt hätte.

Trotz der selbstsicheren Aura, die Aaron Keepsaker umgab, wirkte dieser angespannt, als er seinem Gast die Hand reichte. Er lächelte nicht. Luis vermutete, dass Aaron sich die Hände wohl nur sehr selten schmutzig machte. Knapp stellte sich Aaron vor, Luis tat es ihm gleich und wurde hineingebeten. Ihm blieb nicht viel Zeit, all die Eindrücke von Allies Zuhause (*wie oft hatte er sich vorgestellt, wie Allies Traumhaus aussehen mochte!*) in sich aufzunehmen, denn Aaron führte ihn großen Schrittes in die Küche, wo Allie entgegen seiner Erwartung nicht auf ihn wartete. Dafür warteten zwei gekühlte Bier auf einem silbernen Untersatz. Luis nahm dankbar eines entgegen, der Flug hatte seine Kehle ausgetrocknet. Dann deutete Aaron auf einen Stuhl am Küchentisch, er selbst nahm Luis gegenüber Platz.

»Vielen Dank, dass Sie den langen Weg noch heute auf sich nehmen konnten, Mr Anderson.« Aarons Stimme passte genauso wenig zu ihm wie seine Aura – zu imposant für seine Erscheinung. Sein förmlicher, distanzierter Ton provozierte Luis' Misstrauen.

»Gern.«

Aaron Keepsaker nickte nur. Er wusste ebenso wenig wie Luis, wie er das Gespräch einleiten sollte. Natürlich hatte er sich in den letzten Nächten ein paar Sätze zurechtgelegt, aber die schienen alle nicht mehr angemessen. In der Theorie war alles so viel einfacher als in der Praxis.

»Ich möchte es nicht schwieriger machen, als es ist. Den Grund für Ihr Kommen habe ich ja bereits in unserem Telefonat heute Morgen angedeutet, aber ich möchte ihn noch einmal ausführlicher erklären. Soweit ich das kann, denn ich verstehe es selbst nicht genau. Das alles hier ist Liz' – Alisons – Anliegen.«

Luis erstickte die Frage, weshalb Allie (*wer ist Liz?*) es ihm denn dann nicht selbst erkläre. Er hatte so ein Gefühl, dass dieser Mann nicht gerne unterbrochen wurde.

»Alison hatte vor beinahe einem Monat einen Unfall. Es geschah bei den Renovierungsarbeiten. Sie verlor auf einer Trittleiter in der Bibliothek den Halt, stürzte, riss Regale samt Büchern mit sich und verlor das Bewusstsein. Zum Glück habe ich den Lärm gehört, konnte den Krankenwagen rufen und Erste-Hilfe-Maßnahmen einleiten.« Automatisch speicherte Luis jedes noch so winzige Detail von

Aarons Körpersprache, während er redete. Wie nervös er seinen Ehering drehte. Wie er die Stirn kräuselte, als er *Alison* sagte. Wie er die Schultern anspannte.

Aaron fuhr fort. »Zuerst glaubten die Ärzte, sie wäre mit einem blauen Auge, Platzwunden und ein paar gebrochenen Rippen davongekommen. Aber ihre Verwirrtheit hielt an, sie vergaß Dinge schon nach wenigen Minuten, ihr episodisches Gedächtnis schien stark lädiert. Erst dann hat man erkannt, dass sie nicht nur eine Schädelprellung, sondern auch Hirnblutungen erlitten hatte.« Luis bemerkte das Zittern Aarons Hand, während er nach dem Bierglas griff und einen Schluck nahm, bevor er weitersprach.

»Für die daraufhin notwendige Operation hat man sie ins künstliche Koma versetzt. Die Operation verlief blendend, Liz' Erinnerungsvermögen schien zwar angegriffen, aber das ist bei Komapatienten völlig normal. Das Problem ist, dass sich seit dem Tag, an dem sie aufwachte und nicht erneut ins Koma fiel, nichts verändert hat. Sie erinnert sich an nichts. Dieser Tag ist beinahe vier Wochen her.«

Er wandte den Blick ab, nahm einen weiteren großen Schluck Bier und presste die Lippen zusammen, als könnte er selbst nicht glauben, was er da gerade über seine eigene Frau gesagt hatte.

»Was genau hat Alison vergessen?«, erkundigte sich Luis, um den Gesprächsfaden nicht reißen zu lassen. Keepsaker dachte einen langen Augenblick nach, dann sagte er: »Meine Frau hat alles vergessen, was ihr je im Leben wichtig gewesen ist.« Seine Worte klangen verbittert und Luis hatte das Gefühl, die unterschwellige Aggression darin richtete sich gegen ihn. »All ihre Erfolge, die Treppchen auf ihrem Lebensweg«, fuhr Aaron jetzt fort. »Sie erinnert sich nicht mehr an ihr Journalismus-Studium, nicht an die heiß begehrten Aufträge, die sie Tausenden von anderen Bewerbern vor der Nase weggeschnappt hat, ihre Auszeichnungen. Die Bücher, die sie veröffentlicht hat – mit einem erklomm sie sogar die Bestsellerlisten. Sie erinnert sich nicht mehr daran, dass sie ihr Herzblut in die Einrichtung dieses Hauses gesteckt hat, ihr gefällt es nicht einmal mehr. Ihr Geschmack ist siebzehn Jahre alt.« Aaron Keepsaker stockte. »Sie erinnert sich nicht einmal an ihren eigenen Sohn.« Die Gesichtszüge entglitten ihm leicht, obwohl er diese Geschichte schon Dutzende von Malen erzählt hatte und obwohl er auch schon Dutzende Male versucht hatte, seine stolze Fassade aufrechtzuerhalten. Es gelang ihm immer noch nicht.

Luis übersah taktvoll die Verzweiflung des Mannes vor sich und inspizierte einen Fotokalender an der Wand gegenüber. Er genügte, um Luis zu erklären, wie das Familienleben der Keepsakers einmal ausgesehen hatte.

Das Foto zeigte Aaron Keepsaker und seine Frau, die nebeneinander vor einem Canyon hockten, den Luis nicht kannte. Vor ihnen saß ein kleiner Junge, die Hände ordentlich auf die knubbeligen Knie gelegt wie die großen Basketballspieler auf ihren alljährlichen Teamfotos. Aus seinem winzigen Rucksack lugten die langen Ohren eines Kuscheltiers. Der kleine Junge bannte Luis. Er hatte genau die gleichen Augen wie seine Mutter und offenbar auch ihr Wesen, denn sein Strahlen nahm das gesamte Bild ein.

Erst dann widmete er Alisons Abbild seine Aufmerksamkeit. Ihr Anblick überraschte Luis nicht allzu sehr, denn er besaß eines ihrer Bücher und hatte sich das Autorenfoto auf dem Umschlag viel zu oft angesehen. Dieses hier war etwas aktueller, Allie war jedoch keinen Deut gealtert. Neben ihrem Mann, der Ende dreißig, vielleicht Anfang vierzig sein musste, wirkte sie immer noch viel zu jung.

»Wollen Sie gar nicht wissen«, schreckte Aaron Luis aus seinen Gedanken, »was Sie mit alldem zu tun haben?«

Ihm fiel nichts Geistreicheres ein als ein »Doch. Selbstverständlich« und Aaron holte erneut Luft, um fortzufahren:

»Ich möchte das Ganze schnell hinter mich bringen. Wie Sie vielleicht schon herausgehört haben, endet Liz' Erinnerungsvermögen bei ihrem siebzehnten Lebensjahr. Paradoxerweise hat sie also tatsächlich ihr halbes Leben vergessen, sie ist jetzt vierunddreißig Jahre alt. Es ist völlig verrückt, manchmal überraschen ihre komischen Sichtweisen mich noch immer. Beispielsweise sagt sie Dinge wie ›letzte Woche, als ich bei Jenna war‹ … Jenna ist eine alte Freundin von Liz aus Kindheitstagen, wissen Sie. Dabei hat sie längst den Kontakt zu jener Jenna abgebrochen – seit über siebzehn Jahren.« Aaron schüttelte den Kopf. »Wie auch immer: Ein Punkt ist ganz besonders verwunderlich an dieser Amnesie. Liz' Erinnerungen reichen bis zu einem ganz bestimmten Tag zurück.«

Aaron legte eine Kunstpause ein, die genügte, um Luis die Situation klar vor Augen zu führen. Der Unfall. Die Verwirrtheit, Amnesie. *All das kannte er bereits.* Plötzlich fügte sich ein Puzzleteil in das andere und ein Bild entstand.

Aaron erhob sich langsam und stützte sich mit den Händen auf dem Küchentisch ab. »Der letzte Tag, an den Liz sich erinnert, ist der 19. Juli 1997. An diesem Tag ist sie mit einer schweren Gehirnerschütterung in ein Krankenhaus eingewiesen worden, weil sie gestürzt und mit dem Kopf auf den Ufersteinen aufgekommen ist. Sie hat mir mal von jenem Tag erzählt. Sie ist mit Ihnen zusammen gewesen.«

Der letzte Satz enthielt eine eindeutige Anklage und Luis wusste jetzt mit Bestimmtheit, dass er sich Aarons Feindseligkeit nicht nur einbildete.

»Die Ärzte vermuten heute, dass sie sich damals weitaus mehr als eine Gehirnerschütterung zugezogen hat. Was, kann nicht genau ermittelt werden. Ihre Akte gab nur her, dass es auch damals geringe Fälle von Gedächtnisverlust gegeben hat.«

Allies siebzehn Jahre alte Stimme schallte durch Luis' Kopf. *»Luis! Ruf bitte Robbie für mich an. Er muss mich abholen.« – »Bist du dir ganz sicher?« – »Wieso?« – »Na, weil ihr euch vor drei Tagen getrennt habt, Al. Ich glaube nicht, dass das jetzt eine gute Idee wäre.« – »Spinnst du? Warum sollten wir uns getrennt haben? Wir sind seit über zwei Jahren ein Paar. Hol ihn jetzt her…«*

»Ihr Therapeut hat in den letzten Wochen viel mit ihr gearbeitet, aber er kann nicht genau bestimmen, was passiert ist. Fest steht, dass Alison den Zeitraum vom 19. Juli 1997 bis zum Tag ihres Unfalls vor vier Wochen ausgelöscht hat. Unwiderruflich, wie es scheint.«

»Was ist mit den letzten vier Wochen? Ist ihr Kurzzeitgedächtnis intakt?« Innerlich gratulierte Luis sich zu dieser Frage, obwohl ihn tausend Dinge mehr interessiert hätten. Zum Beispiel, inwiefern Allie sich an ihn, Luis, erinnerte und wo sie jetzt gerade war.

»Ja. In den ersten Tagen entfiel ihr zwar das ein oder andere Geschehnis, aber das legte sich. Sie kann jetzt mühelos alles rekonstruieren, was nach ihrem Unfall passiert ist. Sie leidet also unter retrograder Amnesie.«

Luis fiel auf, dass Aaron sich besser zu fühlen schien, wenn er sich auf wissenschaftliche Begriffe stützen konnte. Als er nicht weitersprach, versuchte Luis eine gewagtere Frage. »Warum hat Allie mich hergebeten?«

Etwas in Aarons Augen flackerte kurz auf und erlosch gleich wieder. »Da liegt wohl ein kleiner Irrtum vor. Es war meine Idee, Sie herzubitten.« Es war gemein, das wusste Aaron, aber es verschaffte ihm Genugtuung, die Enttäuschung in Luis' Blick zu sehen, dass sich Liz – *sie würde immer seine Liz bleiben* – nicht nach ihm gesehnt hatte. Es zerriss ihn zu wissen, dass sie, *die neue Allie*, sich dennoch über Luis' Besuch freuen würde. Vielleicht würde sie ihm sogar dieses eine Lächeln schenken, das er so sehr liebte. Das, bei dem ihr Herz sich ganz zu öffnen schien und seines in sich aufnahm.

Er liebte sie dafür, dass er früher manchmal der Grund für dieses Strahlen hatte sein dürfen und er liebte sie dafür, dass sie es ihrem Sohn vererbt hatte. Er liebte sie wie verrückt, war süchtig nach ihr.

Nach dem Unfall hatte er alles versucht, um ein gemeinsames Leben wieder möglich zu machen. Sie waren es langsam angegangen, und als das nicht funktionierte, versuchten sie, radikal zu ihrer früheren Normalität zurückzukehren: Aaron hatte sie wieder zur Begrüßung geküsst und sein Bett mit ihr geteilt. Doch die plötzliche Nähe fühlte sich für Liz unnatürlich an und sie distanzierte sich noch weiter von ihm als zuvor. Bei dem Gedanken, dass er ein Fremder für sie war, zog sich sein Herz jedes Mal zusammen.

Luis herzubitten erschien ihm derzeit als die einzige Möglichkeit, Liz mit ihrem alten Leben endlich abschließen zu lassen. Luis war ihre letzte lebendige Erinnerung. Der Verlust ihrer vertrauten Umgebung, die erneute Trauer über den Tod ihrer Mutter … Das alles hatte dazu geführt, dass Liz ihr Leben vom Zeitpunkt ihrer letzten Erinnerung an leben wollte.

Der Arzt hatte davon abgeraten, sie mit etwas aus der Vergangenheit zu konfrontieren. Aber Aaron hatte ihr trotzdem alte Fotos und sogar Videos gezeigt. Zuerst war sie erstaunt über die Qualität dieser Aufnahmen gewesen, doch dann geschockt und – der Vermutung des Arztes entsprechend – am Boden zerstört. Sie sah ihre eigene Hochzeit, die ersten Minuten nach Mos Geburt, Fotos ihres Abschlussballs – keine Erinnerung erwachte zum Leben, dafür wurde der Verlust umso realer.

Viele Tage blieben trostlos, bis Liz – seine starke Liz, die nie die Hoffnung aufgab – sich an den Gedanken an Luis klammerte. Er schien der Beweis dafür zu sein, dass ihre Erinnerungen mehr als Träume waren, zwar alt, aber dennoch existent. Sie redete unaufhörlich von ihm und verschloss sich Aarons Versuchen, sie in ihr früheres Leben zurückzuholen. Sie verhielt sich, als ob sie zu Gast und Aaron ein guter Freund wäre und sie schon bald nach Townsend und zu Luis zurückkehren würde.

Bloß Mo gegenüber bröckelte ihre Fassade und heimlich beobachtete Aaron, dass er das Herz seiner Mutter im Handumdrehen erobert hatte. Aaron musste sich eingestehen, eifersüchtig auf seinen eigenen Sohn zu sein. Aber es gab ihm auch Hoffnung.

Er wusste, dass es ein Risiko war. In dieser sich befremdlich verhaltenden Frau steckte seine große Liebe. Aber ihr 17-jähriges Ich dominierte momentan und selbst ein Blinder hätte gesehen, dass ihr 17-jähriges Ich noch immer Gefühle für Luis hegte. Vielleicht fühlte auch dieser Mann, der da in seiner Küche stand, etwas für seine Frau. Dann, da war er sich sicher, hatte er Liz verloren.

Aaron rieb sich erschöpft über das Gesicht. Ihm blieb nichts anderes übrig, als sich Liz' Wunsch, ihr Leben vom Zeitpunkt ihrer letzten Erinnerung an aufzuarbeiten, zu fügen. Und diesem Luis Anderson zu vertrauen. Natürlich bestand die Möglichkeit, dass Anderson ihm seine Frau aus-spannte. Doch Aaron hatte sich ganz genau überlegt, was er diesem aufgeblasenen Ex-Major sagen wollte, damit das nicht geschah.

»Mr Keepsaker? Ist alles in Ordnung?«

Aaron schreckte aus seinem Gedankenstrom und blickte Luis in die Augen. Er bemühte sich um einen freundlichen Gesichtsausdruck.

»Entschuldigen Sie mich, ich war in Gedanken. Bitte, nennen Sie mich doch Aaron.«

Er streckte Luis die Hand entgegen und dieser ergriff sie.

Vier

Die zwei ungleichen Männer saßen nach je zwei Bier mit einem Glas Whiskey im frisch renovierten Wohnzimmer auf der schneeweißen Ledercouch. Mit gemischten Gefühlen betrachtete Luis die hohen Decken, den teuer wirkenden Teppich und die weißen Seidenvorhänge mit den goldenen Kordeln. Ein leichter Wind wehte durch die offene Terrassentür und wölbte den weichen Stoff nach Innen. Luis fragte sich, ob dies das Traumhaus war, das Allie ihm damals in der Nacht im Bootshaus beschrieben hatte. Er hatte es sich irgendwie anders vorgestellt.

Die Männer redeten leise, denn wie Luis erfahren hatte, wurde Allie noch immer sehr schnell müde und ging früh ins Bett. Außerdem, und das erschien Luis ganz unwirklich, schlief irgendwo im Obergeschoss Mo, Allies Sohn.

In den letzten zwei Stunden hatte hauptsächlich Aaron geredet. Er erzählte Luis von ihrem Haus, ihrem Sohn – Mo war zwei Jahre alt und sprach sehr wenig, konnte dafür jedoch schon einfache Lieder auf seinem Kinderklavier spielen – und von Allies Vergangenheit. Den Großteil davon kannte Luis bereits aus dem Internet. Als erfolgreiche Journalistin war ihr Leben stets transparent gewesen und er hatte in den letzten Jahren mehrfach ihren Namen gegoogelt.

Seine Nebensätze verrieten Luis, dass Allie Aarons Lebensinhalt war. Seine Begeisterung war ansteckend und Luis konnte nicht anders, als die Vernarrtheit dieses Mannes in seine Frau zu bewundern. Er selbst war überrascht, dass die Erzählungen ihn weniger mit Neid auf Aarons – ehemals – perfektes Leben erfüllten, sondern mit Freude über sein und Allies Glück. Und noch mehr überraschte ihn, dass sein Misstrauen diesem Menschen gegenüber schon nach wenigen Stunden langsam dahinschwand – das war ungewöhnlich. Sein Job hatte ihn darauf konditioniert, nichts und niemandem zu trauen. Vielleicht war aber auch der Alkohol schuld daran. Luis trank sonst nicht.

Je später es wurde, desto mehr gab Luis von sich preis. Er erzählte von seinen fünfzehn Jahren bei der U.S. Army, von denen er den Großteil in Auslandseinsätzen verbracht hatte. Er erzählte von dem Haus, das er in Lillooet, einem unbekannten Dorf in den Bergen Westkanadas fünf Stunden von der amerikanischen Grenze entfernt gekauft hatte.

»Warum hast du den Staaten den Rücken gekehrt?«, erkundigte sich Aaron mit ernsthaftem Interesse. *Jede Information war wertvoll.*

Luis schwenkte den Whiskey in seinem Glas und legte einen Arm über die Rückenlehne des Sofas.

»Nach dem Austritt aus der Army war es mir egal, wo das Leben mich hinführte. Mit Townsend verbinde ich nicht unbedingt nur Gutes. Sonst blieb mir nichts.« Luis zuckte mit den Schultern. »Hab mir also eine Landkarte genommen, die Augen geschlossen und mit dem Finger blind auf einen Ort auf der Karte irgendwo in den USA getippt. Jedenfalls wollte ich die USA treffen. Bin wohl auf der Karte ein bisschen zu weit nach Norden abgedriftet.« Weil Luis sich keinen zweiten Versuch gegönnt hatte, hatte er auf das Schicksal vertraut und sich in dem kanadischen Dorf niedergelassen.

Aaron zog die Augenbrauen ein Stück weiter hoch. »Und? Hat dir das Schicksal Glück gebracht?«

»Lillooet ist nicht schlecht. Es liegt direkt am Seton Lake, die Menschen sind in Ordnung und vor allem nicht so viele.«

»Das meinte ich nicht.« Luis registrierte das gespannte Glitzern in Aarons Augen. »Hast du eine Frau gefunden? Nach fünfzehn Jahren Army muss dir das Leben in Freiheit doch wie ein Paradies vorgekommen sein. Was Frauen angeht.«

Luis dachte an Katie Harpers und antwortet: »Ja, ich denke schon.« Dann dachte er daran, wie er gestern, als Katie nur mit einem String bekleidet Erdnussbuttertoasts geschmiert hatte, behauptet hatte, aufs Klo zu gehen. In Wirklichkeit hatte er mit Laura Williams telefoniert und sich für den nächsten Tag mit ihr verabredet. Ein verstohlener Blick auf die Uhr verriet ihm, dass Laura entweder noch an seiner Hintertür stand, klopfte und sich dabei immer wieder umsah. Sie glaubte ständig, ihr Mann würde sie verfolgen. Oder aber Laura hatte schon früh aufgegeben und lag bereits frustriert neben einem schnarchenden Niles Williams im Bett.

Luis korrigierte sich: »Ja, ich denke schon. Mehrere.«

Aarons freudige Erregung verwandelte sich in ein Zitronengesicht. Vor genau so etwas hatte er sich gefürchtet. Eine solche Einstellung würde ihm bei dem, was er vorhatte, einen Strich durch die Rechnung machen! Aber das brauchte Luis nicht wissen, also wechselte Aaron betont gleichgültig das Thema. Zeit, seinen Plan in die Tat umzusetzen.

»Luis, du bist natürlich nicht nur zum Plaudern hergekommen und um ein paar Worte mit Alison zu reden. Und um ganz ehrlich zu sein: Ich möchte, dass du mir einen Gefallen tust. Nicht nur mir, auch ihr.« Beim Klang ihres Namens ernüchterte Luis weitestgehend.

»Liz hat vor einigen Tagen einen Wunsch geäußert und ich habe mich – aus Liebe zu ihr und aus *Vertrauen* zu dir – dazu entschieden, ihr diesen Wunsch zu erfüllen. Vorausgesetzt, du machst mit. Meine Frau möchte ihr Leben aufarbeiten. Das heißt, sie möchte am 19. Juli 1997 beginnen und ihr Leben im Schnelldurchlauf nachvollziehen, angefangen mit dir in Townsend. Das bedeutet, dass ihr beide noch morgen nach Townsend fliegen sollt.«

Luis zog überrascht die Augenbrauen hoch und holte Luft. Aaron hatte mit Protest gerechnet und griff ein, bevor Luis Einwand erheben konnte.

»Lass mich zu Ende erklären, bevor du etwas dazu sagst. Euer Aufenthalt in Townsend dauert wirklich nur wenige Tage, es soll ja ein Schnelldurchlauf sein. Womöglich auch nur einen Tag, wenn Liz danach ist. Es trifft sich wirklich gut, dass du momentan keinem Arbeitgeber verpflichtet bist. Wir werden selbstverständlich alle Kosten übernehmen. Und am letzten Tag stoße ich dazu und übernehme den nächsten Part von Liz' Vergangenheit. Wir werden dann ihre alte Uni besuchen, ihre Arbeitsplätze, ihren alten Verlag, alte Freunde. Den Ort unseres ersten Dates. Und die Kirche, in der wir geheiratet haben.«

Bei diesem Gedanken zogen sich Aarons Mundwinkel ein Stückchen nach oben. Sogleich zerstörte sich das Glücksgefühl jedoch wieder, als ihm einfiel, worum er Luis soeben gebeten hatte. Und welche Chancen sich diesem dadurch eröffneten. Aaron konzentrierte sich wieder.

»Ich habe meine Idee, dich einzuladen, auch Liz' Neurologen unterbreitet. Er hält das für eine suboptimale Lösung, aber auch er respektiert Liz' Wunsch.« Aaron sah Luis eindringlich an. »Eine Sache wäre jedoch wichtig, Luis. Es ist etwas, das weder ich noch die Ärzte beurteilen können, sondern nur jemand aus Liz' Vergangenheit.« Luis horchte auf. In der vergangenen Stunde hatte der Alkohol seine Zunge gelockert, doch nun machte sich das altbekannte Misstrauen wieder in ihm breit.

»Ihr Neurologe vermutet, dass Alison vielleicht konfabuliert.« Luis wartete ab, dass Aaron erklärte, was er mit *konfabulieren* meinte. Doch dieser lächelte diabolisch und schien sich an Luis' Unwissenheit zu weiden.

»Davon habe ich noch nicht gehört«, presste Luis deshalb zwischen zusammengebissenen Zähnen hervor und schluckte die übrigen Worte, die er gerne ausgesprochen hätte, hinunter.

Zufrieden sprach Aaron weiter. »Konfabulation nennt man das Erzählen von frei erfundenen, unwahren Begebenheiten oder – in Liz' Fall – Erinnerungen. Ähnlich wie Lügen also. Der Unterschied zum Lügen liegt darin, dass der Betroffene seine erdachten Erinnerungen beim Konfabulieren selbst als wahr empfindet. Er äußert unabsichtlich falsche Tatsachen. Es geschieht häufig als Folge von Gedächtnisstörungen. Beispielsweise wenn jemand versucht, mehr Informationen aus seinem Gedächtnis abzurufen, als vorhanden sind.« Aaron blickte zu Luis und sah ein wenig enttäuscht aus, als Luis verständig nickte, anstatt Nachfragen zu stellen.

»Du solltest immer im Blick haben«, fuhr Aaron fort, »ob all ihre Erinnerungen wahr sind, oder ob sie sich sie ausdenkt. Das können wir nämlich nicht beurteilen, ich kannte sie in ihrer Teenager-Zeit noch nicht. Aber es wäre eine wichtige Information, um ihren Krankheitsverlauf einzuschätzen.«

Plötzlich fuhr ein Schauer über Luis' Rücken und hinterließ eine Gänsehaut. *Vorsicht*, schrie seine Intuition, und er stimmte ihr zu. Etwas stimmte an der Sache nicht, aber er wusste noch nicht genau, was das war.

»Warum kommst du nicht mit, Aaron?«

»Liz möchte die Reise so wahrheitsgetreu wie möglich halten. Das Gute ist, dass wir für diese Rekonstruierung nur zwei Leute brauchen, da sie mich schon an der Uni kennengelernt hat, gleich nachdem sie Townsend verlassen hat. Nur in ihr Leben in Townsend gehöre ich nicht hinein. Dafür brauchen wir dich.«

»Hat Allie dir jemals etwas über mich erzählt?« Luis' Augen verengten sich unmerklich zu Schlitzen, wie Raubkatzen sie hatten. Die folgende Antwort war entscheidend, denn dieser Punkt machte ihn so stutzig. Wüsste Aaron die ganze Wahrheit über ihn, würde er seine Frau niemals Luis überlassen. *Die Sache* bohrte sich wie eine Nadel in seine Gedanken.

Aaron seufzte, Luis registrierte jedes Muskelzucken. »Ja, hat sie. Und ich muss zugeben: Das, was ich über dich weiß, macht es mir schwer, sie in deine Hände zu geben.«

Bingo.

»Glaub mir, ich weiß, dass ihr damals ein Paar gewesen seid. Ich weiß, dass du zur Army gegangen bist und sie alleine gelassen hast. Ich frage mich übrigens bis heute, wie du so dumm sein konntest, dir diese Frau entgehen zu lassen.« Das saß. Zum ersten Mal an diesem Tag war Luis sprachlos, denn er fragte sich dasselbe wie Aaron. »Nun, ihr Glück«, feixte Aaron, »denn sonst hätte sie mich wahrscheinlich nie kennen gelernt. Sie hat dir noch an der Uni hinterhergetrauert, bis ich kam. Von da an hat sich ihr Kummer in Hass verwandelt – und ich kann es meiner Frau nicht mal verübeln. Tut mir leid, dass ich dir das so direkt sagen muss. Aber sie war unendlich wütend darüber, dass du sie im Stich gelassen hast. Die Karten, die du ihr an Weihnachten und zu ihren Geburtstagen geschickt hast, hat sie kommentarlos zerrissen. Ich habe hin und wieder versucht, sie zu beschwichtigen, aber sie war nicht zu stoppen …«

Aarons Augen suchten etwas in der Ferne und fanden dann Luis' forschenden Blick. Dessen Miene war unergründlich und verriet Aaron nichts über seine Gefühle.

»Wie auch immer. Es ist wichtig, dass du das weißt, Luis, denn wir wollen ihre Vergangenheit *rekonstruieren*, verstehst du?« Er betonte das Wort wie für einen Lehrling im Lippenlesen. »Das könnte schmerzlich für dich sein, aber ich möchte nur, dass sie Vergangenes *noch einmal erlebt*. Du hast seit ihrem siebzehnten Lebensjahr keine große Rolle mehr in ihrem Leben gespielt und das sollst du auch weiterhin nicht. Denk daran: Würde sie sich an die letzten siebzehn Jahre erinnern, würde sie dich jetzt hassen. Der einzige Grund, weshalb ich dich gebeten habe, herzukommen, ist, weil Liz es sich nun mit ihrem eingeschränkten Erinnerungsvermögen wünscht. Und ich kann ihr keinen Wunsch abschlagen. Um ehrlich zu sein, hätte ich dich am liebsten aus unseren Gedächtnissen verbannt.«

In Aarons Augen lag wieder die Kälte, die Luis ein paar Stunden zuvor an der Tür willkommen geheißen hatte. Luis verstand die offensichtliche Botschaft und konnte sie seinem Gegenüber nicht einmal verübeln: *Halte dich von meiner Frau fern, ich habe dich nicht angerufen, damit du sie mir ausspannst!*

Näher betrachtet hatte Aaron wirklich hoch gepokert. Er kannte Luis nicht und hatte ihn dennoch eingeladen. Seine Chance hatte fünfzig zu fünfzig gestanden, wer da über seine Türschwelle treten würde: Entweder ein niveauloses Arschloch, das sich bei erstbester Gelegenheit das Objekt seiner Begierde unter den Nagel reißen würde, oder aber jemand, der Aarons Mut und Allies Entscheidung gegen ihn respektierte – auch wenn sie sich an diese Entscheidung nicht mehr erinnern konnte. Luis war letzteres.

Vielleicht hatte Luis noch Jahre nach dem Sommer 1997 an Allie gedacht. Vielleicht würde sie ihn noch immer genauso in seinen Bann ziehen können wie damals. Vielleicht würde sich in ihrer gemeinsamen Zeit in Townsend ein Dutzend Mal die Gelegenheit bieten, sie an sich zu binden, und vielleicht ergriff sogar sie die Initiative. Vielleicht wäre die nächste Woche die Chance seines Lebens.

Aber Luis hatte beschlossen, dass er keine Anstalten machen würde, Allies Herz zu erobern oder auch nur ihr Herz anzusehen, sollte sie es ihm zu Füßen legen. Und wäre es noch so schwer. Vor ihm stand ein Mann, der alle Risiken dieser Erde einging, um seine verlorene Frau zurückzugewinnen. Er gewährte ihr sogar gemeinsame Zeit mit einem Mann, für den sie mehr empfand als für ihn selbst. Vor dieser Selbstlosigkeit hatte Luis Respekt, den er vorhatte, Aaron zu zollen. Und was er sich vornahm, gab Luis bekanntlich nicht so schnell auf.

Er erklärte sich Aaron mit genau diesen Worten. Dieser brachte ein ehrliches Lächeln zustande, reichte Luis noch einmal die Hand und bot ihm an, die Nacht bei ihnen zu verbringen. Luis hatte sich aufgrund seines Alkoholpegels schon darauf eingestellt, im Auto zu schlafen. Dankbar willigte er ein und joggte zu seinem Wagen, um seine Tasche ins Haus zu holen.

Luis streckte sich auf dem Gästebett aus, verschränkte die Arme hinter seinem Kopf und flüchtete mit dem Blick durch das Oberlicht in den Sternenhimmel. Unten in der Küche hörte er Aaron die Gläser in den Geschirrspüler stellen. In einem anderen Raum quietschten die Federn einer Matratze. Luis fragte sich, ob es Allie war, die schlecht träumte und sich im Bett wälzte, oder Mo.

Sie waren beide nur Atemzüge von ihm entfernt.

Als er an diesem Morgen aufgewacht war, lebte Allie noch in einer Welt, die ohne eine Einladung unerreichbar für ihn geblieben wäre. Jetzt hatte er diese Einladung – wenn auch unter dramatischsten Umständen – erhalten.

Und? Habe ich gehofft, dass sie mich an diesen Punkt führen würde; an den Beginn einer Reise in die Vergangenheit?

Luis kam es so vor, als würde der Alkohol einige seiner Gehirnzellen fressen, denn klar zu denken fiel ihm schwerer als sonst. Dennoch blieb er ganz ruhig. Er hatte einst lernen müssen, in Extremsituationen rational zu denken, *einen kühlen Kopf zu bewahren*, und das kam ihm jetzt zugute.

Trotzdem überforderten ihn all die Puzzleteile an Informationen, die in seinem Kopf wie in einem Zementmischer durcheinanderwirbelten. Wie sollte er Allie gegenübertreten? Zwar wusste Aaron von ihrer Beziehung, damals im Sommer '97, aber wusste das auch Allie? Wenn nicht, sollte er ihr davon erzählen? Oder würde ihr dieses Wissen zum Verhängnis werden, da sie ja auch mit dieser Gewissheit zu ihrem Mann zurückkehren *musste* – obwohl sie das vielleicht gar nicht *wollte*? Aber … musste sie das wirklich?

Luis dröhnte der Kopf und er fischte in seiner Tasche nach dem Kulturbeutel mit den Aspirin-Tabletten, bedacht darauf, seinen Schädel möglichst wenig zu bewegen. Trotz seiner angeborenen Art, Dinge nüchtern anzugehen, schaffte er es nicht die vielen Teile zu einem Lösungsweg zusammensetzen.

Außerdem gab es da noch eine letzte Tatsache, die ihm Kopfzerbrechen bereitete. Aaron schien alles über den Sommer zu wissen, über ihre Gefühle, ihre Beziehung, ihre Vergangenheit – doch von *der Sache* wusste er eindeutig nichts, daran blieb kein Zweifel.

Luis war sich fast sicher, dass auch Allie sich nicht erinnerte. In ihrer aller Interesse und vor allem mit dem Ziel vor Augen, dass Allie am Ende in ihr Leben in Rose Tree mit Aaron und Mo zurückfinden sollte, musste das auch so bleiben.

Dennoch sah Luis keinen Weg, wie er auch nur eine Stunde mit Allie verbringen sollte, ohne *die Sache* endlich aus ihrem staubigen Verlies zu bergen, ans Licht zu bringen und sich selbst von der Last zu befreien, die seit siebzehn Jahren sein Leben bestimmte und ihn täglich aufs Neue erdrückte.

Fünf

Wütend warf Alison das Trockentuch auf den Küchenboden, das sie eine Sekunde zuvor noch unter Mos Kinn gehalten hatte, damit dieser beim Frühstücken nicht auf seine Latzhose kleckerte. Noch wütender, weil sie das Trockentuch nun wieder aufheben musste, bückte sich Allie und breitete das Tuch über ihrem Sohn aus, der sich gefügig Bissen für Bissen mit einer Ketchup-Rührei-Kombination füttern ließ. Früher war er schon einmal selbstständiger gewesen und hatte ordentlicher gegessen als die meisten Kinder in seinem Alter. Doch nach Allies Unfall verhielt sich Mo oft wieder wie ein Einjähriger. In seiner Anwesenheit gab sich Allie deshalb so umsichtig wie möglich. Doch jetzt riss ihr jeden Moment der Geduldsfaden.

»Nun sprich dich endlich aus, Aaron! Hör auf mich zu behandeln wie Mo und sag mir, was du meinst mit *eine Reise zurück nach '97*. Ich *ertrage* das nicht länger!«

Aaron konnte sich nicht erinnern, dass Alison ihm oder Mo gegenüber in den letzten vier Wochen jemals laut geworden war und er stellte wegen dieser Besonderheit die Pfeffermühle beiseite, mit der er die zweite Portion Rührei hatte nachwürzen wollen.

»Es tut mir leid, Liebling, ich habe vielleicht nicht richtig angefangen. Ich hätte dich allgemein früher in meine Pläne mit einbeziehen sollen. Du hast recht. Hätte ich diesen Fehler nicht begangen, wärst du auch sicher nicht so überrascht, wenn ich dir jetzt sage, dass du nicht so laut schreien solltest, da oben im Gästezimmer unser Besuch noch schläft.«

Allie war keineswegs überrascht über Besuch im Haus. Aaron verfügte seit ihrem Unfall über ihr und Mos Leben, und auch über das Haus, ohne sie mit einzubeziehen. Brent, Ehebrecher par excellence und Aarons bester Kumpel, hatte sich in den letzten vier Wochen schon mehrfach im Gästezimmer eingenistet. Immer dann, wenn seine Noch-Ehefrau Stacey die Nase voll von ihm hatte. Vorzugsweise nachts. Kein einziges Mal hatte Aaron den nächtlichen Besuch mit Allie abgestimmt. Deshalb interessierte es sie gerade einen feuchten Kehricht, ob Brent endgültig zuhause rausgeflogen war oder sich bei seinen ganzen Seitensprüngen eine Pilzinfektion im Intimbereich eingefangen hatte.

»Soll er doch aufwachen, ihn hat eh keiner eingeladen!« Allie warf dramatisch die Hände in die Luft. »Erklär mir lieber, wohin ich reisen soll und vor allem, warum ohne dich!«

Nicht, dass es Allie schwerfiel, auf Aarons Gesellschaft zu verzichten. Sie empfand kaum etwas für ihn und daran hatte sich in den letzten vier Wochen fast nichts geändert. Trotzdem brauchte sie seine Nähe – irgendwie fühlte sie sich auf ihn angewiesen. So wie Mo auf sie angewiesen war. Bei dem Gedanken, ohne Aaron zu sein, schnürte sich Allies Kehle zu. Aber sie ignorierte diesen Schmerz, der sich anfühlte, als ob ein Rice Crispie in ihrer Speiseröhre feststeckte, denn Aaron setzte zu einer Erklärung an.

»Ich … Ich habe mich dazu entschieden, deinen Wunsch zu akzeptieren. Ihn nicht nur zu akzeptieren, sondern … umzusetzen.« Seine Worte kamen ihm nur widerwillig über die Lippen und Allie sog jedes einzelne gespannt auf. »Wir werden deine Vergangenheit Stückchen für Stückchen aufarbeiten, Liz. Ich möchte, dass du deine Erinnerungen wiederfindest oder mit ihnen abschließt, damit wir wieder eine Familie werden können. Ich sehe es als einzige Möglichkeit, zu einem gemeinsamen Leben zurückzufinden. Ein neues Wir zu erschaffen. Wieder glücklich zu werden.« Allie hielt den Atem an. »Reis' nach Townsend, mein Schatz. Du hast meine Unterstützung. Ich habe dir ein Flugticket gebucht. Es geht noch heute.«

So schnell ihre Wut aufgeschäumt war, verflog sie auch wieder. In Allies Körper war kein Platz dafür. Aufregung machte sich in ihr breit, ihr Herz schlug wie wild. Sie fühlte sich, als würde sie vor Glück bald überlaufen. *Vorwärts*, frohlockte ihr Gewissen, das Allie seit ihrem Unfall als ständiger Berater in allen Lebenslagen beiseite stand. In ihrem Leben würde es endlich *vorwärtsgehen*! Nun, genau genommen *rückwärts*, aber das war in diesem Zusammenhang beinahe besser als *vorwärts*.

Sie musste nicht auf dem Stand des ewigen Teenagers bleiben! Nicht nur, dass sie vielleicht die Vergangenheit wiederfinden und ihr

Leben rekonstruieren oder sich sogar daran erinnern konnte, nein. Gleichzeitig hatte Aaron sie auch in ihrem *neuen* vier Wochen alten Leben das erste Mal ernst genommen und ihren Wunsch respektiert.

Ihrem Herzen war nach einem Rundflug zumute, es flatterte empor und hinterließ ein Strahlen auf ihrem Gesicht, wie Aaron es lange, weit länger als vier Wochen, nicht mehr gesehen hatte. Sie steckte ihren Sohn an, der sein glucksendes Babylachen von sich gab, dabei seine Milchzähne entblößte und auf seine Latzhose sabberte. Allie wischte es lachend fort.

»Aaron, erst einmal musst du wissen, wie dankbar ich dir bin, ich kann gar nicht …«

Sie führte ihren Satz nicht zu Ende, sondern strich stattdessen ihrem Sohn eine braune Locke aus dem verklebten Gesicht und überdeckte es mit Küssen. Mo wandte sich ärgerlich aus der Umarmung seiner Mutter und reckte sich dem nächsten Löffel Rührei entgegen. Aaron reichte Allies Reaktion als Bekundung ihres Glückes, aber sie erfüllte ihn nicht. Da war noch etwas und Allie entdeckte es schnell, weshalb er sich über ihr Glück nur halb so sehr freuen konnte wie sonst.

»Du weißt, dass zu meiner Vorstellung von meinem Besuch in Townsend noch jemand anderes gehört.«

Aaron nickte und mied ihren Blick.

»Er hat dir doch bereits gesagt, dass ihr Besuch habt, Al.«

Allie erstarrte in der Bewegung, als hätte jemand alle Sicherungen gekappt. Ihr Kopf drehte sich mit der Geschwindigkeit einer Ballerina inmitten einer Pirouette in Richtung Torbogen, der die Küche mit einer Esslounge verband. Mo reckte sein Kinn nach vorne und schnappte selber nach dem Löffel, als Allie ihn nicht weiter zu seinem Mund führte. Im ersten Moment dachte Allie, sie müsste sich übergeben. Ihre Muskeln verkrampften sich.

Wie langsam du aber auch manchmal bist. Und nicht nach-denkst. Hättest du mal früher gefragt, wer da im Zimmer über dir geschnarcht hat. Brent, pf! Du Naivchen.

Als sie zu ihm herumwirbelte, er mit der Schulter und verschränkten Armen an den Türrahmen gelehnt, erschrak Luis nicht viel weniger als Allie. Er konnte nicht verhindern, dass sie ihm den Schock in den Augen seines regungslosen Gesichts ansah.

Die Frau, die neben dem Hochstuhl eines quietschfidelen Kleinkindes hockte und dabei war, ihm Rühreipampe in den Mund zu stopfen – *hier kommt ein Flugzeug* – hatte wenig mit der Frau auf dem Fotokalender oder der Frau auf dem Buchumschlag zu tun. Diese hier wirkte um Jahre älter.

Nein, nicht älter, sie wirkte wie ein noch immer junges Mädchen, das viel zu schnell etliche Kilos verloren hatte und dem eine Krankheit alle Kraft ausschöpfte. Sie erschien zerbrechlich und für ihre kleine Person war zu viel Körper übrig, sodass ihre Wangen einfielen und sich dunkelblaue Halbmonde unter ihren Augen abzeichneten.

Ihre braunen Locken schillerten nicht mehr bis zum Brustansatz herab, sie waren viel kürzer. Die Spitzen berührten nur noch knapp ihre Schultern und sprangen von ihrem Kopf in alle Himmelsrichtungen.

Dennoch konnte Luis nicht leugnen, dass sie eine der schönsten Frauen war, die er je gesehen hatte, und das auch immer bleiben würde.

»Luis, du absoluter Vollidiot«, flüsterte Allie in einem Ton, sodass man meinen könnte, sie hätte etwas wirklich Liebevolles gesagt.

Nachdem Luis sie so taktlos in der Küche überrascht hatte, stapfte Allie schnurstracks ins Badezimmer und ließ sich den Wasserstrahl eiskalt und hart auf den Kopf prasseln, bis nicht nur ihre Lippen taubenblau, sondern auch ihre Gedanken klar wurden. *Er war tatsächlich da. Endlich.*

Das erste Mal seit über einem Monat ließ sie ihre Haare nicht an der Luft trocknen – und provozierte diesmal keine Löwenmähne. Stattdessen föhnte sie sie mit der Rundbürste und hob all die Vorzüge ihres jung gebliebenen Gesichtes mit Make-up hervor. Eine Stunde später sah sie mindestens fünf Jahre jünger aus, vielleicht sogar *zu* jung für ihre vierunddreißig Jahre. Außerdem, fand sie, wirkte sie endlich wieder wie Allie, die junge Frau, und nicht wie Allie, das Gespenst.

Während Allie eine Stunde mit für ihn völlig unerklärlichen Tätigkeiten im Badezimmer vollbrachte, setzte sich Luis mit einer Tasse Kaffee an den Küchentisch. Aaron bereitete sich per Knopfdruck einen Cappuccino zu, blieb aber stehen. Die Vertrautheit vom Vorabend war eisiger Kälte gewichen.

Luis zweifelte nicht daran, dass Aaron mit sich rang, seine Frau gehen zu lassen. Mechanisch gab er Luis Anweisungen, die er zu beachten hatte. *Lass sie täglich mit Dr. Walden telefonieren, erinnere sie an ihre Tabletten. Achte auf ihre Signale und lass sie zu Bett gehen, wann sie möchte, nötige sie nicht, länger wach zu bleiben. Denk daran, dass sie Vegetarierin ist, und nimm egozentrische Reaktionen hin. Rege sie nicht unnötig auf und stelle ihr keine direkten Fragen bezüglich ihrer Amnesie.*

Luis zog ernsthaft in Erwägung, nach Zettel und Stift zu fragen, schwieg jedoch, weil er fürchtete, Aaron könnte das als Provokation auffassen. Luis forderte niemals Krieg heraus. Also starrte er in seinen Kaffeesatz und überlegte anhand der Geräusche in dem Bad über ihm, was Allie wohl gerade tat.

»Und das Wichtigste«, fuhr Aaron fort und lehnte sich an die Küchenzeile, »das Wichtigste ist, dass du niemals vergisst, wessen Frau du bei dir hast. Und du solltest bedenken, was dieser Jemand mit dir macht, wenn du Dinge mit seiner Frau tust, *die nicht das Beste für sie sind.*« Die nächsten Worte zischte Aaron: »Ich *sehe*, wie du sie ansiehst, Luis. Und ich nehme das nicht hin, auch wenn du denkst, ich könne dagegen nichts *tun*. Ich *kann* es aber. Du hattest deine Chance, aber du hast es verbockt. Sie ist bei vollstem Bewusstsein *meine* Frau geworden. Sie liebt mich und sie war glücklich mit ihrem Leben ohne dich – aus guten Gründen, wie wir beide wissen.« Das Gift wütete in seinen Augen. »Liz und ich sind ein *glückliches Ehepaar*. Vor dem Unfall haben wir versucht, ein zweites Kind zu bekommen, nur damit du weißt, was ich meine. *Alles, was du tust*, dient einzig und allein der Tatsache, dass wir genau das wieder werden: eine *glückliche Familie*, in der du nach wie vor nichts zu suchen hast, *Anderson*.«

Hinter Mos Babyrücken fletschte er die Zähne, wie Luis es noch nie bei einem Mann gesehen hatte. Und Luis hatte Dinge gesehen, die Aaron sich nicht einmal in seinen Albträumen hätte vorstellen können. Er verzog keine Miene. Auch das hatte er in den vergangenen siebzehn Jahren erfahren müssen: Manchmal war es besser, seine Gedanken zu verstecken und sachlich zu reagieren.

»Ich habe jedes Wort verstanden, Mr Keepsaker«, antwortete Luis tonlos, erhob sich, die Hände an den Schenkeln, der Rücken aufrecht. Er beabsichtigte es nicht, aber seine Statur in voller Größe schindete

Eindruck. Unterwürfig zu wirken lag außerhalb seiner Fähigkeiten. Die Flamme in Aarons Augen erlosch und er wandte sich wieder dem Kaffeeautomaten zu.

»Das ist gut. Ihr solltet aufbrechen, nachdem Liz ihre Koffer gepackt hat. Ich habe keinen Zweifel, dass sie einverstanden ist. Ihre Flugtickets liegen am Schalter bereit.«

Luis ließ eine Höflichkeitspause verstreichen.

»Mr Keepsaker, wenn Sie erlauben, hätte ich einen Wunsch. Lassen Sie mich meinen Wagen nehmen. Ich bin ein guter Fahrer.«

Eine weitere Stunde später stand Luis bei seinem Pick-up in der heißen Mittagssonne und schaute den Hügel hinauf zum Haus der Keepsakers. Bei Tageslicht sah das Haus ganz anders aus, fand Luis. Man könnte meinen, seine gestrigen Gefühle hätten seine Wahrnehmung beeinflusst: Aufregung, die längst nicht mehr angenehm war, Unsicherheit, Jetlag und vielleicht ein bisschen Angst. Allerdings ließ Luis nur sehr selten seine Eindrücke durch seine Gefühle verfälschen. Deshalb war er überrascht, dass das Haus heute so anders auf ihn wirkte, als gestern. Das alte Bauernhaus – oder sollte er sagen: *Bauernvilla*? – war in ein Traumhaus verwandelt worden, so wie es in Spanien am Hang eines teuren, privaten Weinberges stehen könnte. Anstelle von Weinreben hatte Allie unzählige Wildblumen wuchern und die Fassade mit Holzplanken aus Überresten der Veranda verkleiden lassen. Im Vorgarten stand eine Schaukel und hinterm Haus murmelte ein Bächlein den Hügel hinab. Er glaubte, dass kein Haus mehr Wärme ausstrahlen konnte als dieses.

Luis öffnete gerade die Türen des Pick-ups, um den kleinen Innenraum vor der großen Fahrt zu lüften. Allie lief – zum dritten Mal – den Fußweg vom Haus zum Auto hinunter, diesmal mit schwarzen Wälzern beladen, wofür auch immer sie die brauchen würde. Sie hatte Luis gebeten, auf der Ladefläche einen Stauraum für ihr Gepäck herzurichten, weil der Innenraum nicht genügend Platz dafür bot. Luis, handwerklich begabt und praktisch veranlagt, stabilisierte daraufhin eine Holzkiste, die vom Umzug übrig geblieben war, mit Kofferbändern. In dieser Zeit vollbrachte es Allie, das Eigengewicht zweier neumodischer Hartschalen-Trolleys zu verzehnfachen, die er anschließend neben der Kiste rutschsicher zu befestigen hatte.

Fälschlicherweise nahm Luis an, seinen Job erledigt zu haben. Sein schwarzes T-Shirt war bis in die letzte Naht durchgeschwitzt und die Sonne brannte weiterhin unerbittlich auf seine Oberarme. Die meisten seiner Kleidungsstücke waren einfarbig, schwarz oder weiß, seine Jeans blau und ohne jedes modische Detail. Es ging einfach nicht in seinen Kopf, weshalb man sich Hosen anschaffte, die schon beim Kauf alt und verwaschen aussahen.

Allie hingegen verlieh der Kraftakt – der für sie gering war, da Luis jedes Teil schleppte, das mehr wog als ihre Handtasche – endlich ein wenig Farbe, die sie gut gebrauchen konnte. Sie kam am Zaun an. Aus der Nähe sah Luis, dass Allie keine Wälzer trug, sondern Alben, wahrscheinlich Fotoalben.

»Hier.« Er lief um den Wagen, nahm sie ihr aus den Armen und hievte die Lederbände in die Holzkiste. »Danke.« Bisher hatten sie nicht viel miteinander geredet. Luis konnte genau aufzählen, was: eine provokante Bemerkung, eine Beleidigung, fünfmal *danke* und dreimal etwas wie *kein Problem* oder *gern*. Er beschloss, mal etwas Neues auszuprobieren.

»Bist du bereit?«

»Sofort. Ich muss Mo Tschüss sagen und meine Handtasche holen und vielleicht noch eine Schlaftablette für die Fahrt, dann können wir los.«

»So ein schlechter Fahrer bin ich nun auch wieder nicht«, scherzte Luis, aber sie war schon wieder zum Haus hochgeeilt. Sie nahm den Weg, als gäbe es überhaupt keine Steigung.

Schweigend beobachtete Aaron, wie Allie vor ihrem Sohn kniete, ihm Dinge zuflüsterte und sein Gesicht immer wieder mit Küssen bedeckte. Mo entwand sich jedes Mal freundlich den Umarmungen seiner Mutter und schenkte sein ganzes Interesse lieber der Holzeisenbahn, die Allie ihm vor Kurzem geschenkt hatte – *ohne* elektrisch betriebene Waggons und mit Ampeln *ohne* LED-Leuchten.

Allie rappelte sich auf und trat Aaron gegenüber.

Aaron, dein Mann.

»Aaron, ich muss dir noch einmal sagen, wie viel mir das bedeutet. Ich kann gar nicht beschreiben, wie wichtig mir das ist, die Vergangenheit aufzurollen und ich …«

Aaron legte seinen Finger sanft auf ihre Lippen. Eine überraschend wohlige Wärme entfachte in Allies Bauch. Auf einmal war nicht mehr als eine Handbreit Luft zwischen ihnen. Erschrocken von ihrer Reaktion, die sie sich die ganzen Wochen verzweifelt gewünscht, aber nie bekommen hatte, wich sie einen Schritt zurück. Aarons Blick suchte Gefühle in ihren Augen und flammte auf, als er darin fand, was Erregung ziemlich nahe kam.

»Liz, du musst nicht … Wenn du dich anders entscheiden solltest, bin ich jederzeit an deiner Seite.« Langsam und vorsichtig schlang er seine Arme um ihre Taille und zog sie so nah ran, dass er ihr Herz schneller schlagen spürte. Einige Sekunden verharrten sie in dieser seltsamen Umarmung, bis Allie sich regte.

»Es tut mir leid, ich muss los. Danke für alles, Aaron.« Und als sie sich zum Gehen wandte: »Ich freue mich darauf, heimzukommen. Wir sollten uns unbedingt eine Chance geben. Ich … Ich bin sehr zuversichtlich.« Jenes eine Strahlen erreichte ihre Augen, es war klein, aber dennoch da.

Die Enttäuschung, die Aarons Herz fest verschnürt hatte, löste sich in Luft auf. Er starrte der Frau hinterher, die aus der Tür ging, ohne sich noch einmal umzudrehen. *Seine Frau.* Vielleicht hatte er sie noch nicht erobert, aber es bestand eine Chance. Das hatte er zwar die ganze Zeit über schon gewusst, aber gerade hatte er es zum ersten Mal *gesehen*, im Flattern ihrer Augen und in ihren geröteten Wangen.

Sie wird nach Hause kommen und sie wird es gerne tun.

Aaron gab seinem Sohn in einem der seltenen Momente einen Kuss auf seine weichen Locken, als die Beifahrertür des Pick-ups ins Schloss fiel.

In der Fahrerkabine des Pick-ups herrschten ein paar unangenehme Schweigesekunden, die Allie brach.

»Willst du nicht den Motor starten?«

»Ich dachte, du wolltest dich vielleicht noch ein paar Minuten stehend mit mir unterhalten, bis du wirklich sicher bist, dass du das willst. Achtzehn Stunden können lange dauern.« Luis klopfte sich innerlich noch einmal auf die Schulter, dass er die Extrazeit mit Allie hinausgeschlagen hatte, indem sie auf die Flüge verzichteten. »Und das ist nur die Dauer der Reise nach Townsend.«

»Als ob du mir eine Wahl lassen würdest. Jetzt mach endlich den Wagen an.« In ihrer Stimme schaukelte ein Lächeln.

»Ich bin derjenige ohne Wahl. Du hast das Steuer in der Hand, ich bin nur der Fahrer.«

»Würdest du *mich* fahren lassen?«

»Nein.«

»Wieso nicht?«

»Du hast keinen Führerschein.«

»Ich kann ihn dir zeigen. Ausgestellt 1997, man kann mich sogar als erfahrene Fahrerin bezeichnen!«

»Hast du es in den letzten vier Wochen mal versucht?«

»Nicht wirklich.«

»Dann definitiv: nein.«

Luis startete den Wagen, ohne eine Miene zu verziehen, und Allie grinste: »Geht doch.«

Luis lächelte – wie meistens – nur mit den Augen, aber das reichte Allie völlig aus. Als sie langsam die Straße vor ihrem Haus hinunterrollten, beobachtete Allie die Gardinen am Küchenfenster, die sich bewegten und stillstanden, kurz bevor sie außer Sichtweite waren. Der Gedanke an Aaron verflüchtigte sich von Meter zu Meter mehr und Allie hatte schon am Ortsschild von Philly das Gefühl, als lebte Aaron in einer anderen Galaxie.

Luis brach das Schweigen, das jetzt ein angenehmes gewesen war. »Wie geht's dir, Al?«

»Ich bin nicht krank, falls du das meinst.«

Luis musterte sie kurz von der Seite und konzentrierte sich wieder auf die Fahrbahn. Elegant wich er einem abgehobenen

Honda Civic aus. »Davon bin ich nie ausgegangen. Das ist so eine Floskel, weißt du.«

»Kenn' ich. Die meisten Menschen hassen es, etwas anderes als *gut, danke* als Antwort zu bekommen, aber den Gefallen tu ich ihnen nie. Was bringt die Frage, wenn man keine ehrliche Antwort geben darf, frage ich mich?«

»Ich weiß. Ich kenne dich.«

Als er zu ihr rüber schaute, trafen sich ihre Blicke.

»Stimmt. Das kommt mir aber gar nicht so vor, obwohl für mich unser letztes Treffen … vier Wochen zurückliegt. Für dich sind es siebzehn Jahre. Und du bist vertrauter mit mir als ich mit dir. Ist das nicht komisch?«

»Kommt dir nur so vor. Erschrecken dich die grauen Haare? Du kannst sie mir färben, wenn du magst.«

»Wirklich?«

»Kommt gar nicht infrage.«

Allie schmunzelte. »Ich hatte schon Angst, du wärst der Falsche. Nein, die Haare sind's nicht. Ich habe sie auch. Na ja, zumindest ein oder zwei. Über Nacht bekommen, wenn du verstehst, was ich meine. Du kannst dir nicht vorstellen, wie es ist, wenn dein Körper von einem Tag auf den anderen doppelt so alt ist. Man stößt sich ständig, wegen der paar Zentimeter, die man breiter ist, als gedacht.« Allie sah an sich herab, legte die Hände auf die Hüften und rümpfte die Nase. »Wenn ich früher etwas schräg hinter mir sehen wollte, brauchte ich nur den Kopf drehen, jetzt muss ich ein Stück vom Oberkörper mitnehmen. Wenn ich etwas aufheben will, muss ich in die Knie gehen und dann komme ich nicht wieder hoch. Ich erschrecke mich noch immer, wenn ich meine Hände sehe. Und meine Brüste.«

Luis' Mundwinkel zuckten. »Du redest, als wärst du über Nacht achtzig geworden. Dabei würde dich keiner älter als … sagen wir … achtundzwanzig schätzen.«

»Wenn diese Veränderungen innerhalb von Stunden auf dich einstürzen, spürst du sie viel deutlicher. Das ist wie ein neuer Haarschnitt. Nachdem man beim Friseur war, hat man beim Kämmen auch das Gefühl, die Haare wären nur noch halb so lang, selbst wenn sie nur zwei Zentimeter abgeschnitten wurden.«

»Das kann ich nicht so gut nachvollziehen. Zwei Zentimeter hatte ich das letzte Mal, als ich drei war.« Luis fuhr über seinen dunklen Borstenschnitt. »Aber deine Amnesie muss sehr *tiefgreifend* sein, wenn du diese Veränderungen so stark spürst, nicht wahr?«

»Ja.«

Schweigend betrachtete Allie die Skyline von Philadelphia durch ihr Seitenfenster.

»Wenn du nur ungern über dieses Thema redest, sollten wir es schnell hinter uns bringen. Uns wird in den nächsten Tagen kaum etwas anderes übrig bleiben.«

Allie beschloss, dass er recht hatte. Sie würden achtzehn Stunden haben, um sich einander vorzustellen, und in ihrem Inneren brannte der Wunsch, jedes noch so kleine Detail des Mannes, der mit ihr in diesem Wagen saß, kennenzulernen. Sie lächelte, wandte sich dem Fahrer zu und streckte ihm ihre kleine Hand entgegen.

Fangen wir neu an. Ganz neu.

»Hallo. Mein Name ist Alison Keepsaker, ich komme aus Townsend, wohne aber seit Kurzem in Rose Tree, bei Philadelphia. Freut mich, Ihre Bekanntschaft zu machen, Mr Lu!«

Sechs

Philadelphia 50 Miles – verkündete das Straßenschild bei Morgantown und zeigte in Richtung der Staubwolke, die der Pick-up hinterließ. »Nein! Du *verarschst* mich!« Allie fiel die Kinnlade herunter.

»Würd' ich nie tun. Nicht bei Herzensangelegenheiten.«

»Er ist noch keine fünfzig!«

»Er *war* genau fünfzig.«

»Die letzte Nase war grauenhaft! Er hätte niemals mit *dieser* Nase auf der Titelseite der Times sein wollen.«

»Mag schon sein. Aber es heißt, sein Arzt hätte es verpfuscht. Kein Selbstmord.«

»Nicht mit der Nase!« Alison warf sich laut stöhnend in den Sitz zurück.

»Du hast echt nichts davon gewusst?«

»Verdammt, nein! Das Erste, was Aaron mir mitgebracht hat, war eine Biografie von George W. Bush. Was ist mit den wichtigen Sachen? Dann hat er mir Obama vorgestellt. Ich habe ihn 2008 gewählt. Meinst du, das war gut?«

»Kein Fehler.«

»Gut. Aber wie er mir verschweigen konnte, dass der *King of Pop* tot ist – ist die Staatsreligion jetzt vielleicht der Buddhismus?«

»So weit ist's noch nicht gekommen«, lachte Luis, »wie steht's mit 9/11?«

»Ja«, nickte Allie, »furchtbare Sache. Hab ich in *The Noughties* von Footman gelesen. Wann genau hat Michael das Zeitliche gesegnet?«

»Anfang 2009.«

»Na schau mal, so weit bin ich nie gekommen.«

Hinter einer Pappel tauchte der für *Dunkin' Donuts* typische orange-rosafarbene Schriftzug auf.

»Kaffee? Hunger?«

»Danke, nein. Noch so eine Sache. Ich bin wahrscheinlich die einzige Amerikanerin über dreißig, die bei einem Vorstandsmeeting Kakao trinken würde. Ich kann Kaffee nicht ausstehen.«

»Du musst trotzdem etwas essen.«

Luis lenkte den Pick-up auf den Platz hinter *Dunkin' Donuts* und parkte ihn gleich neben der Fensterfront, damit er Allies Gepäck auf der Ladefläche im Auge behalten konnte. Die letzte Stunde hatten sie gebraucht, um einander neu vorzustellen. Allie hatte von ihrem Wissen und Unwissen berichtet, von den etlichen Stunden, in denen sie vergeblich Videos und Fotoalben studiert hatte; von ihrer Biografie, deren Wortwahl ihr befremdlich und hochgestochen vorkam. Sie gestand, dass sie die Einrichtung ihres frisch renovierten Hauses scheußlich fand und nicht verstehen konnte, wie sich der Trend, rot mit pink zu kombinieren, in die Gehirne der Leute hatte fressen können.

»*Damals*«, so kürzte Allie jegliches Geschehen vor dem 19. Juli 1997 gerne ab, »kam zwei-in-eins gerade ganz groß raus. Als ich mit Aaron einkaufen war und Shampoo brauchte, gab es schon *zwölf*-in-eins. *Zwölf.* Als hätten die Menschen jedes Jahr eine neue lebenswichtige Essenz entdeckt, die ich niemals verstehen werde, selbst wenn ich noch so viel lese.«

Im Gegenzug berichtete Luis von seinem Leben, das in sehr wenigen Worten bereits vollständig beschrieben war. Er hatte fünfzehn Jahre der U.S. Army gedient, und wie immer beschrieb er seine Tätigkeit dort in wenigen Worten: »Ich habe eine Menge Menschen getötet.« Luis hatte mehrere Reaktionen darauf kennengelernt, von Abscheu bis Belustigung, aber nie eine ähnlich angemessene, wie Allie sie jetzt darlegte.

»Verstehe«, nickte sie knapp und aus ihrer Stimme strömten Mitleid und Trauer.

Er erzählte Allie, wie er nach Lillooet gekommen war, und die Frage nach der Frau in seinem Leben folgte prompt – so wie kürzlich bei Aaron. Als Allie sich von seiner Antwort nicht abschrecken ließ, berichtete er, dass sein Beruf laut Visitenkarte *Personaltrainer* lautete, dieser in Lillooet jedoch ein inoffizielles Synonym für *Bezahlte Affäre* war.

»Keine Dame hat je nach Referenzen gefragt«, grinste Luis. »Ich glaube das liegt an dem Foto in meinem Flur. Es zeigt meine Beförderung zum Major.«

Sobald sie an einem Holztisch Platz genommen hatten, jeweils einen Donut, einen doppelten Kaffee beziehungsweise eine Tasse Kakao mit Sahne vor sich, erkundigte sich Luis nach Allies Mutter, obwohl er ahnte, wie tief der Schmerz noch sitzen musste. Ihr aktuelles Selbst war siebzehn Jahre alt, fast noch ein Kind. Ein Kind, das seine Mutter verloren hatte. Entsprechend der obskuren Lage fiel Luis ihre ungewöhnliche Einleitung auf.

»Ich habe sie nur knapp verpasst. Mum ist vor knapp einem halben Jahr an Bauchspeicheldrüsenkrebs gestorben. Wobei nicht der Krebs selbst sie getötet hat: Bevor sie von Innen zerfressen werden konnte, hat man eine Operation angesetzt, im Versuch, den Krebs aufzuhalten. Aus der Narkose ist sie nie erwacht.«

Allies Stimme brach. Sie zog einen Briefumschlag hervor, der offenbar stets griffbereit in ihrer Handtasche verweilte. Sie zögerte. Eigentlich hielt sie sich an diesem Umschlag fest. Er war einer ihrer wenigen Schlüssel in die Welt zwischen ihren zwei Existenzen. Ein Schlüssel zum Bindeglied. Trotzdem schob sie ihn behutsam über die Tischplatte. Luis' Blick streifte ihren um Erlaubnis bittend, sie nickte flüchtig, dann öffnete er den Umschlag. Er war nicht mehr steif, offenbar war er oft durch ihre Hände gewandert. Der Absender hatte nur wenige Zeilen geschrieben. Als Luis den Namen des Absenders las, lief ihm kalter Schweiß den Rücken hinunter.

Liebe Allie,
ich bin eine Freundin deiner Mutter und sie hat mich um etwas gebeten. Ich möge dir nach ihrem Tod diesen Schlüssel zukommen lassen. Wie du dir denken kannst, öffnet er Flowage Pensione. Dazu darf ich dir Folgendes wörtlich übermitteln:
Come home, Alison. With endless love, Mum
Ein Brief deiner Mutter wartet auf dich, den ich dir aber ausschließlich persönlich und ausschließlich in Townsend übergeben darf. Gestatte mir auch ein paar persönliche Worte: Deine Mutter war bis zum Ende wohlauf und hat unter ihrer Krankheit nicht leiden müssen. Einmal

hat sie mir aber gestanden, dass sie denkt, bald sterben zu müssen. Das Schlimmste, hat sie gesagt, sei willenlos an ihrer Krankheit zu vergehen. Deshalb glaube ich, sie hat den Tod gewählt und freiwillig einfach weiter geschlafen, um sich die Qualen zu ersparen, die sie in den kommenden Wochen und Monaten erwartet hätten.
Ich finde auch, du solltest heimkehren, Allie. Es ist nie zu spät.
Deine Isabelle

Luis las den Brief ein zweites Mal. In der oberen linken Ecke des Umschlags stand *Isabelle Perlman*, ohne Adresse.

»Ich habe den Brief in einer meiner privaten Kisten in der Bibliothek gefunden. Bin mir ziemlich sicher, dass Aaron den Inhalt nie gesehen hat.« Nervös zupfte Allie an ihrer Nagelhaut. »Ich habe ihn einiges gefragt. Warum Mum mir nicht selbst geschrieben hat. Und was der letzte Satz zu bedeuten hat. Ob ich nie zu Hause war, sie nie besucht hab. Wer diese Isabelle ist. Kennst du sie?«

Luis schluckte und schüttelte den Kopf.

Vor Allies Augen spielte sich eine Szene der letzten Tage ab wie ein Film. Das unbehagliche Gefühl, als Aaron ihr den Umschlag beinahe aus der Hand gerissen hatte. Die flüchtige Angst, dass er ihn zerreißen würde … doch dann hatte sich seine Stirnfalte geglättet.

»Wo hast du den her?« – »Gefunden.« – »Wo?« – »In meinen Unterlagen.« – »Ich hab ihn noch nie gesehen. Ich bin mir nicht sicher, ob er echt ist.« – »Wo sollte er sonst herkommen?« – »Nach dem Tod deiner Mutter hat uns niemand geschrieben oder angerufen, du hast nichts geerbt.« – »Wieso sollte ich nichts geerbt haben? Lies, hier steht's doch!« – »Weil du seit über fünfzehn Jahren nicht mit ihr gesprochen hast.« – »Warum? Wie kann das sein?« – »Das weiß ich nicht.« – »Du musst es wissen, wenn du mein Ehemann sein willst!« – »Du hast es mir nie verraten! Du wolltest nicht über sie reden!«

»Und weißt du was? Ich hatte keinen Kontakt zu ihr, sagt Aaron. Nie. Ich sitze hier, im Kopf eine Siebzehnjährige ohne Erfahrungen. Nie gearbeitet, nicht studiert, nie richtig geliebt, nie Steuern bezahlt. Ich bin ein Kind, Kinder lieben ihre Mütter abgöttisch, auch wenn sie es nie zugeben würden. Ich fühle mich wie ein Kind in der Rolle eines Erwachsenen, die es nicht ausfüllen kann, und ich habe keine Mutter. Ich *bin* Mutter. Und ich habe nichts, woran ich mich festhalten kann.«

Allies Augen weiteten sich und suchten seinen Blick.

Sie hatte seltsame Augen, groß, glitzernd und leuchtend. Doch das Besondere waren die winzigen Flecken in dem Blau ihrer Augen, wie Perlmuttblättchen schillerten sie in den unterschiedlichsten Tönen und erinnerten an Lichtspiegelungen auf der Oberfläche des *Townsend Flowage.*

Sie fesselten ihn.

»Ich habe nur dich, Luis.«

Luis nickte. Er war froh, dass Allie sich ihm anvertraute. Sicherlich hatte es Überwindung gekostet, ihm so tiefen Einblick in ihr Innerstes zu gewähren. Und doch hatte sie ihm nichts erzählt, dass ihm nicht bereits bekannt war. Aber das sagte er nicht. *Das Wichtigste war*, dachte er still und konzentrierte sich, es nicht laut auszusprechen, *dass sie nichts wusste von der Sache. Aber was nicht ist, kann ja noch werden* und deshalb musste Luis höllisch aufpassen.

Bei der Weiterfahrt in Richtung Nordwesten hatte der Tod einen grauen Schleier über Allies fröhliche Stimmung gelegt. Sie blieb still, aber Luis drängte sie nicht, denn sie hatten Zeit. Nach und nach würde er genug über sie erfahren – und sie würde genug, mehr als genug, über sich selbst erfahren.

Die vergossenen Tränen schläferten Allie schnell ein. Sie fiel in einen unruhigen Halbschlaf und döste gerade vor sich hin. Mit einem Mal wurde sie völlig unerwartet vom ersten Erinnerungsblitz seit ihrem Unfall geweckt.

Der Regen prasselte weiterhin unaufhaltsam auf das Wellblechdach und im Minutentakt wurde es hell im Bootshaus, immer dann, wenn ein Blitz über den schwarzen Himmel zuckte.

Mit einem kleinen Keuchen schnappte sie nach Luft und fuhr aus ihrem Traum hoch. Sie saß aufrecht auf dem Beifahrersitz. Das gleichmäßige Trommeln stammte von dicken Tropfen, die auf dem Autodach und der Windschutzscheibe zerschellten. Die Scheibenwischer glitten mit einem leisen Quietschen über die Frontscheibe, im Radio rannte Bob Seger gegen den Wind.

»Gut geschlafen?«

Die Berge vor ihnen waren schwarz wie der Himmel und ein Leuchten dahinter verriet, dass die Sonne gerade erst untergegangen war. Ein Donner grollte in weiter Ferne.

»Nein. Wo sind wir?«

»Schätz mal.«

»Lass die Spielchen. Harrisburg?« Allie rieb sich die Augen.

»Total daneben. An Cleveland vorbei.«

»Dann hab ich …?«

»Über vier Stunden geratzt, richtig.«

»Wow. Tut mir leid.«

»Braucht es nicht. Gab nichts zu sehen. Hättest lieber länger schlafen sollen, dann wärst du dem hier entkommen.« Wie zu Demonstrationszwecken wich Luis einem Holzbrett aus, das mitten auf der Fahrbahn lag, als wäre es aus dem Nirgendwo auf die Straße geschleudert worden.

Allie nickte und versank wieder in Gedanken, die schlaftrunken grundsätzlich viel intensiver waren. Der Donner war ihr vielmehr wie eine Erinnerung vorgekommen, so, als gehörte er nicht ins Jetzt. Sondern in ihre Vergangenheit. Die Erinnerung gehörte zum 19. Juli 1997, ins Bootshaus. Da war sie sich sicher.

Dieser Tag beschrieb die Grenze zwischen ihren Erinnerungen an ihre Jugend und der schwarzen Zeit. Die Grenze zwischen hell und dunkel. An manche Teile jener Nacht erinnerte sie sich, andere waren wie ausgelöscht. Sie wusste, sie war mit Luis in Marshalls Bootshaus eingebrochen, und sie wusste, dass der Anlass Luis' Endorphin-Schub war. Sie erinnerte sich an platschende Sportschuhe, modriges Holz und daran, wie er ein paar Mal gelacht hatte. Sonst war da nichts. Bis gerade eben: Auf einmal hatte sie mehr als nur die Gewissheit, dass es damals geregnet hatte. Sie waren durchnässt gewesen – bis auf die Knochen. Der Regen war eine *Erinnerung*.

Mit Mühe erstickte Allie die aufflammende Freude darüber im Keim. Natürlich, eine Erinnerung war ein gutes Zeichen. Erst recht, weil sie nur wenige Stunden mit Luis gebraucht hatte, um einen ersten

Zugang zur schwarzen Zeit zu finden. Auf der anderen Seite durfte sie nicht zu viel Hoffnung in ein gefundenes Puzzleteilchen setzen – denn es gab Abermillionen davon! Und die Erinnerung an den Regen brachte Allie nicht einmal einen Schritt weiter in ihrer Suche. So sehr sie sich auch konzentrierte, der Gedanke kam ihr wie eine Sackgasse vor: Er führte zu nichts weiter als einem rauchenden Schädel.

Allie suchte sich eine bequemere Position auf dem Sitz und lehnte den Kopf an die Scheibe. Viel mehr beschäftigte sie die Verabschiedung von Aaron. Das war erst wenige Stunden her, doch noch immer spürte sie seinen Finger auf ihren Lippen, wenn sie daran dachte. Aaron, der ihr wie ein Freund, der Helfer in der Not vorgekommen war, hatte auf einmal Gefühle verursacht, die über jede Freundschaft hinausgingen. Das Verblüffende: Es fühlte sich so natürlich an, als hätte sie diese Erregung schon Tausende Male gespürt. Nein, sogar *ausgekostet*. Es bestand kein Zweifel daran, sie hatte das Gefühl *genossen*. Was für eine Erleichterung, dass sie endlich fähig war, ihren Mann zu genießen!

Luis schaltete die Scheibenwischer eine Stufe höher und drehte das Radio lauter, um den herannahenden Donner zu übertönen.

» … froh, dass ich hier im Trockenen sitze, ich möchte nicht in Ihrer Haut stecken, werte Autofahrer! Das Tief wütet an der gesamten nördlichen Grenze Ohios, Lake Erie ist bereits übergetreten. Schauen Sie, dass Sie Land gewinnen …« Als der Radiomoderator sich weiter begeistert in Rage reden wollte, schaltete Luis das Radio ganz aus.

Das Herz rutschte Allie hart und plötzlich in die Hose. Ihre plötzliche Unruhe entging Luis nicht. »Alles in Ordnung?«

»Herr Gott, Luis, nein, *mein Gepäck!*«

»Das wird okay sein. Du hast Hartschalen-Trolleys und in der Kiste habe ich deine Dinge mit einer Plane zugedeckt.«

Aber Allie spürte Luis' Zweifel und wie um ihn zu verspotten, schleuderte der Himmel dicke Hagelkörner auf das Autodach. Durch die lange Ladefläche machten sie viel mehr Lärm als gewöhnlich.

»Gar nichts okay! Du musst anhalten, wir müssen sie reinholen.«

»Keine Chance, es gibt kein *rein*. Hier ist gerade mal genug Platz für uns zwei. Dazu kommt, dass ich dich nicht rauslasse, du holst dir den Tod.«

»Wir haben keine Wahl, ich mach mir keine Sorgen um meine Kleidung oder das Zwölf-in-eins-Shampoo, da drin sind meine Fotoalben, mein Leben…«

Er hörte die Verzweiflung in ihrer Stimme.

»Ich geh da jetzt raus!« Als sie demonstrativ zum Türgriff langte, rastete die Zentralverriegelung ein.

»Verdammt, halt an und lass mich *raus*, Luis! Ich kann das nicht riskieren. Und fahr *langsamer*, zur Hölle!«

Er stellte den Scheibenwischer auf die höchste Stufe. Es gab keine Sekunde, in der die Wasserschliere ihm nicht fast vollständig die Sicht nahmen. »Wir müssen einen Unterstellplatz finden, sonst kommen wir hier nicht raus. Nur eins dieser Hagelkörner kann dich umbringen!«

Für den Moment vergaß Allie ihr Gepäck. »Ist mir egal, fahr langsamer!«, kreischte sie und drückte sich tiefer in den Sitz. Doch Luis bremste nicht und stierte weiterhin eisern nach vorne. Die Windschutzscheibe war unbrauchbar, so viel Wasser strömte an ihr herunter. Trotzdem fuhr Luis weiter, nur ahnend, dass die Straße weiterhin geradeaus führte.

»Luis!«, schrie Allie noch einmal. Endlich reagierte er, drosselte das Tempo ein winziges bisschen – und fuhr immer noch viel zu schnell. Mit einem Mal wurde das Getöse unerträglich laut. Allies Kopf wirbelte herum. Entsetzt sah sie, wie Luis das Fenster herunterkurbelte.

»Bist du des Wahnsinns!?«

Er ignorierte sie, steckte den Kopf aus dem Fenster und blinzelte sich Sicht. Trotzdem konnte er nicht weiter als drei Meter blicken; links und rechts nichts als Nebel, Schwarz und peitschender Regen. Es dauerte keine Sekunde, bis sein Oberkörper bis zum Bauch durchweicht war. Ein Hagelkorn traf ihn hart wie ein Paintball, der aus einem Meter Entfernung auf seinen Oberarm gefeuert wurde. Vor Schreck riss Luis das Lenkrad herum, korrigierte seinen Fehler jedoch sogleich. Der Wagen schlitterte ein paar Mal unkontrolliert von links nach rechts, fand dann seine Spur.

Allie winselte wie ein Hund und schluchzte alle paar Sekunden über ihre verlorenen Fotos. Dann wimmerte sie, weil die Angst größer war. Der Pick-up schien unaufhaltsam ins schwarze Getöse zu rasen. Sie hatte keine Ahnung, wie lange sie in den Sitz gepresst dasaß, in kaltem Angstschweiß gebadet, während Regentropfen in ihr Gesicht peitschten. Plötzlich durchdrang ein Licht den Schlamm auf der Windschutzscheibe.

Es wurde größer, kam näher, nur langsam, aber es kam näher. Und zwar direkt auf sie zu. Die Nebelscheinwerfer des anderen Wagens blendeten sie, Allie riss an Luis' Shirt, doch der zeigte keine Reaktion. Vielleicht war er längst nicht mehr in der Lage das Fahrzeug zu kontrollieren.

Allie kniff die Augen zusammen und wartete. Kaum hatte sie die Augen geschlossen, krachte der Pick-up mit seinem Hindernis zusammen. Allie wurde hart nach vorne geschleudert, der Gurt schnitt sich in ihren Körper und sie prallte zurück in ihren Sitz. Mit einem Ruck kam der Wagen zum Stehen.

Luis, der immer noch aus dem Fenster hing, um besser sehen zu können, war zum Glück zu breit, um aus dem Fenster geschleudert zu werden, doch er prallte mit den Rippen nach vorne gegen den Steg, der Motorhaube und Autodach miteinander verband. Gleichzeitig blähte sich mit einem Knall der Airbag auf. Dann krachte Luis zurück ins Fahrerhäuschen gegen den Airbag. Hätte ein glücklicher Zufall die Fahrertür nicht geöffnet, wäre Luis zwischen Tür und Airbag eingeklemmt gewesen. So stolperte er aus dem Wagen und stand in der donnernden Schwärze. Fassungslos erkannte Luis, dass er nicht in ein anderes Auto gerast war. Sondern in eine Mauer. Sie war so niedrig, dass Luis sie nicht gesehen hatte.

Zum Glück trennte die Mauer sie nur wenige Meter von dem Licht, das zu einem Haus gehörte. Selbst inmitten des Sturms konnte Luis die Buchstaben auf der Leuchtanzeige lesen:

MOTEL

Geschickt pfriemelte die Ehefrau des Motelinhabers den rostigen Bartschlüssel in das klapprige Schloss von Zimmer 111. Die Holztür schloss oben nicht mit dem Türrahmen ab und verriet Hellhörigkeit und Durchzug, welchen Allie, derzeit in ihrem triefenden Sommerkleid vor

Kälte zitternd, fürchtete. Abermals dankte sie Gott für ihre großzügige Gastgeberin. Diese hatte Allie schon am Empfang zwei Steppdecken und zwei Bademäntel in den Arm gedrückt und sich als »Elaine, kann ich nicht noch irgendwas für Sie tun?« vorgestellt. Offenbar war sie noch aufgewühlter als Allie selbst. Mit offenen Armen war die winzige Frau mit den kohlrabenschwarzen Haaren hinter dem Tresen hervorgestürmt und hatte sich die durchweichten Fotoalben aus Allies Armen gekrallt. Gleichzeitig hatte sie es geschafft, auf eine Tischklingel zu hämmern und den Namen ihres Mannes *Beeert, nun komm doch* zu brüllen. Dieser strauchelte kurz danach die enge Wendeltreppe mit vor Panik aufgerissenen Augen hinunter und entriss Luis die zwei Trolleys. All das geschah, bevor Allie und Luis auch nur drei Schritte in die winzige Lobby des Motels treten konnten.

Erst als *Beeert* Luis die Koffer abgenommen hatte, knickte Luis nach rechts ein und presste den Unterarm in seine pochende Seite. Nach zwei weiteren Schritten schienen die Schmerzen jedoch wie ausradiert.

Elaine und Bert machten eher den Eindruck zweier Rettungssanitäter im Einsatz, als dass sie als Zweimannteam ein Motel führten. Mit den Worten »Einchecken können Sie auch morgen noch« trug Bert die Koffer mit bemerkenswerter Gewandtheit das schmale Treppenhaus hoch und Elaine pikte ihnen nacheinander den spitzen Zeigefinger in den Rücken, um sie voranzutreiben.

Elaine öffnete die Holztür zu einem winzigen Zimmer. Allie wunderte sich, dass sie alle vier samt zwei Koffern darin stehen konnten, ohne einander zu berühren. Es roch ein wenig miefig. Sie vermutete, dass der Duft von dem abgenutzten Teppichboden herrührte.

»Sicher, dass Sie alles haben, was Sie brauchen?«

»Ja, wirklich, danke, Elaine. Wenn nicht, melden wir uns.« Allie schenkte ihr ein abgekämpftes Lächeln.

»Jederzeit, bitte. Handtücher, Gläser und ein Haartrockner sind im Bad, Wolldecken im Schrank. Ich mache Frühstück, wann immer Sie wollen. Soll ich etwas aufbügeln?«

Allie winkte abermals dankend ab und das Ehepaar zwängte sich aus der Tür. Elaines angedeutete Verbeugung bestätigte endgültig Allies Verdacht, dass sie asiatische Verwandte hatte.

Luis machte einen großen Schritt über die Koffer, die den Weg zur Tür blockierten, dann fiel er aufs Bett. Es protestierte ächzend. Allie sah sich um. Außer einer winzigen Kommode neben dem Bett, einer Tischlampe, einer Schwarz-Weiß-Fotografie vom Ufer des Lake Erie und dunkelgrünen Wollgardinen gab es keine weiteren Einrichtungsgegenstände. Sie setzte sich auf die andere Betthälfte und schlug das erste Album auf. Die Pergamentseiten waren hässlich durchweicht und wellten sich, doch dank ihrer Beschichtung war nahezu kein Foto beschädigt. Sie seufzte erleichtert auf.

»Ich schiebe die Betten gleich noch auseinander.«

»Die Mühe kannst du dir sparen. Wenn du nicht gerade eine Wand einreißen willst, ist kein Platz zum Schieben.«

»Tut mir leid.«

»Kannst du doch nichts für.«

»Ich meine das alles. Dass du hier sitzen musst und gleich zehn Sekunden, nachdem du die Badezimmertür abgeschlossen hast, nach mir kreischen wirst, weil dich eine Kakerlakenfamilie angreift, die dich als Mitbewohner ihrer Toilette nicht akzeptieren will.«

»Muss es nicht. Ich diskutiere lieber mit Papa Kakerlake, als dass ich stundenlang im Gewitter versauere, während meine Erinnerungen dahinfließen.« Allie strich zärtlich über den Ledereinband. »Und wir bei lebendigem Leibe geröstet werden.« Bei ihren eigenen Worten zuckte Allie zusammen. Da war etwas.

… nichts dagegen, wenn wir hier Unterschlupf suchen. Immer noch besser als hier draußen vom Blitz zu Grillhähnchen gebraten zu werden, das sich die anderen dann beim nächsten Lagerfeuer schmecken lassen.

Schon der zweite Erinnerungsblitz an diesem Abend. Diesmal konnte Allie ihre Gefühle nicht bändigen. Zwei Erinnerungen und das in so kurzer Zeit! Was konnte das bedeuten? *Funktionierte es tatsächlich? Brachte ihr die Reise in die Vergangenheit nach und nach ihre Erinnerungen wieder?*

Allie schloss die Augen, in der Hoffnung, die Erinnerung würde sich fortspinnen. Doch nichts geschah. Vom angestrengten Denken wurde ihr schwindelig, sie öffnete die Augen wieder und schielte hinüber zu Luis. Der war viel zu sehr in seine eigenen Gedanken versunken, um zu bemerken, dass Allie feine Schweißtropfen auf die Stirn getreten waren.

Sie öffnete den Mund, um Luis von ihrer Erinnerung zu erzählen – und schloss ihn wieder. Allie wollte nicht, dass er davon erfuhr. Noch nicht jetzt. Der neu gewonnene Gedankenschatz war noch so frisch, sie wollte ihn erst selbst betrachten, im Kopf hin und her wenden, analysieren, bevor sie ihn mit jemandem teilte.

Plötzlich brach Luis die Stille. »Ich habe unser Auto vernichtet.«

»Finden wir morgen eine Lösung für.«

Allie fand ihre Hand schneller auf seinem hinter dem Kopf verschränkten Arm, als sie denken konnte. In ihrem Kopf begutachtete Aaron ihre versuchsweise tröstend streichelnde Hand und sie zog sie zurück. Dann entdeckte sie den grünlich anschwellenden Fleck auf seinem Oberarm und strich vorsichtig darüber. Luis verzog keine Miene.

»Es ist nichts. Ein Hagelkorn.«

»Wie sieht dann erst deine Hüfte aus?«, rief Allie alarmiert.

»Was ist mit meiner Hüfte?«

»Ich hab doch gesehen, wie du in der Lobby eingeknickt bist.«

»Weil ich mich vertreten habe.«

»Halt den Rand, Luis«, schnauzte Allie, schob das an seinem Körper klebende Shirt mit den Fingerspitzen bis über seine Brust und entblößte die linken Rippenbögen, mit denen er beim Aufprall des Wagens aus dem Fenster gelehnt gegen die Karosserie geschleudert worden war.

Peinlich berührt registrierte Allie, dass ihr zuerst die knallharten Muskeln auffielen, die Luis' flachen Bauch auspolsterten. Besonders die zwei seitlichen, die einen Pfeil zu seinem Schritt zu bilden schienen. Allie errötete, eine rasende Hitze schoss durch ihren Körper. Erst dann bemerkte sie den bereits dunkelblauen Tintenfleck, der sich von den Achseln abwärts bis zu den Hüftknochen ausbreitete.

Sie stieß einen Laut des Entsetzens aus, sah immer wieder zwischen Luis' Gesicht und seinen geprellten, wenn nicht gar gebrochenen Rippen hin und her. Sie übte geringen Druck auf seinen Brustkorb seitlich vom Bluterguss aus. Luis zuckte zusammen, wenn auch nur sehr leicht, aber Allie genügte das.

Es bedurfte Luis fünf Minuten, Allie zu überzeugen, dass der Weg zu einem Krankenhaus bei jener Witterung unmöglich war, dass sie es – ja! – gerne kühlen dürfe, es aber *nicht* genug schmerzte, um ihn für bettlägerig erklären zu können. Zu Demonstrationszwecken sprang Luis behände auf und zog das Shirt über den Kopf. Allie sah schnell weg und war froh, nur aus den Augenwinkeln sehen zu müssen, wie Luis sich auch seiner Jeans entledigte. Er schnappte sich einen unauffälligen, ausgefransten Rucksack und verschwand im Bad, ohne abzuschließen.

Allie sah auf die geschlossene Badezimmertür und entschied sich blitzschnell dafür, sich jetzt ebenfalls ihrer nassen Klamotten zu entledigen, bevor er zurückkam. Konnte sie ihren BH ausziehen? Sie entschied sich dafür. Als Ausgleich zog sie einen dicken Kapuzenpullover in neutralem Grau darüber. Angesichts der ihr sich nicht erschließenden Mode der letzten zwei Jahrzehnte hatte sie sich eine komplett neutrale Garderobe zugelegt.

Gerade schnürte sie das Band ihrer Jogginghose, als sich die Badezimmertür öffnete. Luis hatte keine produktive Arbeit geleistet. Er trug noch immer nicht mehr als weite Boxershorts, allerdings trockene, und würdigte weder Allie noch ihr wohlüberlegtes Outfit eines Blickes.

Um den Augenblick, in dem sie stillschweigend nebeneinander warten würden, bis der Schlaf sie übermannte, hinauszuzögern, putzte Allie ihre Zähne, inspizierte ein paar nicht vorhandene Prellungen und kämmte ihr nunmehr feuchtes Haar, bis sie sich selbst albern fand. *Reiß dich zusammen, Alison!* Luis, der wieder halb nackt auf seiner Betthälfte lag, die Arme hinter dem Kopf verschränkt, schien durch sie hindurchzusehen. Das war fast noch schlimmer, als würde er sie unverhohlenen Musterungen unterziehen. *Gott*, er brachte sie mit seiner … seiner *Art* noch in die Irrenanstalt!

Und mit seiner Größe ausnahmsweise auch. Das Bett maß in seiner Breite nicht nur etwas mehr als einen Meter; es war auch eine Armlänge zu kurz, sodass Luis seine Beine anwinkeln musste. Wenn er seitlich lag, nahm er mit seinen Knien beinahe die Hälfte von Allies Seite ein. Blitzschnell umrundete Allie das Bett, schlüpfte unter die schützende Bettdecke und drehte sich auf die rechte Seite. Das erforderte zwar, Luis in die nur eine Handbreite entfernten Augen zu starren, was aber immer noch besser war, als sich mit dem Rücken zu ihm zu wenden und somit zu *löffeln*, wie Aaron es ihr vor Kurzem in ihrem gemeinsamen Bett – ihrem *Ehebett* – demonstriert hatte; in dem einvernehmlichen Versuch, wieder Normalität in ihren Alltag zu bringen.

»Wir haben morgen einen langen Weg vor uns und ich möchte keine Zeit verschwenden.« Luis rutschte noch ein Stück näher an Allie heran, andernfalls wäre er auf seiner Seite aus dem Bett gefallen.

Eine leichte Gänsehaut prickelte auf Allies Haut, doch Luis ignorierte ihre Reaktion. »Ich schlage vor, wir frühstücken bei McDonald's, Starbucks, ich glaube hier ist sogar ein Caribou Coffee Store in der Nähe.«

Gerade diskutierten sie über Elaines Vorschlag, am morgigen Tag noch zum Frühstück zu bleiben. Allie wollte dem erfreut nachkommen, Luis unbedingt entkommen.

»Ich kann nicht glauben, dass du nicht bereit bist, auch nur ein bisschen Respekt zu zeigen«, ereiferte sich Allie. »Wir essen nur einen Happen auf einen kleinen Schwatz, lächeln und zahlen, das sind wir ihnen mindestens schuldig.«

»Von unserem Lächeln können sie sich auch nichts kaufen. Zahlen reicht denen völlig aus, wir sind hier schließlich in einem Motel und nicht in einer Notfallannahmestelle für verwaiste Hundebabys. Hier handelt niemand aus Nächstenliebe.«

»Das sah für mich gerade aber ganz anders aus«, empörte sich Allie. »Die Steppdecke, unter der du gerade trocknest, ist nicht selbstverständlich.« Allie pikste demonstrativ in Luis' Oberbett und zog ihre Bettdecke noch ein Stück weiter bis über die Nase.

»Selbstverständlich, wenn man sich ein extragroßes Trinkgeld für den nächsten Tag erhofft.«

»Warum kannst du sie nicht leiden?«

»Das tut überhaupt nichts zur Sache.«

»Nagel auf den Kopf getroffen. Spuck es aus!«

»Belassen wir es einfach dabei«, beendete Luis das Gespräch in einem Tonfall, der ihm in Fleisch und Blut übergegangen war: Nicht unfreundlich, dennoch ohne Zweifel daran, dass seine Worte unangefochten und endgültig sein sollten.

Luis löschte das Licht und sie lagen einen Moment schweigend da, er in seiner Lieblingsposition auf dem Rücken, sie zusammengekauert zu ihm gewandt.

»Wir sollten wirklich schlafen«, brach Allie unnützerweise die Stille, die sie nicht länger ertragen konnte. »Nachts redet man das dümmste Zeug. Und das Schlimmste: Man ist so scheußlich ehrlich. Unbewusst hat man das Gefühl, die Nacht hält alles gefangen. Als würde es nie zutage gelangen und erst recht nicht in der Zukunft mitspielen.«

»Ist das so?«

»Wie gesagt, es kommt einem nur so vor. In Wirklichkeit bewirkt jenes Gesagte tagsüber nur Peinlichkeiten, Ignorieren und Überspielen. Es ist unsinnig, aber mir ist das schon oft passiert.« Allie flüsterte fast.

»Mit wem?«

»Mit dir.«

Abrupt drehte Luis sich zu ihr und stützte sich auf seinen Unterarm. Sie war seinem Gesicht jetzt noch näher als gerade und konnte seinen Zahnpasta-Atem riechen. Seine auf der Matratze ruhende Hand berührte mit der Außenkante ihren Bauch. Sie nahm ihn mit einer Intensität wahr, als würden seine Berührungen die anderen vier Sinne durch einen Kurzschluss ausschalten. Ein Frösteln kroch von ihrem Nacken die Arme und den Bauch runter.

»Wann?«, raunte Luis.

»Zum Beispiel in der Nacht im Bootshaus. Ich weiß nicht genau, über was wir geredet haben, aber ich weiß, dass das Thema wichtig gewesen ist. Und ich weiß, dass wir es nach dieser Nacht und meinem Unfall nie wieder … oder lange Zeit nicht angesprochen haben, als hätte es das Gespräch nie gegeben.«

Nun war es Luis, dem das Blut durch die Adern schoss wie heiße Lava. *Nie wieder, oder lange Zeit*: Das war ein gravierender Unterschied. Denn sie hatten über jene Nacht tatsächlich gesprochen, und zwar nach nicht allzu langer Zeit nach der Nacht im Bootshaus. »Woher …«

»Ich weiß es einfach. Es gehört von der zeitlichen Abfolge her betrachtet *nach* den ersten Unfall und müsste somit aus meinem Gedächtnis gelöscht sein, ich weiß. Aber meine *Krankheit*, wie ihr es so gerne nennt, hält sich nicht an Spielregeln. Ich kann mich an mikroskopische Dinge nach dem 19. Juli erinnern, ja. Aber sie sind fast alle unbedeutend.«

»Ich habe nie gesagt, dass du krank bist, Al.«

»Stimmt, entschuldige. Es ist nur, ich habe vielleicht fünf Teile eines tausendteiligen Puzzles und ich betrachte diese Teile, die ich habe, von allen Seiten und kann trotzdem nicht erahnen, wie das Bild oder die anderen Puzzlestücke aussehen mögen.«

»Al, ich verstehe das ...«, er fing ihren verzweifelten Blick auf und hielt die Hand, die wild gestikulierte, fest, »du musst nicht ständig versuchen, dich zu erklären ...«

»Nicht einmal einen Teil kannst du verstehen, und wenn ich dir noch so viele Vergleiche gebe! Vielleicht kannst du Mitgefühl haben, aber du hast keine Ahnung, wie es ist, wenn siebzehn Jahre Erinnerungen geschwärzt sind, wenn einem die grundliegenden Erfahrungen und Erinnerungen eines jeden Erwachsenen fehlen ...« Sie entriss sich seinem Griff und setzte sich auf. Salzige Tränen traten über ihre Augenränder und flossen hinab über ihre Lippen.

»Allie, beruhig dich bitte«, knurrte Luis, doch er ahnte bereits, dass der Versuch sie zu beschwichtigen zwecklos bleiben würde.

» ... wie kann ich glücklich werden mit einem Leben, das *mir* nichts bedeutet, dessen Bedeutung für andere, wie Mo, aber *riesig* ist ...«

»Hör auf, dich in Rage zu reden wie ein Teenager! Bitte.«

» ... und so langsam habe ich keine Kraft mehr zu *suchen* und möchte am liebsten alles *aufgeben* und sagen: Okay, ich fang einfach von ganz vorne an. Scheiß auf Erinnerungen ans Autofahren, ich mache meinen Führerschein einfach noch mal. Aber wie kann ich das, wenn ich damit das Leben eines zweijährigen Kindes zerbreche, das laut einer Urkunde mein eigener Sohn ist!«

Allies sonst so ebenmäßiges Gesicht sah vom Weinen verzerrt aus. In diesem Moment drehte sich Luis rum, warf sich mit ebenso viel Gewicht auf sie, dass sie gerade noch Luft bekam, und drückte mühelos ihre Handgelenke neben ihrer Stirn in die Matratze.

»Hör auf, siebzehn zu sein!«

Allie hörte auf zu zittern und vor Überraschung versiegten die Tränen. Luis beobachtete ihre Augen, aus denen die Hysterie langsam wich, bis sie ihn klar, fest und ruhig anblickte. Seine Berührung, diesmal so großflächig und überwältigend, hatte ihre Wunderwirkung getan.

»Wenn es dich stört, dass dein Kopf siebzehn, dein Körper aber vierunddreißig Jahre alt ist, wäre es hilfreich, wenn du dich nicht wie ein pubertierender Teenager verhältst. Alles wieder in Ordnung?«, fragte Luis und lockerte seinen Griff.

»Ja«, stammelte Allie. Als er sich nicht von ihr erhob, jagte ein neuer Schauer durch sie hindurch, der sie diesmal aus ganz anderen Gründen fast in Raserei versetzte.

Luis sah von oben auf sie herab. »Auch wenn du es dir nicht vorstellen kannst: Ich hasse mein Leben genauso sehr wie du deines. Mir fehlen ebenfalls Erinnerungen, an denen ich selbst schuld bin: Sie fehlen mir, weil ich sie nie erlebt habe.« Allie kam es vor, als würde sein Gewicht auf ihr größer. »Ich bin allein und war es schon immer. Ich hatte noch nie die Gelegenheit, ein guter Ehemann zu sein. Ich habe niemals meinem Sohn die Zigaretten weggenommen oder den neuen Freund meiner Tochter verhört, ich war nie Schulpflegschaftsvorsitzender oder Basketballtrainer – bis vor Kurzem war ich nicht einmal Eigentümer. Ich habe nie meine Steuererklärung geschrieben. Ich weiß, es ist etwas ganz anderes.« Er blickte kurz weg, musste sich sammeln. Dann fuhr er mit fester Stimme fort. »Aber wenn ich heute eine Frau kennenlerne und sie heirate, bin ich genauso unbeholfen wie du es warst, als du Mo zum ersten Mal auf den Arm genommen hast. Jetzt bist du schon eine richtige Supermum.« Als ihre Augen bei Mos Namen aufblitzten, nickte er bekräftigend. »Du wirkst, als hättest du keine Minute im Leben deines Sohnes seit seiner Geburt verpasst. Du belügst dich selbst, wenn du von einem Leben ohne Bedeutung sprichst. Das sieht jeder, der fünf Minuten mit Mo und dir im gleichen Raum verbringt.«

Eine Träne, die sich nicht länger aufhalten lassen wollte, kullerte Allies Wange hinunter und sie presste ihre Wange aufs Kissen, um sie zu trocknen.

»Wir alle erleben tagtäglich erste Male, vergiss das nicht. Deshalb vertrau mir endlich, okay?«

»Du denkst, ich vertraue dir nicht? Glaubst du, ich wäre hier, wenn ich dir nicht vertrauen würde? Glaubst du, ich mache das alles hier mit meinem … meinem Feind?«

Luis lachte auf und rutschte von Allie runter in die Mitte des Bettes.

»Nein. Aber du behandelst mich wie deinen Feind. Guck nicht so, es stimmt! Du bewahrst die größte Distanz, die man sich vorstellen kann. Du schaust mir nicht in die Augen, du quetscht dich auf deiner Bettseite auf die äußeren zehn Zentimeter, um mir ja nicht zu nahe zu kommen. Was soll ich denn sonst denken, wenn du dich mehr weg als zu mir wendest?« Luis' Lächeln, das allein aus einem Ausdruck in den Augen bestand und seinen Mund nicht mit einbezog, war mit jedem seiner Worte gewachsen. Doch es erlosch schlagartig, als er merkte, was er Dummes gesagt hatte.

»Es tut mir leid, Lu, aber die Situation zwischen uns …«

»Schon gut, ich weiß.«

»Ich würde es dir gerne erklären, aber ich kann nicht.«

»Nein, vergiss es«, und nach einigem Zögern fügte er leise hinzu: »Ich kenne die Antwort. Es ist die gleiche wie die auf die Frage, weshalb du Aaron *mich* hast anrufen lassen und nicht Robbie.« Der schlimmste Teil des Gewitters war über sie hinweg gezogen und toste in weiter Ferne. Nur der Regen platschte unablässig gegen das beschlagene Fenster.

»Fragst du dich das schon lange?«, fragte Allie zögerlich. »Warum du und nicht Robbie?«

»Ungefähr seit dem Moment, als Aaron mir erklärte, weshalb ich gekommen bin.«

»Von Anfang an also. Ich würde mal sagen, der erste Grund ist, dass ich von Robbie so etwas wie frisch getrennt bin – zumindest in meiner Welt – und man so etwas dann einfach nicht tun kann.«

»Richtig.«

»Möchtest du den zweiten Grund auch hören?«, erkundigte sich Allie.

»Nein.«

»Warum nicht?«

»Allie.«

»Entschuldige.«

Weil der zweite Grund, der mir genauso klar ist wie dir, die Sache *noch tausend Mal komplizierter macht, als sie schon ist. Das Gleiche gilt für meinen Auftrag. Ich soll dich vor Erinnerungen strotzend – nützlicher Erinnerungen – deinem Ehemann übergeben und der zweite Grund, weshalb du dir mich und nicht Robbie gewünscht hast, würde diesen Plan schier unmöglich machen. Unmöglich.*

»Wir haben damals über Grund zwei geredet, nicht wahr? Im Bootshaus.«

Luis erinnerte sich an ihre samtweiche Stimme, die ihn damals fast dazu gebracht hatte, die wahre Antwort in die schwüle Nachtluft zu brüllen. *Kann es sein, dass du mir sagen möchtest, dass du etwas für mich empfindest, Luis?*

»Ja.«

»Und wir haben irgendwann ein zweites Mal darüber geredet.«

»Ja.«

»Was ist dabei rausgekommen?«

Luis schwieg. »Wie meinst du das?«

Sie hatte sich gedanklich darauf vorbereitet, dennoch kam ihr die nächste Frage, auf die der ganze Abend hinauslief, kaum über die Lippen. Sie sah ihm in die Augen. Sein Gesicht war nur eine Handbreit von ihm entfernt. Sie hätte seine Wimpern zählen können, so nahe war er. Selbst nach einem anstrengenden Tag inklusive Unfall und ungeduscht roch er so wunderbar nach Moschus, Wald und Regen. Wenn sie ganz ehrlich zu sich war, nur jetzt in diesem Moment, abgesehen von allen anderen Faktoren, die ihr Leben beeinflussten, zum Beispiel Ehemann und Kind, dann könnte sie mit Recht behaupten: Er war alles, was sie wollte. Jetzt und in diesem Moment.

Obwohl es natürlich albern war, fragte sie sich, wie sie die nächste Frage ausformulieren konnte, ohne zu sterben.

»Ist nach dem 19. Juli 1997 jemals etwas zwischen uns gelaufen? Haben wir uns ineinander verliebt, Luis?«

Die Antwort fiel Luis genauso schwer wie Allie die Frage. Auch ihm schwirrten unzählige Gedanken durch den Kopf, allen voran sein Geheimnis, das endlich rauswollte, aber tief in seinem Gedächtnis in einem Kerker weggeschlossen war. Jetzt, in diesem Moment, aber eigentlich auch in allen anderen Momenten, konnte Luis behaupten, dass Allie die Frau war, die er sein ganzes Leben lang begehrt hatte.

Doch auch er hatte Faktoren, die seine Antwort beeinflussten, besser gesagt: einen Faktor. Und dieser Faktor war Aarons Auftrag, dem er einzig und allein zugestimmt hatte, um Allie glücklich zu machen. Sie hatte sich einst bei vollem Bewusstsein gegen ihn und für Aaron entschieden: mit einem »Ja« vor dem Traualtar.

Und selbst wenn sie diesen Entschluss heute vergessen hatte, musste er ihn um ihretwillen und um seiner Ehre willen noch immer respektieren. Deshalb war Luis überzeugt, dass der einzig richtige Weg für Allie ein Leben mit Aaron war. Auch wenn es schmerzte, musste er sie dahin führen. Koste es, was es wolle.

Und wenn das bedeutete, dass er die Vergangenheit zu diesem Zweck neu erfinden musste, sollte es so sein.

»Nein«, log er deshalb und rollte sich auf die andere Seite, damit Allie die Lüge in seinen Augen und den Schweiß auf seiner Stirn nicht sah.

Betroffen starrte Allie einen Moment lang auf seinen Rücken. Sie wusste nicht, womit sie gerechnet hatte. Jedenfalls nicht damit, dass seine Antwort ihr vorkommen würde wie ein Schlag ins Gesicht und in die Magengrube zugleich.

Sie wechselten nur noch wenige Worte, die als Lückenfüller bis zum Schlaf dienten. Allie wand sich nach einer Viertelstunde in einen unruhigen Schlaf. Luis fühlte sich zu Tode erschöpft. Doch er konnte nicht anders, als die Erinnerungen aus ihrem langjährigen Schlaf zu wecken, die die wahre Antwort auf Allies Frage gewesen wäre.

Sieben

SEPTEMBER 1997

Erstmals seit zwei Monaten, die seit der Nacht im Bootshaus vergangen waren, den schönsten zwei Monaten im Leben beider, trennten ein Meter Luft und ein stabiler Rucksack Alison und Luis. Den Rucksack hatte Luis in Allies Beisein in nur zehn Minuten gepackt, während sie ihm die streng einzuhaltende Packliste vorgelesen hatte:

Drei Garnituren Unterwäsche, weiß. Ein Paar wadenhohe Sportsocken, weiß, ohne farbigen Rand, Logos und Beschriftungen. Eine Haarbürste oder einen höchstens sechs Zoll langen Kamm. Mindestens zehn Dollar in bar, keinesfalls mehr als fünfzig. Keine Rasierklingen, Batterien, Spielkarten oder Würfel, keine Haarnadeln (»Ha, ein weiterer Grund, der entschieden gegen diese Drillanstalt spricht!«, hatte Allie frustriert ausgerufen), keine obszönen oder pornografischen Materialien (»Du hast so recht, das ist unmenschlich«, hatte Luis ihr aufgrund des nächsten Punktes gespielt empört zugestimmt), keine Drogen, Zigaretten, alkoholischen Getränke, Waffen und Fahrzeuge. Und so weiter und so fort.

An diesem windigen Septembermorgen befand sich jener gepackte Rucksack zusammen mit Allie und Luis auf dem Parkplatz vor dem Austin Straubel International Airport in Green Bay, zwei Stunden von Townsend entfernt. Das Grau des Himmels hatte sich über ihre angespannten Gesichter gelegt. »Es sind nur neun Wochen«, wiederholte Luis zum hundertsten Mal, doch sie wussten beide, dass das nicht stimmte.

Im Rucksack befand sich außerdem ein Flugticket, das Luis in wenigen Minuten einlösen und ihn nach Missouri bringen würde. Genauer gesagt nach Fort Leonard Wood, einen der fünf Standorte der U.S. Army, die das *Basic Combat Training* anboten, die allgemeine neunwöchige Grundausbildung eines jeden Soldaten. Gerade mal zwei Wochen zuvor hatte Luis einen Termin bei einem Musterungsoffizier wahrgenommen, der nur Minuten brauchte, um festzustellen, dass Luis ein Geschenk für die Army sein würde. Durch den begeisterten Offizier und die Kontakte seines Vaters erhielt Luis einen Platz im BCT innerhalb kürzester Zeit.

Vom Tag der Zusage an war Allies und Luis' kurzes Sommermärchen vorbei gewesen. Bedrücktheit hatte sich in ihr Lachen geschlichen und gemeinsames Schweigen war kein stummes Genießen mehr, sondern die stille Suche nach Antworten auf düstere Fragen. *Hatte eine aufkeimende Liebe eine Chance, wenn sie sich in zwölf Jahren* – für diese Zeit hatte Luis vor, sich zu verpflichten – *nicht öfter sehen würden, als Allie Finger hatte?*

Die Neun-Wochen-Geschichte war nämlich Quatsch, das wusste Allie. Neun Wochen dauerte die Grundausbildung, doch danach würde er mehrere Monate lang das *Advanced Individual Training*, AIT, absolvieren und immer weitere Ausbildungsmaßnahmen durchlaufen, bis er seinen ersten Auslandseinsatz hatte und vielleicht sogar jahrelang in den Händen der Army verschollen blieb. Und irgendwann würde er dann mit vernarbtem Gesicht und ausgebeutetem Herzen heim und ihr den Rücken kehren. So lief das nämlich.

Neun Wochen – das war Unsinn. Es würde länger dauern, viel länger.

War sie wirklich bereit, zwölf Jahre, wenn nicht sogar noch länger, auf eine Liebe zu warten, die gerade mal zwei Monate alt war?, fragte sich Allie. Ihr Gehirn hatte die logisch ermittelte Antwort schnell parat, doch Berechnungen erschienen Allie in diesem Fall zweitrangig.

Vor ein paar Tagen hatte Allies Mutter ihr eine weitere Frage gestellt, an der sie sich die Zähne ausbeißen sollte: *War eine Liebe das Warten überhaupt wert, wenn einer der beiden sich so leichtfertig entschied, den anderen für zwölf Jahre zu verlassen?* Auf diese Frage brüllten Allie nun schon zwei Stimmen lauthals »Nein!« entgegen: ihr berechnendes Gehirn und ihr weiblicher Stolz.

Als Luis sich auch nach dem Tag, an dem sie ihre Gefühle füreinander endlich freiließen, immer noch nicht anders entschied, bekam ihr Stolz bereits einen beachtlichen Knacks. Jetzt, da sie am Flughafen in Green Bay stand und nicht wusste, wie sie sich von Luis, der so viel

Begehren in einen Kuss stecken konnte, für immer verabschieden sollte, drohte ihr Stolz beinahe zu zerbersten. Doch das war nichts im Vergleich zu dem Band, das ihr Herz zusammenzog und es beinahe erdrosselte.

Auf dem Flughafenvorplatz stand Luis in nötigem Abstand vor ihr und starrte sie unablässig an. Allie mied seinen Blick im Versuch, die Tränen zurückzuhalten, die der Wind ihr bereits von den Wangenknochen blies.

»In neun Wochen komme ich wieder. Versprochen.«

»Das Thema hatten wir schon tausend Mal, Luis. Natürlich kommst du wieder. Ein paar Tage lang, um mich danach wieder für Wochen oder auch Monate zu verlassen. Wie kommst du auf die Idee, dass ich das mit mir machen lassen könnte?«

»Vielleicht, weil ich es mir so sehr wünsche«, murmelte Luis und grub die Hände tiefer in die Taschen seines Parkas. »Ich will dich nicht verlassen, Allie. Du bist das Wichtigste für mich geworden. Du solltest den Rest meines Lebens bei mir sein.«

»Nein, falsch. Du hattest die Wahl, *was das Wichtigste in deinem Leben* ist: ich oder die Army. Beides funktioniert nicht und das weißt du nicht erst seit gestern. Du hast dich gegen mich entschieden.« In Allies Stimme lag alle Härte und Bestimmtheit, die sie noch aufbringen konnte. »Das bedeutet, dass es kein ›Wir‹ mehr geben kann, Luis. Verstehst du?«

Das Urteil ist gefallen. Die Geschworenen Logik, Berechnung, Rationalität, Stolz und Mutters Rat überstimmen die Geschworenen Herz und Gefühl. Schuldig im Sinne der Anklage.

Der symbolische Meter Luft zwischen ihnen hatte sich in der ideellen Welt um Meilen vergrößert. Luis wusste nicht, was es noch zu sagen gab, und genau genommen nicht einmal, was er denken sollte.

In seinem Leben hatte es viele Frauen gegeben, hauptsächlich auf der High School. Als Captain der Footballmannschaft, die seine Schule erstmals in die Landesliga gebracht hatte, brauchte er auf Hauspartys nie alleine auf dem Sofa sitzen. *Er hatte den Dreh raus*, wie ein Mitspieler gerne sagte, und flirtete, datete, fummelte.

Und dann kam Allie. Sie war seine dritte ernste Beziehung, doch auch ohne jahrzehntelange Erfahrung hatte Luis nicht lange gebraucht, um zweifellos festzustellen, dass er diesem Mädchen zu Füßen lag. Ihr galt sein erster und letzter Gedanke am Tag und sie verzauberte ihn selbst verschwitzt und mit verzerrtem Gesicht im Staffellauf.

»Tschüss, Luis«, murmelte sie kaum hörbar, trat langsam einen Schritt auf ihn zu und legte ihm mit so einer Sanftheit die Hand auf seine Wange, dass selbst ihm beinahe die Tränen in die Augen stiegen. Ihre Lippen streiften seine ein letztes Mal.

»Allie«, flüsterte Luis in dem automatischen Reflex, die Situation hinauszuzögern, doch ehe sie sich anders entscheiden konnte, drehte Allie sich um und lief zum Lieferwagen ihrer Mutter. Wie die meisten Menschen drehte sie sich nach ein paar Metern noch einmal um und wie die meisten Menschen hatte Luis ihr nur eine Sekunde zuvor den Rücken gekehrt, nachdem er ihr ewig hinterhergestarrt hatte.

Zugegeben, dachte Luis siebzehn Jahre später mit geprellten Rippen auf dem Bett eines Motels in Ohio, damals erfüllten sie jedes Klischee einer hitzigen Jugendliebe. Doch selbst wenn sie mit jeder Faser ihrer meist zärtlich verschlungenen Körper so aussahen, zählten sie *nicht* zu jenen Jugendlichen, die sich, überwältigt von ihren Hormonen, schworen, sich auf ewig und bis in den Tod zu lieben. Genau genommen hatten sie sich sogar gewaltig davor gehütet, denn die meisten Leute lachten über Jugendliche, die von der großen Liebe sprachen. *Was weiß der schon von der Liebe, mit seinen gerade mal 21 Jahren!* Allie und Luis wollten ihre Beziehung nicht ins Lächerliche ziehen lassen. Phrasen wie »Liebe meines Lebens« kamen beiden deshalb nie über die Lippen, obwohl sie vielleicht heimlich so empfanden.

Im September 1997 erschien das rückblickend sehr vernünftig gewesen zu sein. Aber jetzt, wie sie siebzehn Jahre später mit einem sehr leisen Schnarchen neben ihm schlief, musste Luis feststellen, dass Allie genau das gewesen war und auch weiterhin sein würde: die Liebe seines Lebens.

Acht

Am nächsten Morgen stellten Allie und Luis fest, dass das Motel noch kleiner war als gedacht. Der Speisesaal, in dem sie frühstückten – Allie hatte sich durchgesetzt – war ebenso beengt wie die Lobby, das Treppenhaus, der Flur oder ihr Zimmer und durfte streng genommen lediglich als Wohnküche bezeichnet werden.

Von ihrem Holztisch aus konnten sie eine fröhliche Elaine beobachten, die Speck mit Rührei briet, während frische Pancakes die Küche bereits mit herrlichem Duft erfüllten. Durch das kleine Sprossenfenster konnte man auf einen grünen Teich in der Ferne schauen, über dem nur noch zarte Nebelschwaden schwebten; der Himmel war strahlend blau. Die Idylle wurde bloß von dem Pick-up getrübt, dessen Kühlerhaube sich an der Steinmauer platt drückte.

Als Luis am frühen Morgen nach dem Wagen gesehen hatte, war die Fensterscheibe an der Fahrerseite hochgekurbelt und das Auto mit einer Plane abgedeckt worden. Bert musste sich noch in der Nacht darum gekümmert haben.

»Wir lassen den Wagen abschleppen und samt Scheck dem Verleih in Philly überliefern. Wir können in einem Ort in der Nähe einen neuen Wagen mieten. Einen etwas Sichereren diesmal«, orderte Luis an.

»Nicht ganz.«

Luis sah Allie irritiert an. Selbst nach Jahren erschien es ihm manchmal noch seltsam, wenn man seinen Befehlen widersprach. Im *Basic Combat Training* hatte er am schnellsten von allen gelernt, »Jawohl, Sir!« zu sagen. Jahre später war er als jüngster Major der gesamten U.S. Army derjenige, zu dem die Bataillone »Jawohl, Sir!« parierten. Allie hingegen parierte nur selten.

»Den ersten Teil können wir ruhig so machen«, stimmte Allie zu, »allerdings möchte ich keinen neuen Wagen mieten. Ich möchte einen kaufen.«

»Stehst du eigentlich unter einem Erziehungsberechtigten, seit du wieder siebzehn bist? Das wäre besser.«

»Nicht witzig. Es ist mein voller Ernst. Du hattest recht, gestern Abend. Vielleicht habe ich viele erste Male vergessen, aber ich sollte sie einfach neu erleben. Ich sollte mir zum Beispiel mein erstes Auto kaufen.«

»Kannst du damit nicht warten, bis wir zurück in Philadelphia sind? Ich weiß nicht einmal, ob du über dein Geld selbst verfügen darfst. Wie kommst du denn auf die Idee, *jetzt* ein Auto zu kaufen?«

»Ganz einfach«, sie schob sich eine Portion Rührei in den Mund. »Ich habe heute beschlossen, dass ich auf dieser Reise in meine Vergangenheit alles nachholen werde, was mir fehlt. Alle großen Erfahrungen und auch Kleinigkeiten, die eine Frau von Mitte dreißig meiner Meinung nach zu ihren Erinnerungen zählen sollte. Ich habe dafür eine Liste gemacht.« Allie deutete auf ein sorgfältig beschriebenes Blatt. Es trug die Überschrift *Memories to do*. Darunter lagen bereits einige weitere, ebenfalls dicht beschriebene Zettel. Sie las die ersten Worte des oberen Blattes laut vor:

»*Verantwortung übernehmen, eine Reise organisieren, Blut spenden, eine politische Meinung haben, ein Konto eröffnen, Elternvertreterin in Mos Kindergarten sein, die aktuellen Spritpreise kennen … Memories to do*, zu erlebende Erinnerungen. Verstehst du? Ich möchte meinen Kopf mit all den Erinnerungen füllen, die ich vermisse. Ich möchte sie wiederfinden, ja, aber vielleicht muss ich die eine oder andere Sache auf dieser Reise auch einfach neu erleben, um sie zu meinen Erinnerungen zählen zu können. Zurück in Rose Tree möchte ich eine Frau sein, die *alles* durchgestanden hat, was man erlebt haben sollte. Eine Frau, deren Kopf prall gefüllt ist mit Ü30-Erinnerungen.«

»Alles, also.«

Blut schoss Allie in den Kopf, bis sie merkte, dass Luis' Antwort überhaupt nicht anzüglich gemeint war.

»Nur solche Dinge, die meiner Meinung nach so dringlich mit vierunddreißig erledigt sein sollten, dass ich meiner Familie als ganze Frau gegenübertreten kann. Und die wir in der kurzen Zeit schaffen, natürlich. Punkt eins für heute: Ich fahre mit meinem eigenen Wagen vor.«

Luis starrte Allie, die nun auf einem Stück Pancake kaute, fassungslos an, bis er lachen musste. Auf Luis-typische Art verzog er den

Mund dabei keinen Zentimeter. Wo andere Allie für verrückt erklären würden, bewunderte er sie für ihre Lebenslust und Kreativität. Vermutlich hätte er sie in allem unterstützt, wenn sie ihn nur mit solcher Euphorie und Begeisterung darum gebeten hätte.

»Wir sollten dir nicht in deinem neuen Wagen das Fahren beibringen.«

»Wir können den Pick-up nehmen«, schlug Allie vor.

»Ich müsste ihn erst überprüfen.«

»Dann tu das«, befahl sie.

»Jawohl, Sir.«

Freudig erregt stellte Allie fest, dass der Pick-up sich in Bewegung setzte, jedoch nur, um nach vier stotternden Hüpfern den Geist aufzugeben. Zum vierten Mal. Frustriert schlug sie die Hände auf die Oberschenkel. »Wir hätten den Wagen gar nicht erst vom Grundstück fahren müssen«, schmollte sie. Luis hatte darauf bestanden, Allie erst auf einem nahe gelegenen Feldweg das Steuer zu übergeben. Im Umkreis von zweihundert Metern wuchs kein einziger Baum. Allie hatte gegen seine Übervorsicht protestiert und schämte sich jetzt, dass auch eine zehn Meter große Fläche ausgereicht hätte – weiter konnte sie den Wagen sowieso nicht bewegen; den Motor würgte sie permanent ab.

»Du konzentrierst dich zu viel.«

»Hast du auch hilfreiche Tipps in petto?«, giftete Allie und drehte den Schlüssel um. Diesmal vergaß sie, die Kupplung zu treten, während der erste Gang eingelegt war, und der Motor verabschiedete sich protestierend.

»Du hättest die Kupplung treten müssen.«

Allie stieg aus, knallte die Tür hinter sich zu und stampfte vom Wagen weg, musste sich aber in das verdorrte, noch feuchte Gras setzen, als sich weit und breit nichts Besseres anbot. Luis schlenderte langsam hinterher und setzte sich neben sie. »Was hast du denn erwartet?«

»Etwas Hilfreiches, vielleicht auch eine Prise Feingefühl, Mr Didaktik.«

»Ich führe dir präzise deine Fehler vor Augen.«

»Du reitest darauf herum und führst mich vor.«

»Wollte ich dich vorführen, wäre ich mit dir auf den Times Square gefahren. Und ich hätte gesagt, dass du den dritten Gang einlegen, die Kupplung loslassen und den Wagen starten sollst.«

»Du tust es schon wieder!« Ohne nachzudenken, holte Allie blitzschnell aus, um Luis gegen die Brust zu boxen, fand jedoch ihren Fausthieb in seiner Handfläche wieder, mit der er ihren plötzlichen Schlag mühelos abgefangen hatte. Leise lachend ließ er sich nach hinten ins Gras fallen. Ebenso plötzlich zog er ihre Faust nach vorne. Allie fiel schräg auf Luis, der auf dem Rücken lag, und stützte sich auf seine Brust.

Bevor sie weitere Überlegungen tun konnte, hatte Luis sie an der Hüfte geschnappt und halb auf seinen Schoß, halb neben sich gezogen. Sein Körper …

»Dein Fehler liegt in deiner Konzentration. Du suchst zu viel«, murmelte Luis in Allies Haar, doch sie nahm ihn kaum wahr. *Orangenblütenshampoo.* Sie schloss die Augen und klammerte sich an die Erinnerung, die er mit seinen Worten unabsichtlich vertrieb. Doch Allie wollte die herannahenden Gedanken um keinen Preis loslassen. Sie dachte an das Bootshaus, an seine Arme, wie es sich angefühlt hatte, ihr 17-jähriges Ich zu sein. In seinen Armen. *Sein Körper …*

»Du vergisst, dass du das Autofahren nicht neu lernen musst. Das Gefühl ist immer noch irgendwo in dir; es wird kommen, rein intuitiv und aus der Gewohnheit heraus.«

… war die himmlischste Kombination aus straffen Muskeln und weicher, warmer, nach Moschus, Wald und Regen duftender Haut, gebräunt vom Training im Freien. Wir sahen aus …

»Stell dir vor, es ist ganz selbstverständlich, zu fahren. Starte den Wagen und lass deine Füße denken.«

Die Erinnerung verbildlichte sich in ihren Gedanken und saß mit einem Mal so fest, als könnte sie ihr nie wieder entgleiten. Allie presste ihre Hand fester auf seinen Brustkorb.

Wie ein verliebtes Pärchen, das in einem Boot den Sternenhimmel beobachtet – wäre da nicht das Wellblechdach gewesen.

Luis stöhnte auf, als Allies Finger sich weiter in seine Brust gruben. Allie schlug die Augen auf und fand seinen überraschten Blick. Sie lockerte ihren Griff, der sein Shirt noch immer fest umklammert hielt.

»Alles in Ordnung?«

Sie nickte.

»Ja. Manche Dinge kommen wieder, immer deutlicher. Es ist, wie du gesagt hast. Ich darf sie nicht erzwingen. Die Erinnerungen kommen aus dem Blauen heraus.«

»Hast du etwas erfahren?«

»Ich denke, dass ich jetzt Auto fahren kann. Also, vielleicht.«

Die zwei Türen des Pick-ups schlugen kurz nacheinander zu. Allie startete den Wagen, ihre Hände zitterten bei dem Versuch, daran zu denken, nicht zu denken. Sie trat gleichzeitig Kupplung und Bremse, während sie die Handbremse löste. Als sie Gas gab, ohne einen Gang einzulegen, heulte der Wagen auf.

»Gang rein und auf geht's«, ermunterte Luis sie unerwartet motiviert und verschränkte die Arme. Er umklammerte die Handbremse nicht mehr.

Entschlossen legte Allie den Gang ein und gab Gas. Der Wagen fuhr! Und ging nach drei Metern wieder aus.

»Passiert, noch mal.«

Kupplung und Bremse, Zündschlüssel, Gang einlegen, obgleich dieser schon drin war. Der Wagen fuhr, hoppelte, erstarb.

»Selbst den größten Autofahrern passiert das nach siebzehn Jahren Fahrpause«, stellte Luis nüchtern fest und streckte die Beine aus, »unter zehn Versuchen ist nichts verloren.«

»Lass es uns ein andermal versuchen, für heute …«

»Fahr, Allie! Hör auf, den Wagen zum Rollen bringen zu wollen. Stell dir vor, dein Ziel ist es, zum Einkaufen zu fahren – und dafür musst du mitten durch Phillys Downtown. Das ist das Problem, nicht das Anfahren. Überleg dir lieber, auf welcher Route du die meisten Baustellen umgehst.«

Allie lächelte und schloss die Augen. *Okay, warum nicht. Kupplung und Bremse, ich muss an neue Kaffeepads denken, Handbremse lösen, die*

Ente hole ich am besten bei Whole Foods, Gas, wenn Thomas und Leyla auch kommen, sollte ich einen Abstecher zum Liquor Store machen. Hab ich die Zutaten für die Ente jetzt eingepackt? Gut, wo hatte Aaron gleich noch gesagt, wollten sie die Straße sperren …

Allie spürte, wie ihre rechte Hand automatisch nach dem Schaltknauf griff und ihn nach hinten zog, mit einem sanften Ruck beschleunigte der Wagen im zweiten Gang. Luis' Miene veränderte sich nahezu unmerklich.

»Wir müssen nach rechts.«

Freudig starrte Allie ihre linke Hand an, die wie von selbst den Blinker nach oben stieß und elegant das Lenkrad drehte.

»Kannst du parken?«

»Konnte ich noch nie!«, jauchzte Allie zu Luis' Missbilligung und positionierte den Wagen seitwärts neben zwei hohen Bäumen, die eine Parklücke bildeten. Allie kurbelte das Lenkrad einmal um sich selbst, als hätte sie nie etwas anderes getan, und legte den Rückwärtsgang ein. In drei Zügen stand der Pick-up nahezu gerade zwischen den Baumstämmen, nachdem sie ihn nur ein einziges Mal abgewürgt hatte.

Allie warf Luis einen beifallheischenden Blick zu, kurbelte das Lenkrad in die andere Richtung und gab Gas. Einen Moment lang drehten die Reifen auf dem matschigen Untergrund durch, bevor sich der Wagen in Bewegung setzte.

»Übertreibe es nicht gleich«, warnte Luis und missbilligte Allies unkontrolliertes Ausparkmanöver.

»Was hältst du von einem deutschen Wagen?«

»Sie sind sehr sicher.«

»Und recht hübsch! Ich habe einen bei unseren Nachbarn gesehen. Aaron findet sie überteuert, aber ich bin meiner Meinung nach alt genug, um selbst über mein Geld zu verfügen, spätestens, nachdem ich mich Aarons Kurs in Haushaltsplanung unterziehen musste. Oh!« Allie war es misslungen, auf die an das Feld angrenzende Straße zu steuern. Sie startete den geschundenen Motor neu.

»Lass mich nach Hause fahren.«

»Sei nicht albern! Ich fühl mich, als hätte ich nie etwas anderes getan, als Auto zu fahren. Du hattest recht, mit jedem Wort, das du gesagt hast.«

»Das war keine Bitte, Allie. Du hast deinen Führerschein zu Hause vergessen und wirst übermütig. Steig' aus!«

»Du bist nicht mein Erziehungsberechtigter.« Allie trieb den Wagen mit entschlossener Miene die Steigung hinauf. Sie war es leid, sich von allen bevormunden zu lassen! Zornig trat sie fester auf das Gaspedal. Der Wagen röhrte, und als seine Räder den Asphalt berührten, schoss er nach vorne. Ruckartig schaltete Allie in den dritten Gang.

»Ich hätte dich nie hinter das Steuer gelassen, hätte ich geahnt, wie verantwortungslos du handelst. Ich sage es ein letztes Mal: Fahr an den Rand!«

Allie warf Luis einen ungehaltenen Blick zu und beschleunigte zehn Stundenkilometer über das Geschwindigkeitslimit.

»Du musst auch mir vertrauen, Luis. Wenn aus mir eine Frau von vierunddreißig Jahren werden soll, darfst du mich nicht wie ein Kind behandeln. Das alles hier dient einzig und allein …«

»Schau auf die Straße!«

»… dient einzig und allein meiner Genesung, falls du das vergessen hast. Und die kann nur erfolgen, wenn du mich die entsprechenden Schritte gehen lässt.«

»In erster Linie bin ich da, um dich zu schützen. Brems ab!«

»Ich bin dir unendlich dankbar dafür Luis, nur deinetwegen konnte ich mich ans Autofahren erinnern …«

»Brems vor der Kurve ab!«

Dass sie tatsächlich zu schnell war, merkte Allie erst, als sie in einer Kurve auf die Gegenfahrbahn geriet. Wie aus dem Nichts tauchte ein roter PKW auf, ihr genau gegenüber. Allie riss in einem stummen Schrei den Mund auf und wirbelte das Lenkrad nach rechts. Sie fand die Bremse augenblicklich und trat zu, doch das Heck brach aus und der Wagen schleuderte in Richtung Böschung.

Aus dem Augenwinkel sah Allie Luis' Hand scheinbar mühelos nach dem Lenkrad greifen und gegenlenken, während sie gelähmt den Außenspiegel des quietschenden Pkws betrachtete, der nur Zentimeter an ihrer Tür vorbei schoss. Gedämpft hörte sie jemanden »Brems!«, rufen und diesmal gehorchte sie. Der Wagen stoppte abrupt fünfzig Meter von dem roten Pkw entfernt. Ohne nachzudenken nahm Allie die Füße von Kupplung und Bremse und der Motor erstarb mit einem letzten Ächzen. Luis zog die Handbremse, sodass der Wagen nicht davonrollte.

Allies Herz klopfte bis zum Hals. Sie öffnete den Mund, um etwas zu sagen, doch Luis war schon ausgestiegen. Der Fahrer des roten Pkw war ebenfalls aus seinem Wagen gesprungen und stampfte wutentbrannt mit geballten Fäusten auf den Pick-up zu. Wäre Allie nicht so geschockt gewesen, hätte sie belustigt beobachtet, wie der Fahrer bei Luis' Anblick erst die Stimme im Ton, dann in der Lautstärke senkte und schließlich nur noch verständnisvoll beipflichtend nickte.

Nach einer Weile kam Luis zurück. Mit ausdrucksloser Miene öffnete er die Fahrertür. Allie kletterte über die Mittelkonsole auf den Beifahrersitz. Luis startete den Motor und der Wagen schnurrte, als er mit quietschenden Reifen beschleunigte und geradlinig dem Straßenverlauf folgte.

Eine Stunde später eilte Bert im engen Flur des Motels auf Allie zu und nahm ihr den Hartschalen-Trolley ab.

»Danke.« Wieder fiel Allie auf, wie gewandt er sich trotz seines Bauchumfangs bewegte. Im Tageslicht, das durch eine milchige Fensterscheibe den Flur erhellte, stellte Allie fest, dass der Hausherr Elaine nicht nur um zwei Köpfe, sondern auch um mindestens zehn Jahre übertraf. In seinem karierten Flanellhemd und dem ergrauenden Vollbart stellte er das genaue Gegenteil zu seiner zierlichen, exotischen Frau dar.

»Wir hatten gehofft, Sie würden noch eine Weile bei uns im Motel bleiben. Ich soll Ihnen von Elaine ausrichten, dass Fremont ein ganz herrliches Städtchen ist und dass es ein paar nette Cafés oben am Lake gibt. Hat sie gesagt, Mrs Anderson.«

»Ich hatte das ebenfalls gehofft«, erwiderte Allie und folgte ihrem Gastgeber die Wendeltreppe hinunter, »aber leider sind wir aufgrund einiger Unannehmlichkeiten in Eile.« Sie erinnerte sich nur ungern an Luis, der einen halben Wutanfall wegen Allies »Vertrauensmissbrauch« erlitten hatte. Dummerweise äußerte Luis einen solchen

Anfall nur mit Augen, Kiefermuskulatur und Ignoranz, was Allie mehr strafte als jede Schimpftirade. Allie hatte viele Worte und die Einwilligung, augenblicklich abzureisen, gebraucht, um ihn davon zu überzeugen, die Reise nicht abzubrechen. Er war ohne ein weiteres Wort mit dem Pick-up davon gebrettert, vermutlich, um ihn in Fremont nach Philadelphia zu versenden und einen neuen Mietwagen zu ordern.

»Ich hoffe nur für Sie, Ihr Mann lässt es diesmal etwas langsamer angehen. Die Schäden an der Motorhaube sind irreparabel, es wäre schade, wenn Sie ein ähnliches Schicksal erleiden.«

»Er ist ein sehr guter Fahrer«, lächelte Allie angesichts Berts Schroffheit und fügte nach einer Sekunde der Überlegung hinzu: »Und er ist nicht mein Mann.«

Berts Blick durchbohrte Allie. Vielleicht hatte sie ihn bezüglich seiner Weltoffenheit überschätzt? Allie wusste nicht, wie konservativ die Menschen in diesem Teil Amerikas waren.

Doch Bert nickte. »Heiraten wird manchmal überbewertet. Ich wünsche Ihnen trotzdem alles Gute, Mrs …?«

Allie entschied, seine Toleranz nicht noch weiter herauszufordern und behielt die Tatsache, dass sie und Luis nicht einmal ein Paar waren, für sich. Letztendlich kam er vom Land.

»Keepsaker, Alison Keepsaker. Können Sie Elaine bitte ausrichten, dass das Frühstück ganz hervorragend war? Es ist schade, dass ich mich nicht einmal verabschieden konnte.«

»Ja, vielen Dank. Sie ist für das Mittagessen einkaufen gegangen. Was ist mit Ihrem zweiten Koffer und den Kisten?«

»Ich warte auf Luis, er wird sie holen. Es wäre nett, wenn ich schon mal die Rechnung haben könnte.«

»Ich mache das schon. Und Sie sind unser Gast, Mrs Keepsaker. Alison. Sie zahlen nicht.«

»Hast du deine Sachen durchgeschaut, ob etwas fehlt?«

»Luis!« Allie verdrehte genervt die Augen. Wenn er eins nie abgelegt hatte, dann war es die Eigenschaft, jeder unbekannten Person größtmögliches Misstrauen entgegenzubringen. In Luis' Augen steckte in jedem Fremden ein Verbrecher. »Ich habe ihm das Geld vier Mal angeboten, er wollte es nicht. Er sagte, dass er schon ewig nicht mehr helfen konnte und es genossen habe. Er hat uns nicht bestohlen.«

»Ich glaube nicht an Gastfreundschaft. Nicht unter normalen Umständen. Hast du ein Trinkgeld gegeben?«

»Selbstverständlich, ein riesiges. Besonders, weil Elaine gerade *unser* Mittagessen einkaufen ist. Mir war die ganze Sache so unangenehm.«

»Da hast du's.«

»Was?«

»Er hat deine weibliche Rührseligkeit angekratzt und dich geblendet, weil er wusste, dass dein Trinkgeld dreimal so hoch ausfallen würde wie der Normalpreis, den er für dieses Loch verlangen könnte. Berechnung.«

»Wie kann man nur so schlecht von der Menschheit denken? Was hast du gegen diese Leute?«, rief Allie und versteckte ihren leisen Zweifel an Berts guten Absichten hinter Empörung. Gleichzeitig ärgerte sie sich, dass Luis' ewiger Pessimismus sie so einfach anstecken konnte.

Luis schwieg. Offenbar hatte er beschlossen, dass Allies Strafe noch nicht ausgesessen war.

Neun

Die sehnsüchtige Männerstimme im Radio raubte Allie jede Hoffnung, als die einzige Tankstelle Townsends in der letzten Kurve nach zwei Stunden Wald, Feld und Einöde am Horizont aufleuchtete. Das Gelb der Shell Tankstelle war zwar schmutziger, doch so sonnig wie auch siebzehn Jahre zuvor, eine kleine gelbe Insel im tiefgrünen Blättermeer vor dem endlosen, lichtblauen Himmel. Nirgends, fand Allie, rechtfertigte der Horizont seinen Namen Himmelszelt so sehr wie in Townsend.

Als sie jünger gewesen war und ihr eigener Horizont nicht weiter als bis über das Ufer des *Townsend Flowage* gereicht hatte, hatte sich Allie die Tankstelle als Grenzkontrollhäuschen vorgestellt, obgleich ihr das Wort natürlich noch nicht geläufig gewesen war. Es zu passieren, hatte die Durchdringung der Stratosphäre hinein in ihre eigene Welt bedeutet.

Anstelle von Heimat verband Allie die Tankstelle an diesem Tage jedoch mit dem Eingangstor zu einem Universum, in dem eine andere Luft als Sauerstoff geatmet wurde. Der einzige Ort, zu dem sie eine Verbundenheit verspürte, wirkte wie verkleidet.

Im Grunde genommen hatte sich nichts verändert: Die Bäume leuchteten im gleichen satten Grün, während die Felder zu ihrer Rechten stumpf und unergiebig schienen, auf der linken Seite säumten vier einfache Betonklötze den Straßenrand. Die Straße, auf der sie gekommen waren, der Ein- und Ausgang Townsends, mündete im fernen Nichts.

Kein Mensch auf der Straße, kein Wagen an den Zapfsäulen, Townkaff wirkte trostlos und dröge wie jeher.

Und doch: Der Benzinpreis hatte sich verdreifacht. Das No-Parking-Schild war erneuert worden. *Powers Service Center* hatte ganz offensichtlich eine futuristische Revolution durchstanden. Cedric aus dem *Village View Drive* hatte, wenn er denn immer noch dort wohnte, einen neuen Zaun entlang der Route 32 gezogen, der sich farblich mit seiner Umgebung biss. Der Parkplatz von *Mike's Supermarket* war ausgebessert worden. Die Stadt hatte sich heimlich Veränderungen unterzogen, die Allies Hoffnung, Vertrautheit zu finden, in der staubigen Luft zerfetzte.

Allie schaltete das Radio aus, als Luis in die Nicolet Road abbog, welche sich am Ufer des *Flowage* entlangschlängelte. Trotz allem kitzelte das Glitzern auf der Wasseroberfläche des Sees einen Hauch von Fröhlichkeit in Allie wach, denn es reflektierte das Sonnenlicht auf die gleiche Weise wie schon vor siebzehn Jahren.

»Kann ich auf dem Hinterhof parken?«, riss Luis sie aus ihren Gedanken, während er schon die schmale, unbefestigte Einfahrt hinauffuhr, die jeder übersah, wenn er sie nicht mindestens drei Mal zuvor benutzt hatte.

»Ich weiß nicht.«

»Es ist dein Hotel«, erinnerte Luis sie mit einem eindringlichen Blick und parkte nahe der Hauswand von *Flowage Pensione*. Allie schluckte, bevor sie die Autotür öffnete, ausstieg, sich ein paar Schritte entfernte und von dem Anblick ihrer Heimat überwältigt wurde.

Allies Blick glitt über die Front von *Flowage Pensione*. Ihre verstorbene Mutter musste das Gasthaus auf wunderbare Weise restauriert haben: Die dunkle Holzfassade war gestrichen, doch unberührt, helle Balken stützten das bemooste Dach, welches an den Seiten bis zum Boden reichte. Allie lief vom Hinterhof, der an den Lieferanteneingang grenzte, durch die Hortensien in den weitläufigen Garten, der das Haus vom bewaldeten Ufer des *Flowage* trennte. Ihre Erwartungen bestätigten sich: Ihre Mutter hatte sich ihren langjährigen Traum erfüllt und die Hausseite, die zum Wasser zeigte, beinahe komplett verglasen lassen, ohne jedoch den häuslichen, robusten Stil des Holzhauses zu brechen. Auf dem Dach befand sich jetzt ein großer, steinerner Schornstein, Allie konnte den Kamin von außen nicht sehen. Durch die Scheiben erhaschte sie einen Blick auf schokoladenfarbenen Parkettboden – ein weiterer Traum, den sich ihre Mutter erfüllt hatte. Eierschalenfarbene Gardinen säumten die Fenster von innen, doch eine Staubschicht lag wie ein grauer Schleier darüber: Lange hatte sie niemand auf- und zugezogen. Das Haus hatte lange Zeit niemand betreten.

»Willkommen daheim«, raunte Luis, der hinter ihr stand, und legte beim Anblick von Allies tiefer Betroffenheit über die glückliche Hinterlassenschaft ihrer Mutter sanft seine Arme um sie. Allie riss sich los, lief zum Auto zurück und kramte mit zitternden Händen den Umschlag mit dem Haustürschlüssel hervor. Die Tür ließ sich öffnen wie eh und je: Um den Schlüssel das letzte Mal rumzudrehen, musste man leicht an dem Messinggriff ziehen, das Schloss klackte, die Tür ließ sich aufgrund einer unebenen Fliese erst schwerer öffnen, dann leichter. Die Gefühle von Vertrautheit und Beständigkeit überrollten Allie – zusammen mit dem geballten Duft hölzerner Möbel, feuchter Teppiche, abgestandener Luft. Als ihr der Eigengeruch ihrer Heimat, ihrer Familie, aus dem Haus entgegenschlug, gaben ihre Knie nach und sie sank schluchzend auf dem dicken Teppich im Windfang zusammen.

Luis hob Allie hoch, trug sie auf die große rote Couch im Empfangszimmer, das Mara um einen marmornen Kamin ergänzt hatte, und fand schon beim zweiten Versuch eine wollene Decke, die er ihr um die Schultern legte. Er wartete, bis ihre Tränen versiegten.

»Es tut mir leid«, flüsterte Allie.

»Keinesfalls.«

»Lu, ich vermisse sie so schmerzhaft. Es zerreißt mir alles.«

»Das glaube ich dir.«

Ein weiterer Schluchzer schüttelte Allies zarten Körper. Luis sah weg.

»Es fühlt sich an, als könnte ich nicht weiterleben ohne … laut zu schreien und aufzuspringen und etwas zu tun. Und dann fällt mir ein, dass ich nichts tun kann, *gar nichts*, und ich möchte wieder einfach nur schreien, damit dieses Brennen weggeht.«

Luis zog ein Taschentuch aus seiner Gesäßtasche hervor und war für Allies lautes, undamenhaftes, aber so lebendiges Schniefen fast dankbar.

»Ich will sie einfach nur zurück … Will sie fragen, weshalb sie mir nie von alldem hier erzählt hat, seit wann wir einen Kamin und Holzboden haben … Ich will wissen, weshalb wir nicht mehr miteinander gesprochen haben, ob sie mich vermisst hat … und dass ich sie vermisse, so schrecklich.« Allies Gesicht verzerrte sich erneut und Luis konzentrierte sich, nicht hinzusehen, um die Situation zu ertragen. Er legte sich quer auf die Couch. Sie war schon ein wenig durchgesessen und der grobe Webstoff rau. Dann zog er Allie ganz nah an seinen

Körper, schlang sie in die Wolldecke und wartete, bis ihr Körper aufhörte zu zittern.

»Oh Gott, ich habe noch kein einziges Mal um sie geweint. Nicht richtig.«

»Dann war es höchste Zeit.«

Sie erschauderte, vergrub den Kopf noch tiefer an seiner Schulter und zog die Decke bis zur Nase.

»Du musst unsere Sachen reinholen. Das Auto steht offen.« Sie schniefte.

»Dann musst du von mir runter gehen.«

»Nein.«

»Okay.« *Ich liege die nächsten drei Wochen hier mit dir,* dachte Luis, *ohne zu essen, zu trinken und zu pinkeln, wenn du nur bitte aufhörst zu weinen.* Er versuchte ganz sachte, ihr Haar zu streicheln. Als Luis feststellte, dass er nicht so ganz wusste, wie man eine Freundin, eine Nicht-Liebhaberin, streichelte, ließ er die Hand sinken und festigte stattdessen seinen Griff um Allies Körper. Endlich atmete sie ganz ruhig.

Die Staubschicht in den spärlich gefüllten Regalen und auf den dilettantisch weiß gestrichenen Eichenmöbeln in Allies kleiner Stube war längst nicht so dick, wie sie sein müsste. Offenbar hatte Mara Allies Zimmer bis zum letzten Tag geputzt – oder vielleicht sogar auch nach ihrem Tod noch putzen lassen. Zwar hatten Allie und Luis fast alle Fenster der *Pensione* aufreißen müssen, damit die warme, duftende Sommerluft den Geruch von Staub und alter Bettwäsche vertreiben konnte, doch die Böden im Empfangs-, Aufenthalts- sowie Speisesaal konnten unmöglich das letzte Mal vor über einem halben Jahr gewischt worden sein. In der Küche meinte Allie sogar, einen Hauch von Apfelblüte und Zitronengras wahrnehmen zu können. Die gute Putzfee konnte nur Isabelle, die ominöse Briefeschreiberin, sein.

»Weißt du, ob du die Gitarre noch besitzt?«, fragte Luis und deutete auf den leeren Platz zwischen Schreibtisch und Kleiderschrank. In besagtem Sommer vor siebzehn Jahren hatte der damalige Kapitän der Baseballschulmannschaft an einem Grillabend mit viel Musik und Bier alle Mädchenherzen für sich gewonnen: Er performte »How do I live« von LeAnn Rimes auf seiner Gitarre. Allie hatte sich daraufhin eine kaputte Gitarre in einem Secondhandladen gekauft. Sie wollte die Gitarre reparieren und spielen lernen, war jedoch nie dazu gekommen.

»Keine Ahnung, wo sie ist. Ich muss sie weggeworfen oder mit zur Uni genommen haben, wenn sie nicht mehr hier ist«, antwortete Allie und stutzte. »Meinst du, ich habe doch noch irgendwann spielen gelernt?« Verstohlen beäugte sie ihre Hände. Die weiche Haut und die langen Glieder deuteten eher auf Pianistenfinger hin als auf die einer Rockmusikerin.

»Wir könnten es gleich morgen herausfinden«, entgegnete Luis und öffnete die winzige Tür zu der Kammer, die Mara einst zu einem eigenen Bad für Allie hatte umfunktionieren lassen. Luis konnte weder in Allies Zimmer noch in dem Kämmerchen aufrecht stehen.

»Zwei Stück?«, fragte Luis gespielt beiläufig und deutete auf zwei Flaschen Duschgel, eine rosafarbene und eine grüne, die eindeutig Männerduschgel enthielt. Er hätte sich am liebsten selbst geohrfeigt für diesen stümperhaften Versuch, Interesse an der Anzahl der Duschgels in Allies altem Badezimmer vorzugaukeln. Er klang genauso künstlich wie die Zweitplatzierte bei *America's Next Topmodel*, die versicherte, wie sehr sie sich für ihre Konkurrentin und Siegerin der 100.000 Dollar freute. Doch er hatte Allies Benommenheit aufgrund der geballten Erinnerungsfront kurzfristig vergessen. Allie schwebte seit ein paar Stunden auf Wolken der Unwirklichkeit und genau denen hatte Luis es vermutlich zu verdanken, dass sein kleiner, vielleicht sogar etwas hinterhältiger Test unentdeckt blieb.

»Das ist Robbies«, winkte Allie bestimmt ab und widmete sich lieber der Nachttischschublade, um sie auf alte Tagebücher und private Schätze, Briefe oder Fotos zu prüfen.

Gedankenverloren kehrte Luis der Dusche den Rücken und verließ das Zimmer für einen weiteren Kontrollgang durch die Pension. Das Gasthaus war groß und hatte lange Zeit leer gestanden. Er hatte keine

Lust auf ungebetene Nachtgäste und wollte sichergehen, dass sich in den letzten Monaten keine Jugendlichen irgendwo in den Kellerräumen einen Clubraum oder ein Zigarettenlager eingerichtet hatten.

Er dachte über das Duschgel nach, Allies rosafarbenes und sein eigenes – nicht Robbies! Mittlerweile war er überzeugt, dass Allie nicht simulierte, sie konnte sich wirklich an nichts erinnern. Weder an die vielen Nächte, die er mit ihr in ihrem winzigen Daunenbett verbracht hatte, noch an den Tag, an dem er sein nach Moschus und Minze duftendes Duschgel aus seiner Sporttasche geholt und sich zum Allie-Ehrengast erklärt hatte.

So langsam nagten jedoch die Zweifel an ihm, was richtig war: Ihr eine Vergangenheit zu malen, welche sie in die glücklichen Arme ihres Ehemannes trieb, oder die Wahrheit zu entblößen, die ihr Leben schwieriger machen würde, als es ohnehin schon war. Überließe er diese Entscheidung Allie, würde sie sich eindeutig für die Wahrheit entscheiden. Das wusste er. Doch würde sich etwas für Allie verbessern, wenn er ihr erklärte, dass das Duschgel nicht Robbie gehörte, sondern ihm? Es würde Fragen geben, die neue Fragen aufwarfen. Fragen nach *der Sache*, und es würde nicht lange dauern, bis die Antworten zu Tränen führen würden. Die Tränen gingen einher mit Zweifel, der Zweifel würde sich schon bald als berechtigt herausstellen. Was wäre das Ergebnis? Er hätte die Aufgabe nicht erfüllt und Aarons Vertrauen missbraucht. Allie würde ihn hassen und wahrscheinlich auch nicht zu Aaron zurückkehren. *Niemand hat etwas davon. Aber selbst ein unglücklicher Ausgang ist besser als ein riesiges Lügengerüst*, philosophierte Luis' Unterbewusstsein, doch er verdrängte es.

Das Gästezimmer, das er gerade überprüfte, ging nach Westen hinaus, man konnte *Townsend Flowage* sehen. Die untergehende Abendsonne glitzerte auf der Wasseroberfläche und tauchte die Wälder in ein dunkles Blau. Am anderen Ufer flackerten zwei winzige Lichter in der Dunkelheit. Es war tatsächlich ein perfekter Sommerabend für ein Lagerfeuer.

»Ich besorge uns was zu essen«, ließ Luis Allie wissen, die gerade dabei war, ihren Kofferinhalt in die vielen Fächer und Schubladen ihrer kleinen Stube zu räumen. Auf dem Boden lag ein Haufen abgezogener Bettwäsche und eine neue Garnitur lag ordentlich gefaltet und gebügelt auf den Federbetten bereit. Eine einzelne kleine Kerze verbreitete wohligen Jasminduft in dem kleinen Zimmerchen.

»Vielleicht könntest du vorher die Sicherungen im Keller überprüfen. Wir haben kein Licht.«

Eine Stunde später, als das letzte Kleid weggehängt und der letzte Winkel nach Hinweisen über ihre Vergangenheit im Schein der Deckenlampe durchsucht worden war, schreckte Allie beim Vibrieren ihres Handys hoch. Sie konnte sich an diesen ständigen Wegbegleiter nur schlecht gewöhnen. Hastig kramte sie das Ding aus den Tiefen ihrer Handtasche hervor und nahm das Gespräch an.

»Komm in den Garten.«

»Hallo?«

»Beeil dich. Und schließ die Tür hinter dir ab.«

»Wer ist da?«

»Na, wer wartet wohl auf dich in deinem Garten.«

»Oh, Luis! Warum rufst du mich denn an? Das ist teuer! Du weißt doch, wo ich bin.«

»So ging es schneller. So machen das die Leute heutzutage, weißt du? Sie haben Handy-Flats. Ich habe gesagt, du sollst runterkommen. Nimm einen Schlüssel mit, ich habe die Tür von hier nicht im Blick.«

»Ich habe in meinem ganzen Leben noch nicht die Tür hinter mir abgeschlossen, wenn ich in den Garten gegangen bin«, protestierte Allie, doch Luis hatte schon aufgelegt. Ein Blick auf den übergroßen Bildschirm verriet, dass Aaron sieben Mal angerufen und fünf Nachrichten geschrieben hatte. Allie zuckte innerlich zusammen und nahm sich fest vor, heute Abend noch anzurufen. Dabei fiel ihr auf, dass sie keine Ahnung hatte, ob Philadelphia in einer anderen Zeitzone lag als Townsend. Ungeschickt schrieb sie ein paar, wie sie hoffte, beschwichtigende Worte an Aaron und warf das unhandliche Ding aufs frisch bezogene Bett.

Als sie sich im Türrahmen noch einmal umdrehte, drang beim Anblick des hergerichteten Zimmers ein winziges Fünkchen Glück in ihr Herz. Und als sie die Stufen zum Aufenthaltsraum hinunterhüpfte und jede Abbiegung des verwinkelten Gasthauses – natürlich – richtig nahm, lag ein Lächeln auf ihren Lippen. Ihre Schritte raschelten auf dem viel zu langen, saftigen Gras, es kitzelte unter ihren nackten Fußsohlen. Allie seufzte glücklich, lief immer schneller und sprang zielsicher über die raffiniert angelegten Beete von Mohnblumen und Gerbera. Nur noch der kleine Hain, der zwischen Garten und Seeufer wucherte, trennte sie von ihrem Ziel. Allie schob die Blätter der zarten Bäume beiseite und mit einem Mal stand sie neben Luis am für sie schönsten Ort der Welt.

Wie erwartet hatte Luis den wunderbaren Fleck ebenmäßiger Wiese besetzt, von dem aus man die Füße ins Wasser halten und den ganzen *Flowage* überblicken konnte. Im Frühling passte genau eine Picknickdecke darauf, im Sommer zwei große Badelaken, im Herbst ein Kanu und im Winter hatte Luis einmal zwei Holzscheite aus Marshalls Brennholzvorrat geklaut, sie zu Schemeln umfunktioniert und aus dem Fleck Wiese einen Aussichtspunkt inklusive kostenlosem, heißem Tee gemacht. Jetzt loderte eine kleine Flamme inmitten der Lichtung und auf einem Rostgitter darüber dufteten würzige Fleischspieße.

»Habe ich einen Hunger«, verlieh Allie ihrem Staunen Ausdruck, denn anders konnte sie ihre Verwunderung über Luis' romantische Anwandlungen spontan nicht ausdrücken. Sie ließ sich neben ihm im Schneidersitz nieder, sodass sie beide aufs Wasser hinausschauen konnten.

»Brot?« Luis drückte ihr einen Klumpen Hefeteig an einem knorrigen Ast in die Hand und entschuldigte sich: »Ist allerdings nur Fertigteig aus der Kühltheke.«

Allie belohnte Luis mit einem Lachen und hielt ihren Teigklumpen über die Flammen. Wirklich ein perfekter Lagerfeuerabend.

»Was für eine schöne Idee!« Allie grinste erneut. »Ich habe wirklich einen Bärenhunger.«

»Ich war mir nicht sicher, ob alle Küchengeräte funktionieren.« Diesmal flog Luis mit seiner zurechtgelegten Erklärung auf und Allie prustete.

»Du musst dich für deine romantische Ader nicht schämen«, neckte Allie ihn, »allerdings hast du nicht bedacht, dass ich Vegetarierin bin.«

»Aha? Seit wann?«, fragte Luis eine Spur zu trotzig und griff nach einem Fleischspieß.

»Ich weiß es nicht genau. Irgendwann in den letzten Jahren bin ich es wohl geworden. Aber es riecht fantastisch.«

»Bediene dich.«

»Das sollte ich, glaube ich, nicht.«

»Wieso nicht? Weil Aaron es gesagt hat?«

Provozierend biss Luis in seinen Fleischspieß und kaute extra energisch auf seinem Stück Nackensteak herum.

»Nun ja, er kennt mich wohl besser als ich.«

»Und er weiß besser als du, ob du dich ekelst oder nicht.«

»Nein, so ist es natürlich nicht! Ich ekele mich auch gar nicht.«

»So ist das? Weshalb isst du dann kein Fleisch?«

Allie taxierte ihn und griff nach einem Spieß.

»Du darfst nicht sauer sein, wenn ich versuche, mich an meine neuen Lebensgewohnheiten zu gewöhnen.«

»Du darfst sie nicht annehmen, ohne sie zu hinterfragen. Sei so, wie du sein willst.« Luis stocherte in den knisternden Flammen herum.

Sie dachte einen Augenblick nach.

»Es ist wunderschön hier. Das ist kein Moment, um zu streiten.«

»Beuge dich keiner von Aarons Vorgaben, wenn du selbst keinen Sinn darin siehst, dann haben wir keinen Grund zu streiten.«

»Selbst wenn ich das täte, hätten wir noch tausend Gründe zu streiten«, grinste Allie und lehnte den Kopf an seine Schulter. Die kleinen Wellen kräuselten sich und schwappten friedlich ans Ufer des *Flowage*. Gedankenverloren hielt Allie einen Zeh ins kühle Nass. »Aber wir sollten es nicht tun.«

Ihre plötzliche Nähe entwaffnete ihn.

»Meinst du, ich könnte *zu einem Candle-Light-Dinner eingeladen werden* auf der Liste abhaken?«, überlegte Allie.

»Hm?«

»Meine *Memories-to-do* Liste. Ein Candle-Light-Dinner steht ziemlich weit oben.”

»Abgesehen davon, dass die Kerze fehlt, bestimmt.«

»Nein.« Allie schüttelte nachdenklich den Kopf. »Auch wenn das hier sogar schöner ist – ich liebe das Grillenzirpen: Zu einem

Candle-Light-Dinner gehört das gesamte Erlebnis: das Cocktailkleid, die Rosen … das *Danach*.«

»Du liebst das Grillenzirpen?«

»Ich wundere mich selbst«, lächelte Allie und stutzte, als sie etwas hinter Luis' Rücken entdeckte »was ist das?«

»Hatte gehofft, dass du es doch noch übersiehst.« Luis zog eine Weinflasche aus dem Gras.

»Ich habe noch nie Wein getrunken.«

»Irrtum. Das letzte Mal, als du Wein getrunken hast, hattest du am nächsten Morgen einen mächtigen Kater«, grinste Luis. Beim Knallen des Korkens flatterte eine verstörte Kanadagans aus dem Dickicht und zog über das schwarze Wasser.

»Was ist das für ein Abend, von dem du redest?« Bisher hatte Luis sie nicht spüren lassen, dass er mehr von Allie wusste, als sie selbst. Es fühlte sich seltsam an.

»Es war während des Indian Summer und es wurde langsam kühler. Du und deine Clique habt ein letztes Grillen vor Wintereinbruch geplant. Halb Townsend hat zugesagt, deshalb wolltet ihr es zu einem gigantischen Fest ausarten lassen und habt euren Müttern erzählt, dass es eine School's-over-Party in der Schule geben würde, zu der Salate, Kuchen und Bier mitgebracht werden sollen.« Luis schenkte den Wein ein. »Anscheinend wart ihr gute Schauspieler, denn es gab ein riesiges Buffet, ein Vater hat die ganze Lichtung mit Lichterketten geschmückt und Robbie hatte diesmal Wein aus dem Laden seines Vaters gestohlen – Bier war verständlicherweise ausverkauft. Offenbar hat der Wein dir sehr gut geschmeckt. Es war ein … berauschender Abend. Prost!«

»Wenigstens weiß ich jetzt, dass er mir schmeckt«, kicherte Allie und prostete zurück. »Habe ich etwas Peinliches angestellt?«

»Ich glaube«, Luis schwenkte die Flüssigkeit in seinem Glas, »du hättest den Abend auch ohne Unfall am liebsten vergessen wollen«, und er lächelte das erste Mal seit Tagen sogar mit den Mundwinkeln.

»Habe ich geknutscht?«

»Das weiß ich nicht.« Luis hatte noch gut im Kopf, wie wunderschön sie ausgesehen hatte: Sie hatte Gänsehaut in dem dünnen Sommerkleid, doch ihre Wangen glühten weinrot und sie strahlte. Die heißen Küsse würde er nie vergessen, ebenso wenig, wie sich ihre Silhouette unter dem zarten Stoff abzeichnete. Und wie es sich anfühlte, als seine Hände endlich darüber wandern durften, nachdem er sie den ganzen Abend nur aus der Ferne betrachtet hatte, wie sie kreischend mit ihren Freundinnen herumalberte.

»Marshall löste die Feier erst um sechs Uhr am nächsten Morgen auf. Die Nacht bekam den Namen *Indian Summer Party* und in den beiden folgenden Jahren versuchten die Jugendlichen, die Indian Summer Party zu wiederholen. Aber ohne dich wurde es nicht mehr das Gleiche.«

»Trinken wir darauf«, schloss Allie das Thema, bevor die Traurigkeit über jene verlorene Erinnerung sie übermannen konnte, und sie trank das Glas in einem Zug leer.

Allie mochte Wein sogar sehr. Das hatte sie schon nach dem ersten Schluck gewusst. Und als die Flasche nun leer im Gras lag, war sie sich sicher, nie zuvor etwas Köstlicheres getrunken zu haben. Kommentarlos zog Luis eine zweite Flasche hinter einem Büschel Schilfgras hervor, entkorkte sie und schenkte ihnen beiden großzügig ein.

»Fassen wir zusammen«, kicherte Allie beschwipst und nahm einen Schluck. »Du hast heute Grillfleisch eingekauft, ein Lagerfeuer gebaut und dann zwei Äste angespitzt, damit wir über dem Feuer Stockbrot backen können. Ganz romantisch auf einer einsamen Lichtung abends am See. Wo ist mein mutiger, starker Soldat hin? Was hätte dein Vorgesetzter nur dazu gesagt?«

Luis öffnete den Mund, um zu protestieren, doch Allie sprach schnell weiter: »Und es kommt noch besser: Dann zauberst du nicht nur eine, sondern gleich zwei Weinflaschen hinter deinem Rücken hervor. Die Botschaft dahinter könnte eindeutiger nicht sein.« Allie zwinkerte schelmisch, ihre Wangen leuchteten rosarot. »Du willst mich abfüllen!«

Sie kicherte erneut und Luis lächelte bei dem ungewohnten Ton. So frei und unbeschwert hatte er sie lange nicht lachen hören.

»Der Colonel hätte gesagt«, begann Luis langsam, denn seine Zunge lag bereits ein wenig schwer in seinem Mund, *»Anderson, zieh deine Plüsch-Pantoffeln aus! Ist schon wieder Ostern, oder warum kannst du deine Eier nicht finden? Schnapp dir deine Wanderschuhe, wir gehen sie suchen! 15 Kilometer!* Irgendwie so was. Ich mochte ihn.«

Allie lachte noch lauter und ließ sich rückwärts ins Gras fallen. Der Wein schwappte dabei über ihr Dekolleté und sie quietschte. Alles drehte sich, doch das war ihr egal.

Da lag sie also neben ihm. So leicht, so sorglos, so wunderschön. Unter halb geöffneten Lidern starrte Luis auf ihren Brustansatz herab und beobachtete, wie der Wein von ihrer zarten Haut abperlte und in die dunkle Spalte zwischen ihren Brüsten lief. *Wie es wohl wäre, den Wein von dort abzulecken …* Verdammt, jetzt musste er seine Sitzposition verändern, weil ihm seine Hose so zu eng wurde.

»Starr mich nicht so an, Anderson!«, schimpfte Allie spielerisch. »Du bist betrunken!«

Dabei traf diese Behauptung auf sie selbst wohl am besten zu, denn ohne ein weiteres Wort zog sie unter seinen verlangenden Blicken ihr Oberteil herunter, bis ihr kompletter BH sichtbar war. Ein fast lautloses Stöhnen entwich Luis' Kehle, doch Allie hörte es trotzdem. Betont langsam wischte sie mit der Hand den Wein zwischen ihren Brüsten weg.

»Dir fallen ja fast die Augen aus dem Kopf«, neckte Allie ihn übermütig und drehte sich auf den Bauch. Luis riss widerwillig den Blick von ihr und versuchte sich zu beruhigen, indem er auf den schwarzen See hinausstarrte. *Falscher Alarm, Freunde da unten, ihr könnt alle wieder zurückfließen!* Es war wirklich verdammt schwer, nicht einfach über sie herzufallen. Doch Luis wusste genau, dass der Alkohol gerade seine Gedanken steuerte. Und ihre genauso. Was hatte Allie erst gestern über die Nacht gesagt? *Unbewusst hat man das Gefühl, dass die Nacht alles gefangen hält. Als würde es nie zutage gelangen und erst recht nicht in der Zukunft mitspielen.*

Doch Luis wusste ganz genau, dass diese Nacht nichts von dem gefangen halten würde, was heute geschah. Würden sie nur einen Schritt zu weit gehen, könnten sie nie wieder an diesen Punkt zurückkehren. »Wenn ich nur vorher gewusst hätte, was passiert, wenn man dich abfüllt«, stöhnte er leise und ließ sich ebenfalls rückwärts ins Gras fallen.

»Was passiert denn dann?«, flüsterte Allie und malte feine Muster mit ihrem Finger auf Luis' Handfläche neben ihr.

»Was passiert …« Luis schaute nachdenklich in den Sternenhimmel und versuchte zu ignorieren, dass Allies sanfte Berührungen auf seiner Handfläche immer wieder kleine Blitze in seinen Unterleib entsandten. »Was passiert ist, dass ich vergesse, warum wir hier sind. Dass ich mich verhalte, als würde ich überhaupt keine Verantwortung tragen.«

»Du trägst keine Verantwortung«, widersprach Allie und fügte noch leiser hinzu, »bloß dafür, was heute Nacht geschieht.«

»Wenn du wüsstest«, lachte Luis bitter auf und setzte sich wieder hin, weil er ihre Berührungen nicht länger ertrug, ohne ihre Handgelenke auf den Boden pressen und sie zur Besinnungslosigkeit küssen zu wollen. Wenn er sein Versprechen Aaron gegenüber brach, dann bestimmt nicht wegen seiner Libido. Erbärmlicher ging es ja kaum!

Luis hasste sich schon jetzt für die selten dämliche Idee, sich gemeinsam mit Allie in Alkohol-Eskapaden zu stürzen. Was genau hatte er sich dabei gedacht? Hatte er überhaupt gedacht? Das Ziel lautete, Allie am Ende ihrer Reise glücklich in Aarons Arme zu führen. Die Maßnahme dazu: Ein romantisches Picknick mit viel Alkohol am *Flowage* bei Nacht. *Clever, Anderson, sehr clever!* Effektiver konnte man seine eigenen Vorsätze kaum brechen.

Er ärgerte sich über seine eigene Nachlässigkeit und er ärgerte sich noch mehr darüber, wie egal es ihm gerade war. Ganz offensichtlich benebelte der Alkohol seinen Verstand und es interessierte ihn nicht. *Er wollte sie.* Und er wollte sie viel, viel mehr, als er Aarons dämlichen Auftrag erfüllen wollte.

Als sie länger nicht antwortete, drehte Luis den Kopf wieder in Allies Richtung und stellte fest, dass sie nicht länger neben ihm lag, sondern stand, und zwar ohne Oberteil, während sie dabei war, sich auch ihrer Hose zu entledigen. Ihre nackte Haut strahlte im Mondlicht, lediglich schwarze Unterwäsche bedeckte ihren Körper. Luis riss die Augen und den Mund gleichzeitig auf.

»Vielleicht ist es mal an der Zeit, dir ein wenig Last von den Schultern zu nehmen. Und ein paar Entscheidungen für dich zu treffen«, lallte Allie.

»Bitte, Al. Zieh dich an. Was machst du da?«, erwiderte Luis heiser und konnte sich nicht entscheiden, ob er hin- oder wegsehen sollte. Sie war eindeutig betrunken und er konnte das nicht ausnutzen. *Aber er wollte.* Er spürte das Blut wie wild durch seine Adern schießen, spürte wie das Verlangen in ihm aufkochte und jeden rationalen Gedanken verbrannte. Unverhohlen sah er sie nun an, brannte jede Stelle ihres makellosen Körpers in seine Netzhaut.

»Dein ganzes Leben lang trägst du die Verantwortung. Für unser Land, für deine Kameraden … Für mich. Lass endlich los!« Allie sah ihn mit großen, glitzernden Augen an. »Du behältst dein Leben lang die Kontrolle. Seit ich dich kenne, zügelst du dich. Warum?« Und mit diesen Worten drehte sie sich um und rannte lachend in die Fluten des *Townsend Flowage*, das Wasser spritzte ihre Beine hoch, das Platschen ihrer Schritte durchbrach die stille Nacht. Allie stieß einen spitzen Schrei aus, als sie sich fallen ließ und das eiskalte Wasser über ihre Arme und ihren Rücken lief. »Komm rein, es ist gar nicht so kalt!«

Langsam wurde Luis bewusst, dass sie sich nicht ausgezogen hatte, um ihn zu verführen, sondern um nachtbaden zu gehen. Aber das war egal. Sie war beinahe nackt! Allie, *nackt!*

Luis riss sich das T-Shirt über den Kopf und nestelte an seinem Hosenknopf. Dann fiel ihm ein, dass Allie sein Anblick ohne Hose trotz Alkoholeinfluss verstören könnte, gerade in seinem jetzigen … Zustand. Deshalb behielt er die Hose an, streifte seine Schuhe ab und trat ins Wasser.

Die plötzliche Kälte tat gut, fast als kühlte sie auch seine erhitzten Gedanken. Er erstarrte, gab sich nicht länger seinem zügellosen Verlangen hin. Ließ sich einen Moment lang von der Wirklichkeit einholen. *Stopp. Das hier sollte nicht sein.*

Von hier aus sah er nur ihre weißen, nackten Schultern und ihr formvollendetes Gesicht, die sinnlichen Lippen, die hohen Wangenknochen. Der Rest ihres perfekten Körpers wurde vom schwarzen Wasser verdeckt. Luis atmete tief ein und aus. *Ja. So ist's gut. Komm runter.*

Langsam setzte er einen Schritt vor den anderen. Je weiter er ins Wasser wanderte, desto klarer wurden seine Gedanken und desto klarer wurde ihm, was er Allie sagen musste. Ihn trennten nur noch wenige Schritte von ihr.

Allie hatte seinen Stimmungswandel bemerkt. Gerade noch hatte sie gehofft, ihn aus der Reserve gelockt zu haben. Seine immerzu kontrollierte Art nur ein einziges Mal durchbrochen zu haben. Zu sehen, was hinter seiner unergründlichen Fassade steckte.

Kurz war sie geschockt gewesen, fast schon verängstigt, als er ihr gezeigt hatte, was für Emotionen hinter seiner Stahlmauer lauerten: Dieses animalische Verlangen. Dieses unkontrollierte Begehren, die wilde Entschlossenheit, sich ohne jede Rücksicht zu nehmen, was er wollte. Wie ein Raubtier hatte er sie mit seinen Blicken festgehalten und war auf sie zugesteuert, bereit, sich endlich zu nehmen, wonach er sich schon so lange sehnte.

Und dann dieser Moment des Stockens. Kaum hatte er das Wasser berührt, war die Wildheit mit einem Mal aus seinem Blick verschwunden und er bewegte sich langsam und kontrolliert. Erst dachte Allie, er hätte sich anders entschieden, die Vernunft hätte wieder die Oberhand ergriffen. Doch er bewegte sich weiterhin auf sie zu und ließ sie nicht aus den Augen. Obwohl das Wasser eiskalt bis zu ihren Schultern stand, spürte Allie, wie ihre Haut glühte.

Dann stand er vor ihr. Sie hätte über seine nackte, muskulöse Brust streichen können, so nahe war er. Ein Wassertropfen lief an der pulsierenden Ader an seinem Hals entlang. Im schwarzen Wasser sah Allie nicht, wie Luis seine Hände sanft auf ihre Hüften legte, deshalb erschreckte sie bei der plötzlichen Berührung. Er lächelte, zog sie ein Stück näher an sich und fuhr mit den Händen langsam die Kurve ihrer Taille nach.

Allie hielt gespannt die Luft an. Selbst im kalten Wasser prickelte ihre Haut überall dort, wo Luis sie berührte. Sie versank in seinem Blick, gab sich dem aufregenden Gefühl hin, nicht zu wissen, wo seine Hände als Nächstes sein würden. Nicht zu sehen, was er unter der Wasseroberfläche tat. Ganz langsam hob sie ebenfalls die Hände und auch Luis zuckte ganz leicht zusammen, als sie mit einem Mal an seinem Hosenbund entlangfuhr.

»Warum ich immer die Kontrolle behalte, möchtest du wissen, Al?«

Allie nickte atemlos und Luis löste vorsichtig ihre Hände von seinen Hüften.

»Weißt du, das liegt daran, dass meine Mitmenschen ganz gerne mal ihre Verantwortung vergessen. In diesem Fall schütze ich sie dann vor sich selbst, indem ich die Verantwortung für sie mittrage.« Er trat einen Schritt zurück. »Manchmal geben wir anderen Menschen Versprechen, Allie. Und Versprechen sind mir heilig, wie du weißt. Wenn wir uns nicht auf Versprechen verlassen können, wie sollen wir einander dann jemals vertrauen?« Sein Blick glitt über die schwarze Wasseroberfläche. »Vor Jahren hast du Aaron ein Versprechen gegeben. Das Versprechen, ihn zu lieben, zu ehren, bis dass der Tod euch scheidet und all sowas. Warum?«

Allie suchte nach Worten, doch sie fand keine. Er hatte ihr unmissverständliches Angebot ausgeschlagen, das sie ihm gemacht hatte, indem sie fast nackt in den See gerannt war. Das verletzte sie noch immer, auch wenn er ihr gerade erklärte, weshalb er das tat. Außerdem war seine Stimmung so rasend schnell von anzüglich zu ernst gewechselt, dass sie nicht hinterherkam. Sie spürte, wie der Alkohol noch immer ihr Denkvermögen einschränkte.

»Warum hast du Aaron geheiratet?«, fragte Luis noch einmal eindringlich, als sie nicht antwortete.

»Ich denke … ich … ich habe ihn geliebt?«

»Ja. Du hast ihn geliebt.« Allie sah Luis' Kiefer mahlen und glaubte kurz, er würde nicht weitersprechen. Doch nach einer Pause setzte er erneut an. »Al, du hast Aaron dieses Versprechen nicht blauäugig gegeben, verstehst du? Ich … Es gab mich auch damals. Und trotzdem hast du *ihn* geheiratet. Weißt du, was ich dir sagen möchte? Wenn du dich heute an alles erinnern würdest, dann … dann würdest du jetzt nicht mit mir nachtbaden wollen, sondern mit Aaron.« Luis fuhr sich verzweifelt durch seinen Borstenschnitt, unfähig, auszudrücken, was er sagen wollte.

»Und wenn du mich heute Nacht küssen würdest«, kam Allie ihm zögerlich zu Hilfe, »dann würde es sich anfühlen, als ob du meine Amnesie ausnutzt? Dann wäre es nicht *echt*, weil ich wahrscheinlich anders entscheiden würde, wenn meine Erinnerungen da wären?«

»Ja.« Eine Gänsehaut überzog Luis' Brust und er fröstelte kaum merklich. »Du trägst Verantwortung, Allie. Gegenüber deinem Sohn und deinem Ehemann. Und ich trage die Verantwortung, dich daran zu erinnern. Das bin ich deinem früheren Ich schuldig, das bei vollstem Bewusstsein entschieden hat, die Ehe einzugehen. Und das bin ich Aaron schuldig für sein Vertrauen in mich.«

Die Erkenntnis überrollte Allie wie eine Lawine. Ihre Augen weiteten sich, als ihr erstmalig klar wurde, was Aaron für sie getan hatte. Aaron wusste, in Allie brannten Gefühle für Luis, während ihre Gefühle für Aaron beinahe nichtig waren. Er hatte geahnt, dass Situationen wie diese auftauchen würden, und er hatte sie trotzdem mit Luis gehen lassen. *Für sie.* Weil er ihr vertraute. Weil er sie glücklich sehen wollte. Aaron verdiente den höchsten Respekt für seine Selbstlosigkeit.

Allie konnte keinen klaren Gedanken fassen: Noch immer loderten Reste der Erregung in ihr, die sie verspürt hatte, als Luis mit seinen Händen über ihre nackte Haut gefahren war. Gleichzeitig quoll ihr Herz beinahe über vor Zuneigung zu Aaron, der sich in den letzten Wochen so bedingungslos und aufopferungsvoll um sie gekümmert hatte.

Aus Liebe zu ihr hatte er jeden Rückschlag klaglos eingesteckt. Allie erinnerte sich daran, wie rücksichtslos sie Aaron manchmal ihre Gefühle entgegengeschleudert hatte. *Ich empfinde rein gar nichts für dich. Da ist nichts, nichts!* Und was hatte er getan? Sie in den Arm genommen und getröstet. Sogar als sie ihn darum bat, mit einem fremden Mann zurück in ihre Heimat zu reisen, willigte er um ihretwillen ein. Um ein Haar traten Allie Tränen in die Augen, so unbändig stieg der Wunsch in ihr auf, ihn zu umarmen, sich für ihr Verhalten zu entschuldigen und seine Liebe zu ihr anzuerkennen.

Gleichzeitig wollte sie in Luis' Armen liegen, wie er da vor ihr stand, das Gesicht abgewandt, die Lippen hart aufeinander gepresst, der Blick entschlossen in die Ferne gerichtet. Er handelte zu ihrem Besten. Immer. *Jeder hat sein eigenes Päckchen zu tragen,* lautete ein Sprichwort, doch Luis trug auch ihres. Allie schwirrte der Kopf.

»Allie?«

»Hm?« Ihr Gefühlschaos erlaubte ihr keinen vollständigen Satz mehr, als würde sie einfach zusammenklappen, wenn sie ihnen freien Lauf ließe.

Luis holte tief Luft. »Wenn deine Amnesie nicht wäre … Dann wäre alles anders. Alles.«

Zehn

Am nächsten Morgen setzte Allie starken Kaffee auf, um den Kater vom Vorabend zu vertreiben und zu vergessen, was die zwei Flaschen Wein mit Luis und ihr angestellt hatten. Was für ein Gefühlschaos das bisschen Alkohol in ihr anrichten konnte! Hatte sie Luis gegenüber wirklich im wahrsten Sinne des Wortes die Hüllen fallen lassen? *Oh Gott.*

Allie nahm einen riesigen Schluck Kaffee und freute sich beinahe, als er ihr die Zunge verbrannte und sie von ihren wirren Gedanken ablenkte. Sie lehnte sich an die Küchentheke, verschränkte nachdenklich die Arme und ließ den Abend Revue passieren.

Auch heute Morgen noch entstand in Allies Bauch dieses Gefühl der Schwerelosigkeit, als sie daran dachte, wie ihre Körper im Wasser zum Zerreißen gespannt und ihre Gesichter nur Millimeter voneinander entfernt gewesen waren. Sie hatten sich nicht geküsst, um Gottes willen, nein, aber Allie fühlte sich trotzdem so, als hätte sie ihren Ehemann betrogen. Besonders, weil allein der Gedanke an Luis' Worte sie auch bei strahlendem Sonnenschein in absoluter Nüchternheit um den Verstand brachten: *Wenn deine Amnesie nicht wäre … Dann wäre alles anders. Alles.*

Natürlich war jener gewisse Satz genau wie alle anderen anzüglichen Handlungen nur auf den Alkohol zurückzuführen, was man daran sehen konnte, wie Luis die Augen aufgerissen hatte und einen Schritt zurückgestolpert war. Eine Sekunde später hatte er den Abend für beendet erklärt. Beim Gute-Nacht-Sagen hatte er ihr nicht einmal in die Augen gesehen und man brauchte kein Menschenkenner sein, um zu verstehen, wie sehr Luis seine Aussage bereute.

Dennoch. Das Kribbeln in ihrem Unterleib und ihr plötzlicher Schweißausbruch beim bloßen Gedanken daran zeigten Allie, dass jener eine Satz eigentlich genau das war, worauf sie die ganze Zeit gewartet hatte: Eine Bestätigung, dass er etwas für sie fühlte, was auch immer das sein mochte. Dafür schämte sie sich in Grund und Boden, denn es war unfair. Aaron gegenüber, dessen Vertrauen sie missbraucht hatte, während sie sich betrunken vor Luis' Augen entkleidet hatte. Und auch Luis gegenüber, den sie verführt hatte, um im nächsten Moment wegen plötzlicher Gefühlsausbrüche für Aaron wieder zurückzuweichen. Sie seufzte und schüttelte über sich selbst den Kopf. *Nie wieder Alkohol.*

Am meisten beschäftigte sie jedoch, wie peinlich sie sich verhalten hatte. Diese Nummer mit dem Wein auf ihren Brüsten. Das war so offensichtlich gewollt gewesen! Und in ihrem betrunkenen Kopf hatte Allie geglaubt, sie hätte es wie ein Versehen aussehen lassen. Von wegen. Wie zur Hölle sollte sie Luis gleich unter die Augen treten ...

Plötzlich schepperte die Messingklappe des Briefkastens am Haupteingang. Überrascht stellte Allie die Kaffeetasse auf den Tresen und lief in den Empfangsraum. Auf dem Teppich lag ein dicker weißer Umschlag mit ihrem Namen darauf. Allie. Keine Adresse, keine Briefmarke, kein Absender.

Erfreut über die willkommene Ablenkung hob Allie den Brief auf und öffnete ihn. Dutzende gefaltete Bögen edlen Büttenpapiers waren darin sowie eine kleine Karte, auf der mit verschnörkelter Schrift stand:

Liebe Allie,
ich habe mich gestern sehr gefreut, zu erfahren, dass du wirklich heimgekommen bist. Ich habe mir schon gedacht, dass es nicht allzu lange dauern würde. Anbei findest du, wie du dir sicher denken kannst, den Brief deiner Mutter. Ich hoffe, er wird dir auch unter den Umständen helfen, in denen du dich momentan befindest. Deine Mutter ist mir in den letzten Jahren eine gute Freundin geworden, und wenn es dich interessiert, will ich dir gerne davon erzählen. Du findest mich im Haus am Ende der Lonesome Lane.

Herzlichst,
Isabelle Perlman

Allies Atem beschleunigte sich, die Kopfschmerzen und die Peinlichkeiten vom Vortag waren mit einem Schlag vergessen. Doch bevor sie Maras Brief ihre Aufmerksamkeit schenkte, riss Allie die Haustür auf und sah die Straße hinunter. Mit etwas Glück würde sie die geheimnisvolle Briefeschreiberin noch erwischen! Ihre Vermutung bewahrheitete sich.

»Halt, Moment, warten Sie einen Augenblick!«, rief Allie mit dem Brief in der Hand der alten Dame hinterher, die auf der Hauptstraße hinab Richtung Dorfkern lief.

»Entschuldigung?«, rief Allie der Dame noch einmal entgegen und hielt das Couvert in die Luft, »Haben Sie den Brief bei mir eingeworfen?«

Die Dame drehte sich langsam um. Ihre grauen Korkenzieherlocken hüpften fröhlich um ihr rundliches Gesicht, ihre freundlichen, wässrigen Augen konnten offenbar nicht anders, als belustigt zu wirken: Ihr Mund malte von Natur aus ein leichtes Lächeln.

»Ja, das habe ich. Guten Morgen, Allie. Ich bin Isabelle.« Sie lächelte, wie Luis, vorzugsweise mit den Augen, sodass sich ihr Gesicht in tausend sympathische Fältchen kräuselte wie der *Townsend Flowage*, auf dem man einen Stein hüpfen ließ.

»Guten Morgen! Vielen Dank für den Brief. Sie hätten ruhig klingeln können. Ich war gerade dabei, Kaffee aufzusetzen.«

»Oh, lass dich nicht stören, Kind, das ist sehr lieb von dir.« Die alte Dame winkte ab.

»Sie stören nicht! Also, wenn es Sie nicht stört, würde ich mich freuen, wenn Sie noch auf eine Tasse mit hineinkommen. Ich bin Ihnen wirklich dankbar und …«, druckste Allie, »ein wenig neugierig.«

»Nun, wenn das so ist! Ein Tässchen Kaffee kann nicht schaden. Ich sage nur gleich: Lange bleiben kann ich nicht, mein Mann ist krank.«

»Nur ein Augenblick wäre wunderbar.« Die Frauen lächelten sich an.

Erst jetzt fiel Allie auf, dass es in der Nacht geregnet haben musste. Die Morgensonne stand jedoch schon hoch am Himmel und trocknete die Baumkronen und Gartenmöbel. Es duftete wunderbar nach Wildblumen und Tau. Der Kaffee war gerade fertig, als Allie die Sitzauflagen auf den Gartenstühlen ausgelegt hatte.

»Nun, ich habe deine Mutter näher kennengelernt, als sie zu mir in die Schneiderei kam und drei Uniformen für die *Pensione* bestellte«, lachte Isabelle bei der Erinnerung. »Mara war gerade mit den Renovierungen fertig geworden, hatte die Fenster einsetzen und den Kamin bauen lassen und wollte das Ganze mit einheitlicher Hotelierskleidung für sich und ihre beiden Angestellten abrunden. Ich habe ihr die Uniformen gefertigt und hierher gebracht. Sie hat mich«, sie nickte Richtung Allie, »wie du auf einen Kaffee eingeladen, und sie saß da, wo du jetzt sitzt.«

Allie rieb sich nachdenklich über die Stirn. »Wer waren ihre Angestellten?«

»Meena Stroker und Bruce Porter. Kennst du sie noch? Bruce ist studieren gegangen, als Mara die *Pensione* schloss. Meena, hat Mara mal erzählt, ist in deinem Jahrgang gewesen. Hat schnell einen neuen Job im *Kathy's Inn* gefunden.«

Allie schwirrte der Kopf. Isabelles wenige Worte verpackten so viel Zeit, so viele Geschehnisse, dass es Allie die Kehle zuschnürte. Wie hatte ihre Mutter sich dabei gefühlt, Meena am Empfang stehen zu sehen, mit dem Gedanken, dass dies eigentlich ihre Tochter sein sollte, die sich seit Jahrzehnten nicht bei ihr gemeldet hatte?

»Alles in Ordnung, mein Kind?«, erkundigte sich Isabelle. »Du musst nur sagen, wenn du mehr Zeit benötigst.«

»Es geht schon, danke. Woher wissen Sie eigentlich von meinen Umständen, wie Sie das nannten?«

Isabelle lachte laut auf. »Du bist in Townsend, Liebes. Luis war gestern Abend bei *Mike's* einkaufen, Julie hatte Dienst und hat mir erzählt, dass er mit dir hier ist, weil du Amnesie hast und versuchst, dich an alles zu erinnern. Mich hat auch gewundert, woher sie das alles schon wieder wusste. Es hat sie wohl viel Mühe gekostet, Luis all diese Informationen aus der Nase zu ziehen, aber Julie ließ nun mal nicht locker – er hat Nagellackentferner eingekauft und das tut ein Mann schließlich nur selten für sich selbst. Schau nicht so«, zwinkerte Isabelle, als Allie errötete. »Julie ist eine meiner Nichten, ein wunderbares Mädchen und längst keine so große Tratschtante wie manch andere Frau hier im Dorf. Sie ist klug genug, nicht gleich das ganze Dorf darüber in Kenntnis zu setzen. Du musst dir also keine Sorgen machen.«

»Jedenfalls hat Julie recht. Ich habe durch einen Unfall mein Gedächtnis der letzten siebzehn Jahre verloren. Ich kann mich an nichts mehr erinnern. Ab meinem siebzehnten Lebensjahr ist alles wie ausgelöscht. Ich erinnere mich nicht mal daran, weshalb ich mit meiner Mutter zerstritten war.« Allie atmete tief durch und hoffte, nicht allzu verzweifelt zu wirken.

»Das ist grauenvoll, Liebes«, stieß Isabelle hervor. Die Information brachte sie sichtlich aus dem Konzept, tröstend legte sie ihre faltige Hand auf Allies.

»Nun, damit habe ich nicht rechnen können. Ich muss sagen, ich weiß auch nicht genau, weshalb ihr zerstritten wart. Mara hat immer ein riesiges Geheimnis daraus gemacht. Niemand im Dorf weiß das.«

Am liebsten hätte Allie bei Isabelles letztem Satz wieder angefangen loszuheulen. Jede Chance, etwas über sich selbst zu erfahren, verpuffte vor ihr im Nichts wie eine Seifenblase.

»Wenn es jemand gewusst hätte, dann wäre ich das gewesen«, bekräftigte Isabelle noch einmal und nickte. »Mir tut das ganz schrecklich leid.«

»Danke, mir auch«, spulte Allie von ihrem *Antworten-auf-Mitleidsbekundungen-Band* ab. »Hat sie von mir erzählt?«

»Ja, endlos«, freute Isabelle sich, Informationen liefern zu können. »Sie hat von dir geschwärmt, niemals ein böses Wort verloren. Besonders in Marshall hat sie dafür immer einen guten Gefährten gefunden. Er war offenbar stets ein Fan von dir.«

Bei Marshalls Namen machte Allies Herz einen kleinen Hüpfer. Der alte Mann hatte ihr seine Lebenserfahrungen stets so großzügig vermittelt wie der Opa, den sie nicht gehabt hatte. Er hatte ihr das Kanufahren beigebracht.

»Wie geht es Marshall?«

Isabelles Gesicht nahm einen traurigen Zug an, obwohl es dafür nicht geschaffen war. »Nicht so gut. Er ist krank. Hat Demenz im fortgeschrittenen Stadium. Er sitzt im Rollstuhl und kann oft nicht selbst essen. Aber er erinnert mich stets mehrere Male am Tag daran, dass wir noch die Boote reinigen müssen, bevor seine Schwester zu Besuch kommt«, lächelte Isabelle traurig.

»Wer pflegt ihn?«, fragte Allie betroffen und etwas verwirrt von den Worten Isabelles, die jetzt viel älter wirkte als einige Minuten zuvor.

»Nun ja, ich pflege ihn«, antwortete die alte Dame, jetzt zuversichtlicher. »Ich bin seine Frau.«

Isabelle erzählte, dass sie Marshalls harte Schale vor zehn Jahren geknackt und geheiratet hatte. Marshall, den ewigen Einzelgänger, Bootshausbesitzer und Hüter Townsends. Damals war er noch gesund gewesen und die neue Liebe hatte einige Zeit wie ein Jungbrunnen gewirkt. Nach sieben Jahren jedoch begann sein Gedächtnis abzubauen. Er vergaß, ein Boot anzudocken, das Gewehr einzuschließen, ließ die Terrassentür im peitschenden Gewitter offen, legte seinen Hut in den Kühlschrank und duschte sich einmal sogar mit Senf anstatt mit Seife.

»Er wird gleich wach werden. So langsam muss ich nach Hause«, bemerkte Isabelle und erhob sich.

»Danke, dass Sie gekommen sind«, verabschiedete Allie sie eher widerwillig. Allie hätte Isabelle noch stundenlang zuhören können, vor allem, wenn sie über ihre Mutter erzählte. »Wenn es Ihnen recht ist, komme ich Sie bald einmal besuchen. Ich möchte den alten Marshall unbedingt wiedersehen.«

»Natürlich, wir haben sehr gern Besuch«, freute Isabelle sich, »aber versprich dir nicht zu viel davon. Er ist ... nicht mehr derselbe. Viele verstören seine wirren Worte. Höchstwahrscheinlich wird er dich nicht einmal erkennen«, warnte die alte Frau und Allie glaubte, in ihrem Blick die Anstrengung zu erkennen, die das starke Auftreten ihr abverlangte.

»Das macht gar nichts«, versicherte Allie und ließ die massive Haustür nach einem letzten Gruß ins Schloss fallen. Das Couvert lag auf der Theke wie eine geladene Waffe. Allie machte einen Bogen darum und räumte stattdessen die Kaffeetassen ab, während sie Isabelles Worte wieder und wieder vor ihrem inneren Auge tanzen ließ. *Sie saß da, wo du jetzt sitzt.* Bedächtig nahm Allie auf dem Gartenstuhl Platz und sah durch die Augen ihrer Mutter. Von hier aus konnte man den ganzen Garten mit seinen prächtigen Hortensienbeeten überblicken, und wenn der kleine Hain am Ufer des *Flowage* in einigen Monaten seine Blätter verlieren würde, hatte man freie Sicht auf die spiegelnde Fläche des *Flowage*. Was hatte Mara gedacht, wenn sie ihren Blick über das Anwesen hatte schweifen lassen? Hatte sie über Allie nachgedacht, über den Grund ihres Streits?

Für Allie war die Persönlichkeit ihrer Mutter das berüchtigte Buch mit sieben Siegeln. Siebzehn Jahre war sie Allies engste Bezugsperson gewesen, doch Allie hatte Mara in keinem von Isabelles Sätzen wiedererkannt, als wäre ihre Mutter eine Fremde. Wenn sie ganz ehrlich zu sich selbst war, hätte Allie am liebsten nur gehört, was sie längst schon wusste: Dass ihre Mutter eine hervorragende Gastwirtin gewesen war, umwerfendes Rührei machte, jedes Staubkorn akribisch mit ihrem Putzlappen jagte und das Leben genoss, egal, was es ihr bot. Dass sie Townsend in jeder Jahreszeit liebte, augenblicklich eine neue Renovierungsarbeit in der Pensione in Angriff nahm, sobald die alte vollendet war, für ihr freundliches Wesen von jedem gemocht wurde, jedoch oft mit Leuten aneckte, weil sie ihre Meinung meist zu ungestüm äußerte.

Allies Blick wanderte durch die Terrassentür ins Innere des Empfangszimmers. Der Brief ihrer Mutter lag noch immer unangetastet auf der Theke. Um ihn schien eine Wolke aus Ungewissheit und drohender Gefahr zu wabern. Der Schlüssel zu mindestens einem der sieben Siegel, an das Allie sich aber nicht heranwagte.

»Allie, bitte kommen!«, schreckte Luis sie aus ihren Gedanken. Er stand am anderen Ende des Gartentischs, trug Laufschuhe und ließ seine Knöchel knacken. Obwohl er mindestens eine Stunde weg gewesen war, glitzerten höchstens drei Schweißperlen an seiner Schläfe, an der, wie Allie jetzt erst bemerkte, tatsächlich vereinzelte graue Haare das tiefe Braun durchbrachen.

»Du wirkst völlig weggetreten«, stellte Luis fest. »Ist was passiert?«

»Nein … ja«, verhaspelte Allie sich. Nicht nur, dass er sie überrascht hatte, sie wusste auch nicht ganz, wie sie sich nach den zwei Flaschen Wein vom Vorabend ihm gegenüber verhalten sollte. Sie beide hatten Dinge getan, die nüchtern eindeutig anders geschehen wären. *Mit jemandem flirten* konnte sie eindeutig von der *Memories-to-do* Liste streichen.

»Isabelle war hier und hat Mums Brief vorbeigebracht.«

»Oh. Was steht drin?« Luis' Körper kribbelte.

»Ich habe ihn noch nicht gelesen.«

Entgeistert starrte er sie an. »Ach ja? Ich gehe jetzt duschen und danach vielleicht noch einmal in Richtung Ortskern, dann hast du noch etwas Zeit für dich.«

Erleichtert registrierte Allie, dass er ins Haus und ohne Umwege hinauf auf sein Zimmer ging. Sie beschloss, dass sie den gestrigen

Abend wohl einfach ignorieren mussten. Sobald es elf Uhr durch war, würde sie zu Hause in Rose Tree anrufen und ihr schlechtes Gewissen beruhigen. Sie würde Aaron einiges zu sagen haben, das hatte sie gestern Abend verstanden. Aber erst, nachdem sie den Brief ihrer Mutter gelesen hatte. Allie erhob sich aus dem Gartenstuhl und steuerte mutig in Richtung des geheimnisvollen Briefcouverts.

Luis hatte ihr extra viel Zeit gelassen, als er zweieinhalb Stunden später die *Pensione* wieder durch die Hintertür betrat. Er hatte ausführlich geduscht, sich rasiert und Katie Harpers' Nachrichten auf seinem Smartphone ungelesen gelöscht. Dann war er ziellos Richtung Innenstadt gelaufen, hatte ein paar Spontaneinkäufe erledigt und kurze Unterhaltungen mit Leuten geführt, die er von früher kannte. Schließlich hatte er sich entschlossen, eine weitere Runde trainieren zu gehen und die *Pensione* durch den Lieferanteneingang zu betreten und zu verlassen, um Allie nicht zu stören, die höchstwahrscheinlich auf dem Sofa im Empfangszimmer saß.

So sehr er sich auch versuchte, abzulenken, seine Gedanken hingen bei dem Brief. Er war froh, dadurch den gestrigen Abend verdrängen zu können. Doch der Brief bereitete ihm solche Bauchschmerzen, dass er sich fast wünschte, die Erlebnisse des gestrigen Abends wären sein größtes Problem.

Er glaubte, ganz genau zu wissen, was in dem Brief stand, und doch erschien es ihm unwahrscheinlich, dass Mara *die Sache* über ein paar Zeilen ans Tageslicht bringen würde. Dafür war sie zu wichtig. Auf der anderen Seite: Was sollte Mara ihrer Tochter in einem langen Brief nach ihrem Tode erklären, wenn nicht ihr großes Geheimnis? Luis fröstelte. Wenn er Allie gleich gegenübertreten würde und sie wusste bereits Bescheid, dann hätte er seine Kräfte vielleicht lieber aufsparen sollen: Sie würde ihn *umbringen* wollen, ganz gewiss.

Als er nach dem zweiten Workout durch die noch immer offen stehende Terrassentür eintrat, staunte er nicht schlecht, als Allie ihn entgegen seiner Erwartungen nicht ansprang, um ihn zu zerfleischen. Sie saß noch immer auf dem Sofa, mit wildem Blick und zerzaustem

Haar, presste den Telefonhörer ans Ohr und starrte an die gegenüberliegende Wand, der Brief auf ihrem Schoß.

»Was ist denn mit dir los?«, fragte Luis zögerlich, ohne auf eine Antwort zu hoffen. Eindeutig war Allie nicht in der Lage, die Frage sinnvoll zu beantworten.

»Scht!«, machte sie stattdessen und lauschte gespannt dem Tuten. Als die allseits bekannte Frauenstimme verkündete, der gewünschte Gesprächspartner sei zurzeit nicht erreichbar, malträtierte sie erbost die Auflege-Taste,

»Was genau machst du da?«

»Ich telefoniere. Zumindest versuche ich es.«

»Hast du es schon oft versucht?«

»Ja«, stieß Allie gereizt hervor, »bestimmt über fünfzig Mal!« Sie seufzte und Luis schwieg.

»Du glaubst gar nicht, was hier steht«, verkündete Allie schließlich etwas ruhiger und strich sich eine Strähne aus dem Gesicht.

Luis rutschte das Herz in die Hose und er betete, dass Allie vielleicht doch nicht von *der Sache* in dem Brief erfahren hatte. »Erzählst du es mir?«, fragte er dennoch erstaunlich gefasst.

»Ich würde, wenn ich könnte«, antwortete sie wahrheitsgemäß und sah nun noch unglücklicher aus. Ihre Wut war abgeebbt, das war ein gutes Zeichen, und Luis fasste Hoffnung.

»Wir haben alle Zeit der Welt, wie du weißt«, versicherte er und wagte es, am anderen Sofa-Ende Platz zu nehmen. »Ist es was Gutes?«

»Das weiß ich selbst nicht so genau«, antwortete sie und deutete auf die Pergamentpapiere auf ihrem Schoß. Erst jetzt fiel Luis auf, dass es nicht ein oder zwei, sondern mindestens dreißig Briefbögen waren.

»Falls du dich eines Tages nach der Geschichte deiner Mutter sehnst, wenn ich selbst sie dir nicht mehr erzählen kann«, zitierte Allie den Brief und schluckte gegen den Schmerz in ihrem Hals an, der stets Tränen ankündigte. »Sie schreibt davon, wie sie die *Pensione* renoviert hat, wen sie eingestellt hat und dass sie sich ehrenamtlich an meiner High School engagierte. Hast du gewusst, dass sie Marshalls und Isabelles Trauzeugin gewesen ist?«

Luis nahm kommentarlos zur Kenntnis, dass die bis vor wenigen Stunden ominöse Isabelle offenbar Marshalls Ehefrau war. Irgendwo in seinem Gedächtnis klingelte es bei dieser Information. Vielleicht hatte er tatsächlich schon so etwas gehört.

»Sie hat mir geschrieben, was in den letzten siebzehn Jahren passiert ist. Als hätte sie gewusst, was passieren würde«, sprach Allie fassungslos ihre Gedanken aus. Ihr Blick war gläsern.

»Mütter haben oft einen sechsten Sinn für so etwas.«

Luis bereute seinen Satz sofort, denn die Tränen schossen sogleich in Allies Augen und sie benötigte viele Minuten, bis sie weitersprechen konnte.

»Das Verrückte daran ist«, schluchzte sie, »dass aus Mums Brief nicht hervorgeht, weshalb wir damals auseinandergegangen sind. Sie sagt nur«, Luis schauderte es, »dass sie glaubt, einen riesigen Fehler gemacht zu haben, den zu gestehen sie sich nie getraut hat. Sie hat sich wirklich sehr geschämt und geglaubt, dass ich noch weniger zu ihr zurückgekehrt wäre, hätte sie mir die ganze Wahrheit gestanden. Was kann nur so schlimm sein, dass ich ihr nicht verzeihen würde, selbst wenn sie ihren Fehler aufklärt?«

Luis wurde ganz schlecht vor Aufregung. Er konnte Mara sehr gut verstehen, nein, er fürchtete sogar das Gleiche. Maras Einschätzung, dass sie Allie für immer verlieren würde, wenn sie diese eine Sache ganz aufklärte, war richtig, da war sich Luis ganz sicher. Und das Gleiche galt für ihn. Er musste sich zwingen, Allie wieder seine Aufmerksamkeit zu schenken.

»*Richtig ist aber nur*«, las Allie zitternd vor und drückte die Briefbögen an sich, »*dass du die ganze Wahrheit erfährst, Liebling. Auch wenn ich sehr bedauere, dass ich zeitlebens zu feige war, selbst reinen Tisch zu machen. Anbei findest du die Nummer von der Person, die dir dabei zur Seite stehen wird. Bitte entschuldige dich in meinem Namen, dass ich die Last an sie abschiebe, doch es sollte lieber jemand persönlich mit dir reden als deine alte Mutter aus dem Grab mittels eines Blatt Papiers. Ruf nur an, immer wieder, am besten täglich. Irgendwann wird schon jemand rangehen. Ich denke, du weißt, von wem ich spreche.*«

Allie schielte zum Telefon. Nein, sie hatte keine Ahnung, wer die Person sein könnte. Aber von den aktuellen Umständen ihres Erinnerungsvermögens hatte ihre Mutter zu dem Zeitpunkt auch nichts wissen können. Früher hätte sie wahrscheinlich ganz genau gewusst, von wem ihre Mutter redete.

»Glücklicherweise«, überlegte Allie laut, »ist es eine Vorwahl aus Wisconsin. Und da ich hier in Wisconsin niemanden kenne, außer ein paar Leuten aus Townsend, wird es wohl eine Nummer von hier sein.«

Luis fand Hoffnung in ihrem Blick. Ihm fiel fürs Erste ein Stein vom Herzen. Er selbst verstand nicht ganz, was Mara mit der Telefonnummer bezweckte und an welche Person Allie geraten würde. Vielleicht war es Isabelle, die mehr wusste? Oder der alte Marshall? Genau genommen wusste er nicht einmal, was Mara Allie über diesen Vermittler mitzuteilen hatte. Er konnte nur ahnen, dass es mit *der Sache* zu tun hatte, die er Allie, genau wie Mara, vorenthalten hatte. Und wenn er ehrlich war, aus einem ähnlichen Grund wie Mara. Er hatte Allie doch gerade erst wiedergewonnen. Er wollte sie nicht gleich wieder verlieren. Es fühlte sich an, als *dürfte* er das auch nicht.

»Ich hätte nicht gedacht, dass dich das ebenso sehr mitnimmt wie mich«, lächelte Allie schwach, als sie Luis kreidebleiches Gesicht sah.

Sein Blick starrte ins Leere und Allie hatte ihn beobachtet, ohne dass er es bemerkt hatte. Seine kantigen Gesichtszüge. Die klugen Augen und die nachdenkliche, tiefe Stirnfalte. Er war so ein attraktiver Mann. Am liebsten hätte sie über seine frisch rasierten Wangen gestrichen.

»Es ist alles sehr geheimnisvoll«, wich Luis aus und erhob sich von dem tiefen Sofa. »Ich muss noch mal duschen gehen. Du überlegst dir, was du heute machen möchtest, ich entscheide über den Abend. Wird Zeit, dass du unter Leute kommst."

Elf

Ein Allie unbekannter Popsong erfüllte die hölzerne Kneipe, mit Decken so niedrig, dass Luis sich beinahe den Kopf daran stieß. Von Körpern abgesonderte Hitze schlug ihnen entgegen, als die Tür quietschend hinter Luis ins Schloss fiel und sie sich die Schuhe an der abgewetzten Fußmatte abrieben. *The bible is full of wine* stand darauf.

Die grauen Dielen knarzten bei jedem Schritt, Zigarettenrauchschwaden tanzten um Allies Nase und es roch nach Schweiß und Bier. Die Eichentheke und der ausgestopfte Hirschkopf an der Wand fehlten nicht. Allerdings trugen die Männer, die sich beim Quietschen der Tür auf ihren Stühlen drehten, nicht alle graue Bärte. Erschrocken stellte Allie fest, dass die Pub-Gäste durchschnittlich so alt waren wie sie selbst. Bislang hätte sie einer solchen Ortschaft ein älteres Publikum zugeordnet. Wieder einmal musste Allie sich eingestehen, dass sie weitaus älter war, als sie sich fühlte.

»Ich glaube es nicht! Anderson verschlägt es in die alte Hütte!«, röhrte eine Stimme aus dem hintersten Eck der Kneipe und übertönte sowohl Bob Seger als auch den Bass des Stimmgewirrs.

»Dass der sich noch in die Gegend traut!«

»Ich kann dich nicht ewig warten lassen, Emma«, erwiderte Luis, nickte ein paar Gästen zu und schlängelte sich unter Stachelblicken die wenigen Meter bis zur Theke, von wo die Stimme kam.

»Da hast du verdammt recht«, erwiderte die hochgewachsene Wirtin und knallte den soeben frisch polierten Bierkrug auf den Tresen.

»Ich wundere mich nur, warum ich nicht die Erste bin, die von der Rückkehr des verlorenen Sohns erfährt«, schmollte sie und nickte zu einem besetzten Tisch. »Johns Frau hat dich gestern Abend gesehen und es jeden wissen lassen, den es nicht interessiert. Pass gut auf, John, die Gute hat geschwärmt, sag ich dir!«

John lachte und prostete der drahtigen Wirtin zu. Sie trug ihr rotes Haar kurz und stachelig und fixierte ihr Gegenüber mit stählernem Blick. Ihre Ausstrahlung ließ Allie sofort wissen, dass sie die inoffizielle Machthaberin Townsends sein musste. Sie hatte das Bier, drum hatte sie die Männer in der Hand. Sie kannte die Gerüchte und Geheimnisse des Dorfs und richtete darüber, ob sie stimmten oder nicht. Mit ihr stellte man sich lieber gut, wenn man von den Einwohnern akzeptiert werden wollte.

Emma lachte heiser. »Und recht hat sie. Du hast dich besser gehalten als die meisten Knacker hier. Ich würde dich auch nicht von der Bettkante schubsen. Willkommen daheim!« Einige Männer stimmten in ihr Lachen ein. Das Eis war gebrochen, Luis gehörte dazu.

»Danke. Du siehst auch nicht schlecht aus.«

»Lächerlich. Ich sehe fabelhaft aus. Zumindest für mein Alter. He, Jim, komm vorbei und hol dein Gesöff selbst ab! Bin beschäftigt!«, rief Emma und knuffte Luis zwinkernd in die Schulter. »Und jetzt erzähl mal: Was verschlägt dich in die Gegend? Ich will alles wissen.«

»Eigentlich bin ich nur die Begleitung und auf der Suche nach einem kalten Bud«, antwortete Luis und deutete auf Allie, die froh war, endlich ins Gespräch integriert zu werden.

»Hi. Ich bin ...«

»Allie Keepsaker«, unterbrach die Wirtin sie mit ihrer lauten Stimme und taxierte Allie mit eisblauem Blick. Beim Klang ihres Namens verstummten die Stimmen in der Kneipe augenblicklich, Köpfe wanderten in ihre Richtung. Jede einzelne Person in der Kneipe schien sie anzustarren. Unbehaglich trat Allie von einem Bein auf das andere.

»Weiß du denn noch, wer ich bin?«, höhnte Emma.

»Leider, muss ich gestehen, nein.«

»Und denken kannst du es dir auch nicht?«

Allie suchte fieberhaft nach Namen von Personen in ihrem Alter aus der Vergangenheit. Nichts passte. »Nein, tut mir leid.«

»Dann hätte Anderson mich dir vorstellen sollen, obwohl du mich, denke ich, recht gut kennst. Du hast mich damals gern als Gesprächsthema gewählt.«

Allie fiel es wie Schuppen von den Augen.

»Gestatten: Emma Diessner abzüglich 55 Kilogramm. Vielleicht besser gekannt als *der Koloss* oder *der Wanst*. Klingelt's? Mir gehört das Dizzy's. Schon seit sieben Jahren, seit Mum gestorben ist, Gott hab' sie selig.« Allie fiel auf, dass die Wirtin mehr zu ihrem Volk zu sprechen schien als mit ihr.

Emma Diessner, natürlich! Auch wenn sich Allie eingestehen musste, dass sie die Kneipenbesitzerin nie unter einem anderen Namen als *der Koloss* oder *der Wanst* gekannt hatte. Dizzy war – abgeleitet von ihrem Nachnamen – der Spitzname Dana Diessners, Emmas Mutter, die in Allies Jugend das Dizzy's geführt hatte. Ihre Tochter Emma hatte damals fast ausschließlich in der Küche gearbeitet und gelebt und irgendwann stellte jemand die Theorie auf, dass Dana sich schämte, Emma hinter die Theke zu stellen, weil sie so unmenschlich fett war. Von da an wurde Danas Tochter Opfer unzähliger Spitznamen.

»Ich hätte dich niemals erkannt. Du siehst gut aus.« Auch wenn das so nicht ganz stimmte. Zwar war Emma Diessner nun spindeldürr, jedoch immer noch keine Schönheit, was sie einfach mit Selbstbewusstsein übertünchte.

»Du bist also wieder zurück. Wie überraschend! Niemand hat mehr mit dir gerechnet, vor allem nicht nach Maras Tod. Er hat uns alle tief getroffen.«

»Mich auch«, antwortete Allie, weil ihr nichts Besseres einfiel, und sie ärgerte sich, dass der Trauerkloß in ihrem Hals wuchs und ihre Stimme brach.

»Tatsächlich?« Emma zog die Augenbrauen hoch. »Es kann nicht so schlimm gewesen sein, wenn du es nicht einmal geschafft hast, bei ihrer Beerdigung vorbeizuschauen. Und jetzt bist du auf die *Pensione* aus, sehe ich das richtig?«

»Lass gut sein, Emma«, fuhr Luis ungewohnt scharf dazwischen. »Du hast keine Ahnung, wovon du redest.«

Against the wind wiederholten Bob Segers Backgroundsänger immer wieder. *Against the wind.*

»Ich weiß, was ich sehe. Fast zwanzig Jahre lässt die Kleine sich nicht bei ihrer Mutter blicken und kaum ist Mara ein paar Monate tot, taucht sie aus dem Untergrund auf und kapert die *Pensione*, wahrscheinlich um sie zu verkaufen und Townsend zu verschandeln. Man muss kein Genie sein, um eins und eins zusammenzuzählen. Ist doch so? Sorry, Anderson«, schnappte Emma, »ich weiß ja, die Kleine liegt dir – aus welchen Gründen auch immer – am Herzen.«

»Das war ein Fehler, Em«, knurrte Luis unüberhörbar für die ganze Kneipe und griff nach Allies Hand, »selten warst du so sehr auf dem Holzweg. Allie hat erst vor ein paar Tagen von Maras Tod erfahren. Du solltest öfter dein Hirn einschalten, bevor du dein Mundwerk auf fremde Leute loslässt.«

Allie war dankbar, dass die Tränen erst an der Tür zu rollen begannen, wo sie fast mit einer gelockten Blondine zusammenstieß. Entfernt nahm sie wahr, dass die Frau Luis grüßte – sie nannte ihn »Lu« –, dieser erwiderte den Gruß nur knapp und zog Allie an der Hand in eine spärlich beleuchtete Gasse. Sie war sich nicht ganz sicher, wo sie sich hier befand. Er zog sie den Weg entlang, bis keine Häuser mehr den Straßenrand säumten. Die Nacht kühlte die heiße Sommerluft, doch der staubige Asphalt sonderte noch immer Wärme ab. Eine Bank markierte einen Pfad, der in einen Hain führte. Endlich stoppte Luis. Allie bemerkte die Härte in seinem Blick und sah eine Ader an seiner Stirn pulsieren.

»Nimm nicht ernst, was Emma gesagt hat«, grollte Luis und musterte Allie eindringlich.

»Es ist okay«, stammelte sie und wischte sich die Tränen von den Wangen. »Wahrscheinlich hat sie sogar recht.«

»Niemand besitzt das Recht, etwas über dich zu sagen, solange du es nicht selbst aus Überzeugung bestätigen kannst, klar?«, fuhr Luis sie schärfer an als beabsichtigt.

»Vielleicht weiß diese Emma mehr über mich, als ich selbst. Wer weiß, was für eine Person ich gewesen bin«, druckste Allie und spürte wieder jenen schmerzenden Kloß in ihrem Hals.

»Nichts weiß sie«, ranzte Luis und ließ ihre Hand los, um sie im nächsten Moment fester zu greifen. »Du bist seit siebzehn Jahren nicht hier gewesen. Niemand kann etwas über dich wissen, außer vielleicht Mara.« *Und ich,* fügte er in Gedanken hinzu.

»Vielleicht hat sie etwas erzählt.«

»In Townsend darfst du keinen Gerüchten trauen«, insistierte Luis und zog Allie an sich. »Es tut mir leid. Ich hätte dich niemals zu Emma bringen dürfen. Wer dazu gehören möchte, muss an ihr vorbei. Ich dachte, es wäre gut, dich unter Leute zu bringen und Emma auf unsere Seite zu ziehen.«

»Es ist schon okay.«

Allie hatte nicht damit gerechnet: Luis legte seine Arme um sie und auf einmal fand sie ihr Gesicht in der Kuhle an seinem Hals wieder. Sein Duft überwältigte ihr letztes bisschen Stehvermögen und sie knickte in seinen Armen ein. Ein Windzug strich über ihre nackten Arme und sie bekam Gänsehaut.

»Nein, ist es nicht.« Luis wischte mit dem Daumen eine Träne von ihrer Wange. Erst da bemerkte Allie, dass sie noch immer stumm weinte. Ihr Verstand war mit ganz anderen Dingen beschäftigt. Wie automatisch wanderten ihre eben noch am Körper herabhängenden Hände zu seiner Brust und strichen sanft über das nass geweinte T-Shirt.

Luis durchfuhr es wie ein elektrischer Schlag, seine Muskeln verkrampften sich. *Was machte er hier, was hatte er getan?*

Allie suchte seinen Blick. Sein Gesicht war nur eine Handbreite entfernt, sein heißer Atem streifte ihre Stirn. Mit einem Ruck spannte sich sein gesamter Körper an und er drückte sie fester an ihn. Allie wurde schwindelig in seiner Umarmung. Sie spürte die harten Muskeln an seinem Bauch, sein Daumen streichelte noch immer ihr Gesicht, seine andere Hand wanderte an ihrer Wirbelsäule hinab....

»Luis?« Eine weibliche Stimme zerschnitt die heiße Abendluft. Und es war nicht Allies.

»Luis, bist du hier?«

Erst jetzt reagierte Luis und er wich von Allie zurück, nur einen Augenblick bevor – »Oh! Lu, bist du das?« – eine junge Frau um die Kurve bog. Die Frau, mit der Allie in der Kneipe beinahe zusammengestoßen war.

»Es stimmt also, du bist wirklich hier! Mein Gott, ist das dunkel ...«, ärgerte sie sich, tippelte vorsichtig auf Allie und Luis zu und fiel Luis um den Hals.

»Hallo Harriett«, grüßte Luis und erwiderte ihre Umarmung nur zurückhaltend.

»Herrjemine, was macht ihr denn hier in der Dunkelheit, mitten im Wald? Das ist eine Sackgasse. Oh!« Harrietts riesige Augen weiteten sich und sie schlug die filigrane Hand vor den Mund. »Habe ich gestört? Oh Gott, das tut mir leid!«

Sie wich einen Schritt zurück und schaute erschrocken von Luis zu Allie. Selbst in der Dunkelheit leuchteten Harrietts unverkennbare Goldlocken und ihre großen, blauen Augen glitzerten. Allie erinnerte sich, dass Harriett mit ihrem herzförmigen Gesicht, der Alabasterhaut und den vollen Lippen Jahr für Jahr der Engel im Krippenspiel sein musste, weil sie stets Tränen der Rührung in den Augen der Älteren hervorgelockt hatte. Dabei hatte sich Harriett immer gewünscht, die Maria zu spielen …

Beim Anblick der kleinen Frau, die zwar um siebzehn Jahre gealtert war, sich jedoch gar nicht verändert hatte, musste Allie lächeln: »Nein, du störst nicht.«

»Dem Himmel sei Dank! Wäre das peinlich gewesen. Allie, wie schön, dich zu sehen!«, jauchzte Harriett und umarmte Allie herzlicher, als diese es erwartet hatte.

»Es tut mir ganz schrecklich leid, dass ich euch gefolgt bin. Im Dizzy's haben sie mir die Kurzfassung erzählt, was gerade geschehen ist, und ich konnte einfach nicht riskieren, dass Lu die Stadt wieder verlässt, bevor er mir auch nur einmal Hallo gesagt hat. Oh … und natürlich, um zu sehen, ob du es wirklich bist, Allie. Meine Güte, sollen wir wieder zurück Richtung Stadt gehen? Man sieht ja kaum die eigene Hand vor den Augen!«

Allie warf Luis einen schnellen Blick zu und meinte, in seinen Augen immer noch das Begehren leuchten zu sehen. Schnell wandte sie sich ab und unterdrückte ihre eigenen Gefühle. Vielleicht war es ein Wink des Schicksals, dass Harriett sie gerade rechtzeitig unterbrochen hatte.

»Ja, es wird das Beste sein, wenn wir gehen«, antwortete Allie deshalb und Luis verstand.

»Du musst mir einiges erklären«, stellte Allie fest, während sie einige Stunden später den Wasserkocher füllte, einen Teebeutel in ihre Tasse gab und Luis' Becher mit heißem Kaffee füllte. Zwar war es schon nach Mitternacht, doch Luis trank zu jeder Tageszeit Kaffee.

Er erhob sich von der roten Couch, um noch ein Holzscheit in den Kamin zu legen. Obwohl die Sonne tagsüber die Häuser Townsends mit dumpfer Hitze füllte, waren die untersten Etagen der *Pensione* eiskalt. Besonders die Empfangshalle, in der Allie und Luis sich die meiste Zeit aufhielten, weil sie eine kleine Theke hatte und man so nicht in der verchromten Industrieküche sitzen musste, um Kaffee zu schlürfen. Zum Glück gab es den Kamin. Luis seufzte. »Das habe ich mir gedacht. Was möchtest du wissen?«

»Als Erstes vielleicht, was du mit Townkaff am Hut hast.«

»Ich bin hier aufgewachsen, wie du.«

»Du weißt, dass ich das nicht meine. Sie feiern dich hier wie einen Star. Der verlorene Sohn«, zitierte Allie die Wirtin und äffte ihre rauchige Stimme nach.

»Das ist völlig überzogen.«

»Woher kennst du dann all diese Leute?« Allie balancierte die beiden Tassen von der Theke zum Sofa und setzte sich neben Luis.

»Du wirst dich wundern, aber du kennst sie auch fast alle. Du erkennst sie nur nicht.«

»Wie auch immer ... Nenn mir den Grund, weshalb sie sich nicht wundern, dass du hergekommen bist. Weshalb freuen sie sich alle so? Harriett war ja ganz aus dem Häuschen.«

»Wahrscheinlich, weil ich nicht so lange weg war wie du.«

»Wie lange warst du denn weg?«

»Drei Jahre.«

»Drei Jahre! Warst du früher oft hier?«

»Jedes Weihnachten.«

»Also jedes Jahr einmal?«

»Meistens. Ein paar Mal auch öfter.«

»Wie lange?«

»Ein paar Wochen vielleicht.«

»Wie oft?«

»Ist das ein Verhör hier, Allie?«

»Vielleicht?« Allie wartete kurz ab, doch Luis schien sich nicht weiter äußern zu wollen. »Lass dir nicht alles aus der Nase ziehen«, bat Allie, »du weißt doch, dass ich hier bin, um Dinge zu erfahren – und nicht, um mir noch mehr Fragen zu stellen.«

»Das hier hat nichts mit deiner Vergangenheit zu tun, sondern mit meiner«, erwiderte Luis und nahm einen Schluck Kaffee.

»Sie interessiert mich.«

»Muss sie nicht.«

»Was ist geschehen, das du mir nicht erzählen möchtest?«

»Nichts. Meine Vergangenheit tut nur nichts zur Sache.«

»Ist es etwas Schlimmes?«

»Du nervst.« Luis verdrehte die Augen. »Ich bin jedes Jahr nach Hause gekommen, um meinen Vater zu besuchen. Nicht immer zu Weihnachten, mein Job hat das nicht zugelassen. Aber ich war jedes Jahr da. Manchmal nur eine Woche, manchmal gleich zwei Monate. Je nachdem, wie sehr mein Vater mich brauchte.« Er holte tief Luft und schaute ins knisternde Kaminfeuer. »Vor vier Jahren ist er gestorben. Ich habe mich um alles gekümmert und bin eine Weile hier geblieben. Die Leute haben mich überschwänglich umsorgt, obwohl sie meinen Vater kaum kannten. Danach habe ich mich nicht mehr hierher getraut. Ich bin selbst erstaunt, dass sie nicht misstrauischer sind. Das ist alles.«

»Das mit deinem Vater tut mir leid.«

»Sollte es nicht.«

»Du solltest dich glücklich schätzen, dass du so willkommen bist.«

»Du wirst auch willkommen sein, wenn sie erst mal von deinen wahren Absichten erfahren. Ich habe heute nicht bedacht, dass sie ein völlig falsches Bild von dir haben könnten.«

»Das war meine nächste Frage«, sagte Allie und zog den Teebeutel aus ihrer Tasse. Das Feuer im Kamin knisterte. »Was meinte Emma damit? Dass ich vorhabe, Townsend zu verschandeln?«

»Dass du immer so genau hinhören musst«, stöhnte Luis und fläzte sich auf der breiten Couch, »Vor ein paar Jahren wurde Townsend vermessen. Ich weiß es nicht mehr genau, Emma kann dir mehr dazu sagen. Jedenfalls kam, glaube ich, raus, dass das Grundstück, auf dem die *Pensione* steht, viel größer ist, als vermutet. Mara gehört ein großer Teil aller drei Nachbargrundstücke. Zwei davon sind, wie du weißt, der Arbeitsplatz für einen verhältnismäßig großen Teil der Dorfbewohner. Mara hat damals keinen großen Hehl daraus gemacht und einstweilige Verfügungen auf ein Stück Papier gepfeffert, dass sie kein Interesse an diesen Teilen ihres Grundstückes habe. Mit ihrem Ableben kam vermutlich die Angst auf, was mit der *Pensione* geschehen würde. Sobald sie verkauft wird, könnte der neue Eigentümer möglicherweise Anspruch auf sein komplettes Land erheben. Drei Familien würden ihre Existenz und viele Ernährer ihren Job verlieren.«

»Wie konntest du das vergessen zu erwähnen«, rief Allie schockiert und quietschte, weil sie den heißen Tee über ihre nackten Oberschenkel verschüttet hatte.

»Bleib sitzen, ich hole ein Handtuch.«

»Geht schon, bleib hier.«

Luis verschwand trotzdem in der Küche und breitete Sekunden später ein trockenes Handtuch auf der Couch aus und legte ein mit kaltem Wasser getränktes Tuch über die roten Flecken auf Allies Oberschenkeln.

»Hättest du mir das vorher erzählt, wären wir ganz anders vorgegangen«, erklärte Allie nun ruhiger. »Ist doch klar, dass mich hier jeder für das personifizierte Grauen hält. Ich werde die *Pensione* nicht verkaufen, auf keinen Fall. Mehr Grundstück will ich auch nicht.«

»Gut. Ich kann bestimmt dafür sorgen, dass Emma die Leute das wissen lässt.«

»Okay … und jetzt raus mit der Sprache: Gibt es noch weitere wissenswerte Dinge, die du mir vorenthältst? Hat die Kirche einen muslimischen Pfarrer? Finden die nächsten Castings für *American Idol* hier statt? Oder wird Townsend von einem Diktator regiert?«

»Der Diktator heißt Emma.«

Allie konnte ein Schmunzeln nicht unterdrücken. »Ich merke doch, dass du mir nur so wenig erzählst wie nötig, aber ich blamiere mich, wenn du mich nicht zumindest ein bisschen aufklärst.«

Luis überlegte. Oh ja, sie würde ihm den Hals umdrehen, wenn sie das ein oder andere von jemand anderem als ihm selbst erfuhr. Da aber die ganze Mission nicht ohne ein gewisses Risiko zu überstehen war – allein schon *die Sache* geheim zu halten, war Russisch Roulette – würde er zu manchem Thema schweigen und hoffen, dass niemand ein Wort darüber verlor. Er konnte sie schließlich auch nicht hier einsperren.

Luis begann mit etwas halbwegs Unverfänglichem. »Ich habe das Haus meines Vaters zum Beispiel nie verkauft.«

»Es gehört noch dir?«

»Ja.«

»Nutzt du es?«

»Nein.«

»Aber brauchst du das Geld denn nicht?«

»Findest du dich manchmal eigentlich indiskret?«

»Lass uns hinfahren.« Ihre Augen, bemerkte Luis, funkelten bei dem Gedanken.

»Nein.«

»Warum nicht?«, nörgelte sie.

»Warum schon?«

»Weil es auf meiner *Memories-to-do* Liste steht: Luis' Heimat besuchen.«

»Es trägt nicht zur eigentlichen Mission bei.«

»Welche Mission noch mal?«

»Die Mission Allies-Vergangenheit-aufarbeiten-und-versuchen-Erinnerungen-wiederzufinden. Mein ehemaliges Zuhause hat nichts mit deinen Erinnerungen zu tun.«

»Ich versuche schon lange nicht mehr nur alte Erinnerungen zu finden«, erwiderte Allie verletzt. »Du hast mir gezeigt, dass die zwanghafte Suche nach alten Bildern zu nichts führt. Entweder sie kommen oder auch nicht. Für letzteren Fall fange ich lieber gleich damit an, mich neu zu kreieren. Ja, das gefällt mir«, wunderte Allie sich über ihre eigenen Worte, »mich selbst neu kreieren. Damit fange ich noch heute Abend an.«

Luis' Augen lachten und er verkniff sich die Frage, weshalb sie dann noch gemeinsam in Townsend bleiben sollten. Die wahrheitsgemäße Antwort auf diese Frage passte Luis nämlich so gar nicht in den Kram.

»Ich glaube«, fuhr Allie nachdenklich fort, »es könnte sogar besser sein, ein neuer, anderer Mensch zu werden. Ich mag nicht wieder das Mädchen werden, das seine Mutter siebzehn Jahre lang nicht besucht hat.« Und mit dieser Überlegung stellte sie fest: »Nein, auf keinen Fall will ich noch einmal Liz werden. Selbst, wenn ich die Chance dazu bekomme. Also: Wann geht's morgen los?«

Zwölf

»Nicht, bevor du bei Jenna warst«, hatte Luis' Antwort gelautet, weil er darauf bestand, dass Allie im Sinne von Aarons Auftrag versuchte, ihre Erinnerungen zurückzuerlangen.

Darum stand Allie am nächsten Vormittag mit gemischten Gefühlen vor der winzigen Holzhütte am Ende der Swan Lake Road, in der ihre Jugendfreundin Jenna Isabelle zufolge nun wohnte. Sie lag direkt am Waldrand und erinnerte an ein Hexenhäuschen, vor dem jeder Hollywoodregisseur für seine Neuverfilmung von *Hänsel und Gretel* auf die Knie fallen würde. Vereinzelt fielen erste Regentropfen vom Himmel. Stirnrunzelnd schaute Allie nach oben: Die Regenwolken zogen sich noch dichter zusammen, in der Ferne grollte der Donner.

Allies Blick glitt an der brüchigen Fassade entlang. Sie fragte sich, wie es dazu gekommen sein mochte, dass die ambitionierte Jenna an diesem Fleckchen Erde gelandet war. In ihrer Jugend hatte ihre Freundschaft auf gleichen Zielen basiert: Beide scheuten keine Mühen, um irgendwann aus den Fängen Townkaffs zu entkommen. Sie lernten viel für die Schule, um den Collegeplatz zu ergattern, den sie sich wünschten. Sie sparten akribisch und jobbten in ihrer Freizeit, damit ihr Traum nicht am Geld scheiterte. Mit siebzehn waren sie anderen in ihrem Alter um Längen voraus und standen wohltrainiert am Startblock der Zukunft, jederzeit bereit, nach dem Ende der High School in ein neues, größeres Leben zu starten.

Allie dachte an ihr Studium und ihr Buch, ihre Veröffentlichungen, an ihr vornehmes Landhaus in Rose Tree, an die Gehaltsabrechnung ihres Ehemannes und an ihren Sohn. Offenbar hatte sie in diesem Sprint einen Platz auf dem Treppchen ergattert – und Jenna nicht. *Ob Jenna das so beabsichtigt hatte?* Allie konnte es sich kaum vorstellen.

Aufgeregt, was ihre Freundin zu erzählen hatte, trat Allie von einem Fuß auf den anderen und drückte auf die Messingklingel. Gerade als sie glaubte, dass niemand öffnen würde, näherte sich eine dunkle Gestalt der Tür. Es blitzte in genau dem Moment, als die Tür geöffnet wurde, und Allie sah die Frau ihr gegenüber für eine Sekunde lang in grellem Licht. Ihr kastanienfarbenes Haar klebte an ihrem Kopf, so wirkte ihr Gesicht noch schmaler, als es sowieso schon war. Die teigige Haut verriet Erschöpfung und Verbitterung. Auf ihrer grauen Jogginghose prangte ein auffälliger Saucenfleck. Jenna gefiel Allie ganz und gar nicht.

»Alison! Ich habe nicht mit dir gerechnet«, brach Jenna das Schweigen und stand unschlüssig im dunklen Flur. Allie fragte sich, ob sie sich das leichte Zittern in Jennas Stimme eingebildet hatte.

»Hallo, Jenna. Ich freue mich so, dich zu sehen«, rief Allie ehrlich und trat einen Schritt auf Jenna zu, um sie zu umarmen. Just in diesem Moment trat Jenna einen Schritt zurück und Allie verharrte peinlich berührt auf der Türschwelle.

»Nun ja, dann komm mal rein«, rettete Jenna die unangenehme Situation und wies Allie an, einzutreten, als der Regen stärker wurde. In Jennas Haus war es düster und eng, zu viele Möbel füllten die engen Räume und passten nicht zum Ambiente. Auch Jenna selbst passte nicht zum Ambiente. Allie registrierte, dass sich Jenna mit der Entschlossenheit einer Frau bewegte, die ein eigenes Büro im achtzehnten Stock mit Fensterfront genoss. Die Wandverkleidungen aus dunklem Kirschbaumholz und die quietschenden Dielen bildeten einen krassen Gegensatz dazu.

»Setz dich doch bitte. Ich schaue, ob ich Tee da habe. Bin mir aber nicht sicher«, murmelte Jenna und verschwand in der Küche.

Allie setzte sich auf die mit Kissen und Wäsche bepackte Couch: Der Überzug bestand aus feinstem, cremefarbenen Stoff. Beim genaueren Hinsehen war jedes einzelne Möbelstück ein Schatz für sich, ein Klassiker, der einst viel Geld gekostet haben musste und es bestimmt noch immer tat. Aber in den beengten Räumlichkeiten wirkten die Möbel degradiert, wertlos, glanzlos. In dem weißen Kiefernholz-Regal im Landhausstil standen keine Bücher. Der Kaminsims war leer. Auf einer antiken Kommode stand ein einzelner Bilderrahmen ohne Foto darin, ein Gemälde lehnte an der Wand. Es schien, als lebte Jenna zurzeit aus Umzugskartons.

»Nur noch schwarzen Tee – und Milch ist alle«, erklärte Jenna, als sie die Tasse auf einen verschlossenen Karton stellte, der als

Tischersatz diente. »Entschuldige das Chaos. Ich habe mich noch nicht ganz eingelebt.«

»Du bist erst vor Kurzem hergezogen?«

»Nicht ganz. Ein Jahr ist es schon her«, erwiderte Jenna und wich Allies verwundertem Blick aus. *Wieso hatte es Jenna in einem Jahr nicht geschafft, ihre Umzugskartons auszuräumen?* Zusammen mit Jennas fettigem Haaransatz und dem Fleck auf der Hose gewann Allie den Eindruck, Jenna hätte ihr Leben nicht im Griff. Der rosige Farbton auf Jennas Wangen verriet Allie, dass jene das gleiche dachte. Als ihre Freundin keine Anstalten machte, weiterzusprechen, hakte Allie nach. Sie wollte Jenna die Chance geben, ihre Lebensumstände zu erklären. »Und wie geht es dir sonst so?«

»Okay. Man lebt so in den Tag.« Dann schwieg sie wieder. Allie nickte, nippte an ihrem Tee und fragte sich, wo *ihre* Jenna auf der Strecke geblieben war. Die Frau ihr gegenüber ähnelte dem redseligen, ehrgeizigen Teenager, der Jenna einst gewesen war, in keinem Punkt.

»Und wie geht es dir? Mit deinen Erinnerungen ist was nicht okay?«, brach Jenna endlich das Schweigen und runzelte die Stirn.

Erfreut, über etwas reden zu können, erzählte Allie ihre Geschichte. Manchmal horchte Jenna auf, wirkte im nächsten Moment jedoch wieder abwesend. Einen Augenblick lang stellte Allie sich die Frage, was Jenna geraucht hatte, und schämte sich sogleich für ihre Gedanken. Vielleicht war sie über die Jahre einfach nur schüchtern geworden.

»Aaron hat mir erzählt, dass wir schnell den Kontakt verloren haben«, fügte Allie am Ende hinzu und bemerkte, wie Jenna zusammenzuckte. *Hatte sie da etwa ein sensibles Thema angeschnitten?* »Ich dachte, du könntest mir vielleicht erzählen, wie das passiert ist?«

Allie beobachtete, wie Jenna unruhig auf dem Sofa erst hin und her und dann ein Stück von ihr wegrutschte. Fast als könnte sie es gar nicht abwarten, Allie wieder loszuwerden.

»Da gibt es nicht sehr viel. Jeder ist quasi seinen Weg gegangen. Du bist zur Wisconsin, ich zur Upper Iowa«, erklärte Jenna kurz angebunden.

»Sind die beiden Unis nicht ziemlich in der Nähe?«, überlegte Allie überrascht.

»Schon, hat aber trotzdem nichts gebracht.«

»Und die Zeit nach meinem Unfall am *Flowage* damals? Erinnerst du dich da an etwas Besonderes?«

Jenna zuckte mit den Schultern und wandte das Gesicht ab. »Waren halt unsere letzten Monate zusammen vorm College. Ein paar Partys, entspannte Zeit, keine Schule. Aber ist lange her.«

Schweigend tranken die Frauen ihren Tee. Der Regen prasselte weiterhin unaufhaltsam an die Fensterscheiben. Allie wurde etwas ungeduldig. So schleppend hatte sie sich ihre Unterhaltung mit Jenna nicht vorgestellt. Da hatte man sich siebzehn Jahre nicht gesehen und trotzdem gab es nichts zu erzählen? Außerdem wurde sie das Gefühl nicht los, dass ihr Besuch Jenna nicht ganz recht war. Ihre Freundin konnte kaum still sitzen und rieb sich andauernd die Handflächen an ihren Oberschenkeln trocken.

»Du erinnerst dich wirklich an gar nichts?«, hakte Jenna plötzlich misstrauisch nach, gerade als Allie ihre nächste Frage stellen wollte.

»An absolut nichts«, bestätigte Allie, »ans Autofahren vielleicht. Neuerdings.«

»Dein Studium, dein Job? Deine Familie?« Jenna kräuselte die Stirn noch stärker.

»Gar nichts.«

»Das ist heftig«, ließ Jenna sich zu einer Spur Emotion bewegen und Allie folgte ihrem Blick in einen Spiegel, der lose an der Wand lehnte. Ja, das war heftig: Zwei Frauen, die einst mit gleichen Voraussetzungen und großen Plänen ins Leben gestartet waren, saßen siebzehn Jahre später auf einem Sofa in ihrem Heimatort zusammen.

Auch wenn Allie über keinerlei Erinnerungen daran verfügte, sie hatte es zu etwas gebracht; dort im Spiegel *strahlte* sie sogar regelrecht. Die Tage mit Luis hatten wie eine Verjüngungskur gewirkt, als hätte sie Hoffnung und Energie aus Eimern geschlürft. Ganz oben, in einem der noch immer nicht ausgepackten Kartons voller Bücher, lag der erste ihrer Bestseller.

Jenna wirkte ungepflegt und müde. Die vielen unausgepackten Kartons setzten Staub an und offenbar hatte sie keine gute Erklärung dafür. Allie war sich sicher: Hätte es etwas Positives in Jennas Leben zu berichten gegeben, sie hätte es ihr längst erzählt. Doch Jenna schwieg und ihr derzeitiger Anblick ließ auch nicht darauf schließen, dass sie sich bemühte, ihre Situation zu verbessern. Sie wirkte hoffnungslos und es brach Allie das Herz. Kaum jemand kannte sich mit Hoffnungslosigkeit so gut aus wie sie.

Allie glaubte, dass sich Jenna als die ehrgeizige Person, die sie im Kern war, für ihr derzeitiges Leben im Vergleich zu dem ihrer Freundin schämte. Denn für Jenna sah es natürlich so aus, als hätte Allie alles im Leben erreicht – und sie selbst nicht. Sie hatte ja keine Ahnung, wie es sich momentan anfühlte, Allie zu sein!

Allie nahm sich vor, Jenna spüren zu lassen, dass auch in ihrem Leben nicht alles rund lief, und kurbelte das Gespräch erneut an.

»Wo hast du eigentlich nach dem College gelebt, wenn du erst vor Kurzem hierher zurückgezogen bist?«

»Unterschiedlich. Ich habe als Produktionsassistentin bei verschiedenen Fernsehsendern gearbeitet und nebenbei meine eigenen Kollektionen genäht und im Internet verkauft, bis ich mich entschlossen habe, selbstständig zu werden. Vor vier Jahren habe ich eine Boutique aufgemacht, Kredite bei den falschen Leuten aufgenommen und konnte die Boutique zwei Jahre später wieder schließen. Ein Jahr lang war ich erfolglos auf Jobsuche, bis ich zurück nach Townsend gekro-chen bin, an den Ursprung allen Übels.« Jenna stierte finster auf ihre Teetasse.

»Ich finde es gar nicht so schlecht hier«, stellte Allie ehrlich fest und sah sich um, »vor allem aus deinem Haus hier kann man bestimmt ein echtes Schmuckstück zaubern.«

»Wenn es denn mein Haus wäre. Ich miete es nur an. Noch einen Tee? Zwei Beutel hab ich noch.« Ohne Allies Antwort abzuwarten verschwand Jenna in der Küche. Allie atmete einmal tief durch und entspannte die Schultern. Sie hatte gar nicht gemerkt, wie verkrampft sie neben Jenna gesessen hatte. Nie hätte Allie geglaubt, dass siebzehn Jahre eine so tiefe Kluft zwischen zwei Menschen treiben konnten. Das Gespräch kam nicht ins Rollen, es fühlte sich unnatürlich an, Zeit mit Jenna zu verbringen. Das Wiedersehen mit ihrer Freundin war kein Vergleich zu Luis. Mit ihm hatte sie schon nach wenigen Minuten zurück zu alter Vertrautheit gefunden. Kein Wunder, dass sie den Kontakt zu Jenna schon im Studium verloren hatte. *Das Leben zeigte eben immer noch am besten, wer zusammengehörte und wer nicht …* Doch Allie wollte die Hoffnung noch nicht aufgeben. Vielleicht brauchte ihre frühere Freundin einfach etwas länger, um mit anderen Menschen warm zu werden.

Jenna trug zwei Tassen in den Raum, die heiße Flüssigkeit schwappte über den Rand und tropfte auf die abgenutzten Dielen. Sie merkte es gar nicht.

»Wie geht es eigentlich deiner Mum?«, erkundigte sich Allie und nahm Jenna eine Tasse ab.

»Lebt im Pflegeheim. Sie hatte mehrere Schlaganfälle.«

»Das tut mir leid!«, rief Allie erschrocken auf und legte instinktiv eine Hand auf Jennas Unterarm. Diese erschrak so heftig, dass sie den Inhalt ihrer Tasse auf dem cremefarbenen Sofa verteilte.

»Scheiße!«, fluchte Jenna und sah sich suchend um. Der braungelbe Fleck breitete sich langsam aus, die Flüssigkeit versank in dem hellen Stoff.

»Jenna, es tut mir so leid! Was kann ich tun?«

»Bleib sitzen und beweg dich nicht.«

Jenna stürmte aus dem Raum und kam nur wenige Sekunden später wieder – mit leeren Händen.

»Hab keinen sauberen Lappen.«

»Nimm Taschentücher oder notfalls Klopapier!«

»Ist jetzt auch egal«, seufzte Jenna und ließ sich resigniert neben dem Fleck in die Polster fallen.

»Äh … sicher?«, fragte Allie vorsichtig.

»Ja. Bisschen Aufregung in meinem Leben kann nicht schaden.« Zum ersten Mal an diesem Tag entdeckte Allie ein winziges Lächeln in Jennas Mundwinkeln.

»Na, da bist du bei mir an der richtigen Adresse! In letzter Zeit verschütte ich sehr gerne Tee auf Sofas.«

Jenna lachte freudlos auf und verstummte wieder. Weil Allie sich seltsam dabei gefühlt hätte, die Unterhaltung erneut aufleben zu lassen, fiel sie in Jennas Schweigen ein. Doch es war kein angenehmes.

Drei Stunden später erzählte Allie Luis von ihrem Besuch bei Jenna. Luis hatte sie mit einem Tee an der Theke empfangen, und obwohl es ihre dritte Tasse Tee innerhalb der letzten Stunde sein sollte, nahm sie ihn dankbar an. »Sie ist eine traurige Person. Sehr zurückgezogen, schweigsam, reserviert … beschämt. Mit den Gedanken in sich selbst versunken. Sie hatte solches Pech mit ihren Arbeitgebern und ihrer Boutique. Ihre Mum hatte mehrere Schlaganfälle und lebt in einem Pflegeheim. Das Schicksal hat der Armen schon ein paar Kinnhaken verpasst.« Nachdenklich strich sich Allie eine Locke aus der Stirn. »Und dann komme ich daher, mit einer den Umständen entsprechend intakten Familie, Geld wie Heu, einem schönen Haus, erfolgreichen Veröffentlichungen und sie muss sich mir gegenüber völlig unerwartet ihrem Elend stellen. Ich denke, sie hätte sich wenigstens gerne eine saubere Hose angezogen … Das war denkbar ungünstig von mir heute«, ärgerte Allie sich.

»Oh Mann, Allie. Ihr wart mal beste Freundinnen, sie weiß doch, dass du nicht so bist. Da muss sie dir doch nicht so einen kalten Empfang bereiten.«

»Trotzdem«, wiegelte Allie ab, »mir wäre es an ihrer Stelle auch unangenehm gewesen. Stell dir mal vor, siebzehn Jahre! So viel Zeit lässt sich nicht in zwei Stunden aufholen, sodass alles ist wie früher. Das braucht Zeit! Und die haben wir bestimmt demnächst mal.«

Allie dachte an ihre Höflichkeitsfloskel zum Abschied, dass sie Jenna gerne öfter sehen würde, was aber durchaus ernst gemeint war. Jenna hatte eher schroff reagiert und »ja, mal sehen«, geantwortet, doch Allie nahm ihr das nicht übel. Schließlich hatte sie Jenna heute völlig überrumpelt.

»*Du* bist bemitleidenswert, sieh dir mal *deine* Situation im Vergleich zu ihrer an. Das hat sie nicht interessiert …?« Luis runzelte die Stirn. »Was hat sie darüber gesagt, dass ihr euch aus den Augen verloren habt?«

»Nicht viel. Der natürliche Lauf der Dinge. Manchmal verliert man Menschen einfach im rasenden Strom des Alltags. Aber zum Glück findet man sie wieder«, schloss Allie und ignorierte ihre innere Stimme, die sie an das andauernde Unbehagen erinnerte, das sie in Jennas Haus verspürt hatte. An das Gefühl, dass Jenna sie trotz aller Höflichkeit schnellstmöglich wieder loswerden wollte. An Jennas völlig überzogene Reaktion, als Allie sie am Arm berührt hatte …

Um sich abzulenken griff Allie nach ihrem Handy und wählte die Nummer aus Maras Brief. Luis besaß einfach nicht das nötige Feingefühl, um zu verstehen, warum Jenna ihr nicht aufgelöst in Freudentränen um den Hals fallen konnte. Mit ihm zu diskutieren, machte einfach keinen Sinn.

Gerade hatten ihre Finger die Nummer wie von selbst gewählt, als der Hörer in ihrer Hand klingelte. Allies Herz setzte zwei Schläge lang aus und sie schaute erschrocken zu Luis, der lässig an der Theke lehnte und in Richtung Hörer nickte. Allie starrte den Hörer an; eigentlich hatte sie sich noch gar nicht überlegt, was sie sagen wollte. Einen Wimpernschlag, bevor der Anrufer auflegen wollte, nahm sie das Gespräch an. Ihr Magen drehte sich einmal um sich selbst.

»Ja?«

»Alison?«

»Ja, das bin ich.«

»Endlich erreiche ich dich. Wo steckst du?«

»Ich ...« Verdutzt stockte Allie bei dieser seltsamen Frage.

»Alles in Ordnung bei dir?«

»Ja, natürlich ...«

»Warum gehst du nicht an dein Handy?«

Erst jetzt registrierte Allie, wem die Stimme am anderen Ende der Leitung gehörte. Erleichterung beflügelte sie ebenso sehr wie tiefe Enttäuschung. Der Anrufer kontaktierte sie nicht aufgrund von Maras Brief.

»Du weißt doch, dass ich mich schlecht an das Ding gewöhnen kann. Tut mir leid. Geht es dir und Mo gut?«

»Du solltest dich bemühen. Heutzutage bringt es einen Mann zur Verzweiflung, wenn er seine Frau nicht erreichen kann«, mahnte Aaron.

»Aber schließlich hast du mich doch noch erreicht«, erwiderte Allie. »Du solltest lieber in der *Pensione* anrufen als auf meinem Handy, wenn du mich sprechen möchtest. Wie geht es Mo?«

»Ihm geht's gut. Er vermisst seine Mum. Und ich auch.«

Allie lächelte. Sie vermisste ihren kleinen Jungen auch, und zwar sehr. »Und deshalb rufe ich dich an. Ich wollte fragen, wann du heimkommst.«

Wie so oft in den letzten Tagen, wenn sie eine Antwort suchte, schweifte ihr Blick zu Luis, der still ihren Worten lauschte und bestimmt ahnte, wer der Anrufer war.

»Nach Hause … Nun, das hatte ich mir noch nicht so genau überlegt. Ich bin ja gerade erst angekommen.

»Du bist schon den vierten Tag fort. Ich habe gedacht, dass ich bald zu dir kommen könnte. Thomas und Leyla freuen sich schon, Mo ein paar Tage zu nehmen.«

»Es ist noch so viel zu erledigen«, stotterte Allie. Dass sie bereits vier Tage weg war, kam ihr gar nicht so vor.

»Was soll denn zu erledigen sein? Bevor du nach Townsend gefahren bist, habe ich das Haus von einer Reinigungsfirma herrichten lassen. Du musst nichts tun. Ich möchte wirklich so langsam zu dir kommen. Schließlich waren nur ein paar Tage geplant.«

Allie spürte Panik bei dem Gedanken aufkommen, dass Aaron nach Townsend kam. Er gehörte nicht in dieses Bild.

»Ich habe mich bisher kaum einfinden können. Lass mich erst noch ein paar Tage richtig ankommen.«

»Ist dir etwas eingefallen?«

Fieberhaft suchte Allie nach einer passenden Ausrede, um die ehrliche Antwort nicht geben zu müssen. Sie wusste genau, was Aaron antworten würde, sobald sie zugab, dass weder der Anblick ihrer Heimat noch der Kontakt zu den wenigen Hoffnungsträgern – Luis, Isabelle und Jenna – zu etwas geführt hatte. Marshalls Demenz ließ auch ihn als potenzielle Erinnerungsquelle ausscheiden.

»Was dir bis jetzt nicht eingefallen ist, fällt dir auch nicht ein, wenn du länger bleibst«, stellte Aaron nüchtern fest, nachdem sie einfach geschwiegen hatte. Allie hörte, dass er die Lippen zusammenpresste und sie entschied, Aaron nicht von der *Memories-to-do* Liste zu erzählen.

»Gib mir Luis«, befahl er zu Allies Überraschung. Sie reichte den Hörer grußlos weiter und sah Luis in den Fluren der Gästezimmer verschwinden. Sie überlegte, ob sie ihm nachlaufen sollte, um etwas mitzubekommen, aber Luis hatte seine Stimme gedämpft. Offenbar wollte er nicht, dass sie etwas von dem Gespräch mitbekam. Warum, das konnte sie sich nicht erklären.

»Kannst du mir vielleicht den Grund nennen, weshalb meine Frau offensichtlich nicht möchte, dass ich sie in Townsend besuche?«, fiel Aaron mit der Tür ins Haus und erreichte den erwünschten Effekt.

»Ich denke, dass sie dir einen falschen Eindruck vermittelt hat. Sie wünscht sich lediglich etwas mehr Zeit für sich, um sich in Townsend zu integrieren.«

»Oder wünscht sie sich etwas mehr Zeit mit *dir*? Du kannst mir nichts vormachen, ich kenne meine Frau. Verliere nicht das Ziel aus den Augen, das ihr verfolgt. Und lass deine blutverschmierten Griffel von ihr.«

»Das tue ich ganz gewiss. Allie ist deine Frau und das will ich nicht ändern. Aber sie hat ihren eigenen Kopf und ich kann nicht jeden ihrer Gedanken lenken.«

»Genau dafür bist du aber da. Sie soll sich nicht *in Townsend integrieren*, sondern lediglich testen, ob der Anblick bekannter Orte den Zugriff auf alte Erinnerungen auslöst. Ich glaube, das habe ich bereits das ein oder andere Mal erwähnt«, echauffierte Aaron sich sarkastisch, »das alles läuft etwas anders, als ich mir das vorgestellt habe. Und wenn du nicht bald alles in die richtigen Bahnen lenkst, hole ich sie schneller aus Townsend, als du den Schießbefehl auf ein irakisches Jugendzentrum erteilen kannst – was du, wie ich hörte, sehr schnell kannst.«

Luis zügelte die auflodernden Flammen seiner Wut – eine der Disziplinen, die er perfektioniert hatte. Als Soldat waren ihm schlimmere Dinge widerfahren als ein aufgebrachter Zivilist, der seine Position mit nichts als giftigen Worten zu sichern wusste. Außerdem war er klug genug zu wissen, dass Zurückhaltung manchmal am wirkungsvollsten war, wenn man etwas unbedingt erreichen wollte.

»Ich weiß nicht, worauf deine Annahme gründet, entscheiden zu können, wo Allie lebt und wen sie liebt, du widerlicher Bastard«, schluckte er deshalb hinunter und antwortete nur: »Ja, Mr Keepsaker«.

Aaron beendete grußlos das Gespräch, ohne zum Trotz sein Kommen in absehbarer Zeit anzukündigen, was Luis wunderte. Gern hätte er sein Ass ausgespielt, weshalb Allie mindestens bis Sonntag hierbleiben müsste. So würde es eben eine Überraschung bleiben.

Luis schluckte ein weiteres Mal.

Ihm hätte klar sein müssen, dass Aaron jedes dreckige Detail über ihn in Erfahrung gebracht hatte, bevor er ihn in sein Haus einlud.

Als Anwalt hatte er dazu alle Mittel. Trotzdem hatte Aarons Angriff ihn getroffen. Luis taxierte einen Gegenstand in seiner Nähe: eine hohe Vase, die am Ende des Flures vor dem Fenster stand. Er nahm jedes Detail von ihr auf und brannte das Bild in seine Netzhaut, bis es die Erinnerung an das explodierende Jugendzentrum in seinem Kopf überlagerte. Eine weitere Disziplin, die er perfektioniert hatte: verdrängen, vergessen, verbannen.

Er ging zurück in den Empfangssaal, legte den Hörer auf den Tresen und erwiderte Allies angstvollen Blick ausdruckslos. »Du wolltest meine alte Heimat sehen?«, brummte er und wie einen Monsun nach sieben Jahren Dürre genoss er das Strahlen, das sich über ihr Gesicht ausbreitete.

Dreizehn

Dass Allie bei Luis schwach wurde, war zumindest für sie ein offenes Geheimnis. Es hatte keinen Sinn mehr, das abzustreiten oder vielmehr vor sich selbst zu leugnen. Das hatte vielleicht im vergangenen Jahrtausend funktioniert – damals, als sie das Gefühl gehabt hatten, ihr ganzes Leben läge noch vor ihnen. Dabei hatten sie längst mitten drin gesteckt.

Aber mit Falten und Hängebusen, dachte Allie, während sie den Waldrand aus dem Fenster des Beifahrersitzes an sich vorbeiziehen sah und dem gleichmäßigen Motorenröhren lauschte, musste man mit der Gewissheit leben können, dass bloße Freundschaft zwischen Männern und Frauen stets nur auf Zeit existieren konnte. Es brauchte unterschiedlich lang, bis sie der von Mutter Natur zwischen ihnen gelegten Anziehung nicht mehr trotzen konnten. Manchmal nur Stunden, manchmal Jahrzehnte.

Luis war groß und unübersehbar attraktiv. In einem früheren Zeitalter wäre er Stammesführer, erfolgreichster Jäger und Erzeuger der meisten Nachkommen gewesen. Ein wenig eifersüchtig stellte Allie fest, dass Zeit ihm keine Dinge abzuverlangen schien, so wie ihr, sondern ihn stattdessen mit jeder Sekunde beschenkte. Statt ihm die Jugend zu nehmen, verlieh sie ihm Männlichkeit. In seinen Augen glänzten keine Funken von Erschöpfung, sondern von Erfahrung. Zeit zwang ihn nicht in die Knie, sie verwurzelte ihn tiefer im Boden und festigte seine Standhaftigkeit.

Was sie am meisten an Luis faszinierte, war das Ungewisse. Die Momente, in denen sie nicht wusste, was er tat oder wie er etwas getan hatte.

So fuhren sie zum Beispiel bereits seit über einer halben Stunde zu dem Haus, in dem er aufgewachsen war. Allies Gedanken flogen zurück in den Frühling 1997. Einmal hatte sie angerufen und von einem gigantischen Streit mit ihrer Mutter erzählt. Es hatte keine

Viertelstunde gedauert, bis er bis er bei ihr aufgetaucht war. Mitten in der Nacht hatte sie ihn angerufen, als die durch die Trennung von Robbie erweckten Liebeskummerdämonen ihre schwarzen Finger nach ihr ausstreckten. Er hatte – und das würde Allie nie vergessen, Amnesie hin oder her – genau sieben Minuten gebraucht.

Luis war plötzlich da. Immer.

Ein kalter Schauer lief ihr den Rücken hinunter, während sie den Mann neben sich betrachtete, wie er friedlich und routiniert den Wagen steuerte. Das Faszinierendste an Luis? Die Gewissheit, dass sie den Mann neben sich eigentlich gar nicht kannte, dass sie nicht die dunkelste Ahnung von seinen Schattenseiten hatte.

Sommerluft zog durch das geöffnete Fenster in den Wagen. Luis legte die Hand sanft und doch bestimmt auf den Schaltknüppel und wechselte den Gang. Auf seinem Handrücken und dem Unterarm trat eine Ader besonders hervor. Kurz huschte Schwerelosigkeit durch Allies Unterleib. Freundschaft zwischen Männern und Frauen war wie Magnetismus. Luis war negativ und sie war positiv. *Lange würde sie es nicht mehr aushalten.*

Luis parkte den Wagen am Straßenrand. Kein Haus war zu sehen. Nur eine Hecke. So hoch, dass sie die Sonne verdeckte.

Wie schnell sollte Allie erfahren, dass ihr Bauchgefühl bezüglich des mysteriösen Mannes zu ihrer Linken wie so oft den Nagel auf den Kopf traf.

»Willkommen in meinem Zuhause«, verkündete Luis feierlich und hielt Allie die Autotür auf. Nichts als Hecken. Entweder war Luis' Familie, die bekanntermaßen nur aus Luis selbst und seinem Vater bestanden hatte, außergewöhnlich menschenscheu gewesen, oder aber hinter dem natürlichen Sichtschutz und dem hohen eisernen Tor befand sich das, was die meisten Menschen dahinter vermuten würden. Allies Instinkt sprach für Letzteres.

Mit einer Mischung aus Misstrauen und Verblüffung im Bauch fing Allie Luis' Blick auf und nahm den schmalen Kiesweg zum Eisentor. Es war ebenfalls blickdicht und schwang wie von Geisterhand auf, als Allie davorstand. Ihrem aufmerksamen Blick entging jedoch die kleine Fernbedienung in Luis' Hand nicht.

Allie hatte sich auf alles gefasst gemacht, doch der Anblick, der sich ihr bot, verlieh auch den letzten Worten auf ihren Lippen Flügel, bis sie sprachlos zurückblieb. Als erstes sah Allie einen Kiesweg auf einem unendlich saftigen, grünen Teppich, der einen wundervollen Kontrast zum indigoblauen Himmel bildete. Die hohe Hecke umrundete die weite Wiese und mit ihr das Herrenhaus in der Mitte. Allie wusste, ihr eigenes Haus in Philly hatte zweifellos seine Reize, es sah nach Stil, viel Geld und einer glücklichen Familie aus. Neben Luis' alter Heimat allerdings hätte das Keepsaker-Haus gewirkt wie ein Rohbau.

Die helle Fassade des Herrenhauses zierten unzählige Ornamente in Altrosa; der Eingang wurde von sechs hohen, marmornen Säulen flankiert; eine riesige Veranda schlang sich um das Haupthaus, den linken und den rechten Flügel; aus der Mitte ragte ein kleiner Turm, dessen glänzende Dachpfannen im Sonnenlicht glitzerten. Die Fenster besaßen Sprossen. Ein Geländer schlang sich die kleine Treppe zum Haupteingang hoch wie eine exotische Blumenranke.

»Dein Vater war Fischer, saß aber im Rollstuhl, weshalb du immer donnerstags für ihn einkaufen musstest«, fasste Allie ungläubig die wenigen Informationen über Luis' Heimat und seine Familie zusammen, die er einst nach langem Drängen preisgegeben hatte und die nicht im Geringsten zu dem passten, was Allie vor sich sah.

»Nun, Fischer war vielleicht ungenau. Etwas präziser gesagt beliefert die Firma meines Vaters fast ganz Wisconsin und halb Ohio mit heimatlichem Fisch.«

»Und das hast du vergessen zu erwähnen«, formte Allie die rhetorische Frage in eine Feststellung um.

»Ich habe es nicht für wichtig gehalten.«

»Und donnerstags musstest du Einkaufen fahren. Weil dein Vater im Rollstuhl saß«, wiederholte Allie in ihrer Ungläubigkeit, da es das Einzige war, was ihr Gehirn momentan ausspuckte.

»Das stimmt so nicht ganz.« Luis berührte Allie sanft im Rücken, um sie voran zu treiben, den langen Kiesweg entlang. »Tut mir leid, dass ich diesbezüglich unehrlich war. Wir hatten stets zu essen im Haus. Mein Vater, der übrigens wirklich im Rollstuhl gesessen hat, bestand bis zu meinem einundzwanzigsten Geburtstag darauf, mich jeden Donnerstag in die Firma mitzunehmen und in sein Geschäft einzuweisen. Er hat bis zuletzt gehofft, dass ich es eines Tages übernehmen würde.«

»Das hast du nicht.«

»Richtig. Ich bin der Army beigetreten, wie du weißt. Und falls du dich das fragst … ich habe keinen Cent von hier mitgenommen.«

Schweigend standen sie auf der ersten Stufe der Treppe zum Haupteingang. Auf dem Eingangsportal prangte ein schmuckvoller Türklopfer. Erst auf den zweiten Blick erkannte Allie darin das niedlich gestaltete Gesicht einer Maus. »Du musst mir einiges erklären«, bündelte Allie verwirrt die tausend Fragen in ihrem Kopf.

»Wie immer«, seufzte er.

Luis schloss die Tür auf. Bedächtig liefen sie durch die vielen Räume mit den saalhohen Decken, fast so, als würden sie eine alte Kirche besichtigen. Allie betrachtete die Einrichtung der Anderson Villa. Luis betrachtete nur sie. Er sah, wie sie einige Vasen und Lampen genauer in Augenschein nahm. Wie sie über die indischen Polster im Wohnzimmer strich und wie sie drei Tasten auf dem Flügel drückte und die Töne den Raum erfüllten. Sie nahm sich Zeit, um jedes Bild an der Wand und jedes Foto auf den Kommoden auf sich wirken zu lassen. Kein Detail schien ihr zu entgehen.

Luis spürte eine wohlige Wärme in seinem Bauch aufsteigen, bis sie sein Herz umgab. Er hatte sich oft vorgestellt, wie es sein würde, Allie erstmalig sein Zuhause zu zeigen. Doch das Gefühl, das ihn jetzt umgab, hatte er sich nicht ausmalen können – es war zu intensiv. Irgendetwas zwischen tiefer Zuneigung zu ihr und Dankbarkeit dafür, dass sie seinem Zuhause mit ähnlich starken Emotionen begegnete, wie er selbst.

»Frage Nummer eins«, brach Allie die minutenlange Stille, während sie mit der Hand die lange Marmorarbeitsplatte entlang fuhr.

In einigen ihrer Gespräche über das Haus in Rose Tree und die *Pensione* hatte Luis rausgehört, wie viel Allie in der Heimat einer Familie sah. Ihm war auch nicht entgangen, wie sie an einer Raststätte auf dem Weg nach Townsend zu einem Zeitungsständer gegangen war und sich weder für die *FT* noch die *Vogue* noch die *Sun* oder die *Women Today* entschied, sondern für ein Einrichtungs- und Dekorationsmagazin, dessen Namen er vergessen hatte. Es erinnerte ihn daran, wie Allie einst leichthin erzählt hatte, dass ein Whirlpool und Stuckdecken zu ihrem perfekten Glück gehören würden.

Nun waren sie in der Küche angekommen und nebst Fassungslosigkeit, Entzücken und Bewunderung für das Haus hatte Allie die Zeit genutzt, um ihr Interview vorzubereiten und zu strukturieren.

»Frage Nummer eins. Wie kann es sein, dass du in einem solchen Haus aufgewachsen bist?«

Die Frage war vage, doch Luis verstand sie richtig. Er wusste um seine geradlinige, schnörkellose Art, mit der er hierher passte wie ein Troll in einen Fachhandel für Spitzendeckchen. Er *war* der Troll.

»Meine Mutter hat das Haus entworfen. Es war eigentlich ein Spaß, ein Mädchentraum von ihr. Aber als sie kurz darauf starb, beschloss mein Vater, ihren Traum zu materialisieren. Mit jedem Detail.«

Luis' Worte trafen Allie tief. Nie zuvor hatte er seine Mutter erwähnt. Als sie einmal nach ihr gefragt hatte, hatte sein Blick Allie wie in Stücke gerissen und er war gegangen.

Tausend neue Fragen nahmen Gestalt an und verzweifelt bemerkte Allie, dass Luis ihr mit jeder Information, die er preisgab, mehr entglitt. Jeder Satz verriet ihr mehr, wie wenig Allie die Seele hinter seiner stahlharten Fassade durchblickte.

»Wie ist sie gestorben?«, fragte sie leise.

»Ein terroristischer Anschlag. Er konnte damals verhindert werden, deshalb hat selbst die Lokalpresse nicht länger als eine Woche darüber berichtet. Es gab einen Schusswechsel. Aber bevor das Arschloch seinen Sprengstoffgürtel zünden konnte, hat ein Officer ihm eine Kugel durch den Schädel gejagt. Die letzte Kugel des Attentäters traf meine Mum. Ich war neun.«

Seine Enthüllung machte Allie sprachlos. Sie schluckte. Verzweifelt suchte sie die richtigen Worte, doch Luis signalisierte ihr mit einem Blick, dass er nicht weiter darüber sprechen konnte. Allie akzeptierte seine Bitte. Stumm las Luis ihr Beileid in ihren Augen ab und nickte fast unmerklich. Dann holte er tief Luft und drängte dieses Thema wieder in die hinterste Ecke seiner Erinnerungen. So war es am leichtesten zu ertragen und so war er nun fast dreißig Jahre damit umgegangen. Die Narbe durch den Tod seiner Mutter juckte zwar noch, aber sie schmerzte nicht mehr. Die Zeit hatte diese Wunde so gut es ging geheilt.

»Mum und Dad hatten geplant zu bauen, um endlich sesshaft zu werden, hauptsächlich für mich«, fuhr er fort. »Und auf einmal waren mein Vater und ich allein. Du hast ihn nicht gekannt. Er war ein ernster Mann und lachte fast nie.«

»Dann war er so wie du.«

Luis nickte kaum merklich, ein Lächeln stahl sich auf seine Lippen. Dankbar griff Allie den Halm und erwiderte es.

»Um ein bisschen von Mums Farbe zu behalten, damit ich nicht nur in Grau aufwuchs, hat mein Vater dieses Haus gebaut.«

Allies Gedanken rasten. Hunderte Türen zu Luis öffneten sich, andere fielen ins Schloss. Endlich kannte sie den Grund für den Funken Traurigkeit und Bitterkeit, der seit jeher in seinem Blick schimmerte: den grausamen Verlust seiner Mum. Das war der Grund, weshalb er Allie nie einen Einblick in sein Zuhause gegeben hatte. Es hätte zu viel von seinem Inneren freigelegt.

Wenn Allie etwas an dem Mann auf der anderen Seite des lichtdurchflossenen Raumes kannte, dann war es die Überwindung, die es ihn kostete, etwas von sich preiszugeben. Kein Wunder, wenn er tatsächlich von einem Vater erzogen worden war, der diese Eigenschaften noch intensiver pflegte.

Sie schüttelte gedankenverloren den Kopf. »Ich liebe dieses Haus.«

»Das sehe ich.«

Luis erhob sich von der Küchenbank und verdrängte die Geister seiner Vergangenheit. Sie hatte genug gesehen. Ein letzter Gedanke quetschte sich durch den Spalt in die Freiheit, bevor er die Tür zuschlagen konnte, und ließ ihn nicht mehr los. *Sie war genau wie seine Mum.*

Allie spürte die winzige Veränderung in seinem Tonfall und nahm das Ende der tieferen Einblicke in Luis' Leben hin. »Hat es einen Pool?«, fragte sie augenzwinkernd.

»Du kriegst aber auch nie die Nase voll.«

»Ich frage ja nur.«

»Es hat sogar einen Whirlpool.«

Für den Bruchteil einer Sekunde bildete Allie sich ein, eine besondere Intensität in seinem Blick zu sehen, als er es aussprach. Doch dann war es schon vorbei.

»Ich hätte einen Bikini einpacken sollen«, witzelte sie.

»Den brauchst du nicht.«

Sie war zurück. *Keine Einbildung.* Die Intensität war da und überrollte Allie wie ein Feuersturm.

»Ich meine, wir haben welche hier«, korrigierte sich Luis. »Nicht von meiner Mutter, keine Sorge. Aber meine Cousine kam ein paar Mal im Jahr zu Besuch und hat irgendwann einen mitgebracht und hier gelassen, damit sie ihn nicht jedes Mal vergaß.«

Luis drückte ein paar Knöpfe an der Wand und mit einem Mal faltete sich die komplette Fensterfront der Küche zur Seite und gab den Blick auf eine riesige Terrasse frei, dahinter glitzerte der Pool im Nachmittagssonnenlicht.

»Ich weiß nicht, ob das eine so gute Idee ist«, antwortete Allie verlegen. Ihr Magen und ihr Gleichgewichtssinn spielten verrückt. Ihr Gehirn wusste nicht, welche Information es zuerst verarbeiten sollte. Laut blinkend sendete es die Warnmeldung in alle Ecken Allies Körpers: *Magnetismus.*

»Nein, du hast recht. Das war eine dumme Idee. Verzeih mir. Was möchtest du als Nächstes sehen?«

Bevor er Allie eine Antwort ermöglichte, war er schon fluchtartig aus der Küche gestürzt. Sie hörte Schritte auf der Treppe, die zur Galerie in der zweiten Etage führte. Allie blieb einen Augenblick stehen und merkte, dass sie den Atem angehalten hatte. Lauthals schnappte sie nach Luft wie nach einem Tauchgang und ordnete ihre Gedanken. Zwischen ihren Schenkeln pochte es, sie schwitzte. *Gott,* der Mann brachte sie – hatte sie das schon mal erwähnt? – *um den Verstand!*

Langsam schlenderte sie mit Luis durch die Räume in der oberen Etage. Diesmal achtete sie nicht ganz so aufmerksam auf ihre Umgebung.

»Was ist mit der Fischfirma geschehen?«

»Es gibt sie noch.«

»Du hast sie verkauft?«

»Nein.«

»Das Haus?«

»Das fragtest du bereits. Nein.«

»Aber brauchst du denn nicht …«

»Indiskret, Frau Journalistin.«

Das war das erste Mal, dass man sie so nannte. Es war fremd. Doch es gefiel ihr. »Gut, also was ist dann mit der Firma? Du wohnst in Lillooet und bist dort Bett-Bunny für untervögelte Hausfrauen …«

»Vorsicht, Fräulein.«

»… und wirst wohl kaum von da aus einen riesigen Konzern leiten, stimmt's?«

»Ich bin Hauptaktionär, nicht Geschäftsführer. Und Fitnesstrainer, übrigens.«

»*Fitnesstrainer plus*«, scherzte Allie, stolz, auf einen aktuellen Film verweisen zu können, doch Luis verstand nicht.

»Wer kümmert sich um das Haus? Da ist kein Staubkorn auf den Arbeitsplatten, die Räume sind dem frischen Geruch nach erst vor Kurzem gelüftet worden.«

»Sehr aufmerksam. Ein Hausservice unter der Leitung unseres ehemaligen Hausmädchens. Elena, sie ist Russin. Mit ihr als Kasernenleiterin hätten wahrscheinlich nur halb so viele die Ausbildung der Army durchgestanden. Unter ihr mussten Vater und ich erst einmal lernen, was Disziplin und Ordnung heißt.«

Allie musste lachen, allein schon der Freude wegen, so viele unkomplizierte Sätze auf einmal aus seinem Mund zu hören.

»Aber so sauber wie heute«, fuhr er fort, »ist es nicht immer. Um ehrlich zu sein, habe ich angekündigt, mit Begleitung heimzukommen. Elena hat hier deshalb eine Grundreinigung durchgeführt.«

»Du hast mich als deine *Begleitung* angekündigt?«

Luis ließ die Frage unkommentiert. Er ärgerte sich. Der Übermut über die fröhlichen, neckischen Sätze, die sie austauschten, hatte ihn schon zum zweiten Mal dazu getrieben, eine zweideutige Anspielung zu machen. Vielleicht trug auch seine Wut auf Aaron dazu bei. Was auch immer, er wich von seinen Standards ab. Und so gut er sich mit ihr fühlte: Das durfte niemals passieren. Immer *die Sache* im Kopf behalten. Immer *die Sache*.

Allie merkte, dass es nun an Luis war, verlegen zu sein, und sie lachte auf. Da entdeckte sie eine verschlossene Tür. Die einzige auf der Etage und, soweit Allie sich erinnerte, die einzige im ganzen Haus. Vielsagend sah sie Luis in die Augen. Ihr war klar, wessen Zimmer sich hinter einer verschlossenen Tür verbarg. Luis trat nervös von einem Fuß auf den anderen und bedeutete ihr einzutreten.

Gespannt ließ Allie den Blick über die Wände und Möbel gleiten. Sie war berauscht und gleichzeitig enttäuscht. Berauscht, weil sie ein zweckmäßiges Zimmer erwartet hatte, nicht jedoch einen geschmackvoll eingerichteten Traum jedes Innenarchitekten. Enttäuscht, weil die schönen Möbel so unpersönlich waren, wie in einem Hotelzimmer. Allie konnte weit und breit keinen persönlichen Gegenstand entdecken, nicht einmal ein Buch. Rückwärts ließ sie sich auf Luis' Kingsize-Bett fallen.

Luis konnte nicht verhindern, daran zu denken, wie oft er sie sich auf diesem Bett vorgestellt, *gewünscht* hatte. Wie er in jugendlichem Leichtsinn halbe Nächte damit verbracht hatte, zu überlegen, wie ihr weicher Körper in die Laken sinken würde und ihre Kurven geheimnisvoll durch das Fenster beleuchtet würden, völlig egal ob vom Mond- oder Sonnenlicht. Er schnaubte leise.

Eine Sekunde lang betrachtete Allie den wunderschönen Kronleuchter über Luis' Bett und richtete sich auf, als er immer noch nichts sagte. Er starrte sie an und gleichzeitig durch sie hindurch. Fasziniert beobachtete sie, wie seine Augen sich verfärbten. Dunkler. Der Blick lüstern. Dann animalisch.

Klack. Das metallische Geräusch zweier aufeinandertreffender Magnete.

»Wir müssen gehen«, knurrte Luis plötzlich und drehte sich ohne ein weiteres Wort um. Allie hörte ihn die Treppe hinunterlaufen – beinahe lautlos – und wartete noch einen Augenblick. Im letzten Moment hatte er die Situation gerettet. Sie vertrieb das Bild seines verlangenden Blickes aus ihren Gedanken und folgte ihm die Treppe hinunter. Luis wartete bereits in der Eingangstür auf sie und sie folgte ihm zum Auto. Unauffällig, damit Luis sie nicht erwischte, winkte sie dem Haus zum Abschied.

Auf der Autofahrt versank jeder in seinen eigenen Gedanken.

Sie ist genau wie meine Mum, dachte Luis. Er wiederholte die Zeile immer wieder in seinem Kopf – wie den besonderen Schlüsselvers eines schönen Liedes. So gern er auch seinem Bauchgefühl vertraute, so sehr hasste er es, wenn seine inneren Stimmen meinten, ihn an seine Vergangenheit erinnern zu müssen. Oder, noch schlimmer: an seine eigenen Gefühle. Zum Glück musste er nicht allzu tief in die Vergangenheit tauchen, denn es war schon auf den ersten Blick offensichtlich, wo die Ähnlichkeit zu seiner Mutter lag:

Allies Lachen ließ Steine vom Herzen fallen, von denen man gar nicht gewusst hatte, dass sie da waren. Selbst wenn sie traurig war und in Selbstmitleid versank, gab sie einem das Gefühl, dass es schrecklich leicht war, zu leben. Ihre Stimme klang nicht, sie schillerte (diesen Ausdruck hatte Luis einmal in einem fernen Land aufgeschnappt und seine Meinung zu diesem Schnulz kundgetan, indem er inbrünstig auf den staubigen Boden gerotzt hatte. Aber jetzt überkam ihn eine leise Ahnung, was damit gemeint sein könnte). Kurz – und blumig – gesagt: Die Farbe, die er seit dem Tod seiner Mum erloschen geglaubt hatte, war all die Zeit in Allie gediehen und blühte heute prachtvoller, als er es je für möglich gehalten hatte.

Und er würde sie verlieren. So wie er einst seine Mutter verloren hatte. Und seinen Vater.

Jeder Funke Glück würde den schwarzen Moment noch schmerzhafter machen. Und das war der Grund, weshalb Luis zu dem Entschluss kam, dass sie nur noch wenig Zeit hatten. Besser gesagt, dass sie sich nicht mehr viel Zeit gönnen durften.

Allie. Auch sie glaubte, dass nicht mehr viel Zeit verstreichen durfte. Zeit, bis endlich eine Entscheidung gefällt wurde. Die Stimmung zwischen ihr und Luis war gespannt, oh zum Zerreißen gespannt! Ein verdammter Cocktail aus Erregung, Verlangen, Erwartung und … Liebe? Das wusste sie noch nicht, aber sie wusste, dass sie Luis wollte.

Und sie wusste, dass die magnetische Anziehungskraft ihrem Anstand und ihren Pflichten als Ehefrau bald schon Beine machen würde. Daher blieben zwei Möglichkeiten, zwischen denen sie sich entscheiden musste, und zwar möglichst zügig.

Möglichkeit eins: schnellstmöglich Abstand schaffen, um die Anziehung abzuschwächen. Townsend verlassen, ihre Vergangenheit im Dunkeln schweben lassen. Luis verlieren und mit Aaron nicht glücklich werden. Oder aber auch zurückkehren in die Arme ihres Mannes, dessen Nähe ihr bei ihrem Abschied eine wohlige Gänsehaut über den Rücken gejagt hatte und für den einst genug Gefühle in ihr blühten, um ihm vor Gott ihre Liebe zu versichern. Gefühle, die viel-leicht nur ihre Zeit brauchten, um ihre Flügel zu ihrer ganzen Pracht und Stärke zu entfalten. Ein einfaches, bequemes Leben führen, mithilfe der neu gewonnenen Gewissheit, dass sie ihre Vergangenheit nicht brauchte, um glücklich zu sein. Ihren Sohn bei sich haben. Vor allem, allem ihren Sohn.

Möglichkeit zwei: bei Luis bleiben und ihren Mann für ihn verlassen. In Townkaff bleiben, wo sie sich trotz aller Umstände viel wohler fühlte als im versnobten Rose Tree. Eventuell mit der Zeit Erinnerungen und Antworten finden, sobald sie solche nicht mehr als Hauptbeschäftigung verfolgte. Ihr Versprechen vor Gott brechen und niemals erfahren, was sie einst mit Aaron verbunden hatte. Einen verbitterten Kampf vorm Familiengericht um das Sorgerecht für Mo ausfechten, den Aaron aufgrund ihres Krankheitsbildes mit Leichtigkeit gewinnen würde. Das Risiko eingehen, dass Luis ihr nicht mehr bedeutete als eine wilde Romanze. Oder umgekehrt. Lernen, wie man eine Pension führte und vielleicht daran scheitern, anstatt der Berufung nachzugehen, die in ihren Adern pulsierte: das Fragen, Recherchieren, Schreiben, der Journalismus.

Auf den ersten Blick hatte es wie eine Herz-Kopf-Entscheidung für Allie ausgesehen. Die eine Waagschale war die Kopf-Seite mit Aarons Gesicht, auf der anderen Seite lag ihr Herz.

Ausgeglichen, waagerecht.

Die Protagonisten in Büchern verfluchte Allie regelmäßig, wenn sie den Roman unnötig in die Länge zogen, weil sie zu feige waren, gleich auf ihr Herz zu hören – worauf es am Ende sowieso immer hinauslief. Wie aber sah es aus, wenn sich nun ein weiteres Gewicht auf die Kopfseite gesellte, beschriftet mit nur zwei Buchstaben: Mo. Und das Schicksal legte gleich noch ein paar weitere dazu: Erfüllung im Beruf, Wohlstand, Sorglosigkeit.

Kopf siegt, nicht Herz. Argumente für die Herzseite, Verlieben, Selbstfindung, Glücklichsein, schienen im Vergleich zu Mo fast nichtig. Das Herz schwebte noch immer in der Luft, während der Kopf die Waagschale schwer nach unten zog. Für eine Mutter wie sie war das Gewicht mit den zwei Buchstaben Tausend und Abertausende Tonnen schwerer. Keine leichte Entscheidung, wahrlich nicht.

Aus Sicherheitsgründen verbrachten Allie und Luis den restlichen Abend in ihren jeweils eigenen düsteren Gedanken. Allie versuchte es noch einmal vergeblich bei der unbekannten Nummer, telefonierte vier glückliche Minuten mit Mo, machte Spaghetti mit Pesto und briet Luis, dem es egal war, wozu er es aß, ein fettes Steak. Luis stand in der Terrassentür, bereit für seinen allabendlichen Lauf, Allie wollte sich gerade in ihr Zimmer zurückziehen.

»Hey!«

Als Allie zusammenzuckte, schlug er einen sanfteren Ton an. Schließlich hatten sie sich nicht gestritten oder so was.

»Steh morgen zeitig auf und mach kein Frühstück. Du wirst jemanden treffen.«

Allie runzelte die Stirn. »Wen?«

Er überlegte einen Moment. »Das Weihnachtsengelchen. Harriett. Sie hat eine Überraschung für dich. Schau nicht so, es ist etwas Schönes!«

Und er verschwand in den lauen Abend.

Der Morgen war heiß und bilderbuchreif. Keine Wolke bedeckte die Sonne und Allie dankte ihrer Mutter gedanklich für die Idee, an jeder erdenklichen Stelle Fenster einzubauen. Luis brachte sie zu Fuß zum *Beany Spot*. Er trug wieder seine Laufschuhe. Das *Beany Spot* war das neueste Gebäude in Townsend, die Holzfassade strahlte noch weiß und kein Stück Farbe war vom Verandageländer rund um das quadratische, frei stehende Häuschen abgeblättert. So stellte Allie sich eine spanische Finca vor.

Harriett überschüttete sie zur Begrüßung mit einem Schwall positiver Energie und kam aus dem Reden nicht mehr heraus. Luis konnte nicht schnell genug wegkommen und Allie fand, dass er seinen Lauf diesmal mit einem besonders flotten Sprint startete. Vielleicht, weil er mindestens ein Dutzend Zuschauer hatte. Die Gäste des *Beany Spot* begafften ihn, als hätte er eine portable Dusche vor dem Café aufgestellt und würde nun seinen nackten Astralkörper einseifen. Mit viel Schaum. Ein Wunder, dass sie keine Handykameras zückten, um ihren Freunden später einen Beweis liefern zu können, dass sie den wunderbaren, geheimnisvollen Kriegsveteranen live gesehen hatten.

»Was für ein Anblick«, seufzte auch Harriett, als Luis um die nächste Ecke bog. Allie spürte, wie sie sich entspannte. Es tat gut, ihn mal nicht in ihrer unmittelbaren Nähe zu wissen.

»Okay, hast du Hunger? Ich habe Bärenhunger. Susan macht ein begnadetes Frühstück. Kennst du Susan noch?«

Irgendwo in Allies Kopf klingelte es.

»Susan ist ein Jahrgang unter mir gewesen. Das Einzelkind. Ihre Eltern haben ihr nach dem Abschluss eine teure Ausbildung als Konditorin finanziert und vor«, Harriett legte den Zeigefinger ans Kinn, »mein Gott, nun ist es auch schon ein Jahr her, hat sie das Café hier bauen lassen. Du musst mal zur Kaffeezeit vorbeikommen. Das Gebäck ist absolut göttlich!«

Harriett warf ihre goldene Lockenpracht über eine Schulter und Allie glaubte, dass sie nicht einmal plante, dabei so umwerfend auszusehen. Sie war eine bildhübsche Frau, deren Wimpernschlag den Beschützerinstinkt der Männer im Umkreis von drei Kilometern auslösen konnte. Es waren nur sieben Jahre Altersunterschied, aber neben dem ehemaligen Krippenengel fühlte Allie sich wie eine alte Schachtel, obwohl man sie selbst meistens so alt schätzte, wie Harriett es war.

Bis Susan zwei mit Rührei und Bacon beladene Frühstücksteller und einen Brotkorb auftischte, hatte Harriett Allie auf den neuesten Stand aller relevanten Geschehnisse in Townsend gebracht. Jake hatte Marina schon wieder betrogen. Es liefen Wetten, wie oft er es noch tun würde, bevor Marina in vier Wochen das Kind zur Welt brachte. Harrietts aktueller Tipp waren sechs Mal, vorausgesetzt, das Kind würde pünktlich zum Geburtstermin das Licht der zerklüfteten Welt seiner Eltern erblicken. *Mike's Supermarket* führte jetzt einige der Dosensuppen von *Campbell's*, die es sonst nur in den großen Kaufhäusern gab. Derek Shawner hatte seine Mum letztens auf offener Straße ins Gesicht geschlagen.

»Ich rede wieder mal viel zu viel«, lachte Harriett ihren Bacon an und Allie schüttelte energisch den Kopf. Mit jemandem so ungezwungenen über banale Dinge zu plauschen, ließ sie sich zum ersten Mal seit langer Zeit wirklich unbeschwert fühlen. Allie merkte immer mehr, wie sehr sie Harriett mochte. »Ich sollte dir mal etwas Luft zum Reden überlassen. Du musst mir so viel erzählen. Aber erst«, Harriett kramte in ihrer Handtasche, »habe ich eine kleine Überraschung für dich.«

Allie wurde leicht übel. In letzter Zeit hatten Überraschungen nichts Gutes bedeutet und ihr drehte sich beinahe der Magen um, als Harriett ein quadratisches Couvert über den Tisch schob. Ein dritter Brief. Allie öffnete ihn mit zitternden Fingern und lachte dann halb vor Erleichterung, halb vor Enttäuschung auf, weil der Absender nicht Mara war.

»Ich werde heiraten«, strahlte Harriett und Allie ging auf, woher die kraftvolle Ausstrahlung um Harriett rührte.

»Das ist ... wow, das ist Wahnsinn, das freut mich! Ich weiß nur nicht, ob ich dann noch hier ...«

»Wirst du, das ist mit Luis schon alles abgeklärt. Es ist nämlich schon nächsten Sonntag.« Sie klatschte in die Hände, wie sie es schon als Kind getan hatte, nur sah es jetzt viel anmutiger aus.

»Wer ist denn der Glückliche ... Daniel? *Der* Daniel?«

»Oh ja, Nasenbohrer-Daniel«, grinste Harriett, »aber ich hab es ihm so gut wie möglich abgewöhnt.«

»Vorteilhaft der Hochzeitsfotos wegen.«

»Das mit der Anrede tut mir übrigens leid«, sagte Harriett zerknirscht, »ich hab nicht gewusst, dass ihr nicht verheiratet seid. War vielleicht albern, das zu glauben, nur weil ihr schon so alt seid. Ich bin von der Heiratssache vielleicht etwas zu sehr geblendet«, witzelte

Harriett und tippte auf den Adressaten: Mr und Mrs Luis Anderson. *Was für ein schöner Schriftzug …*

»Eigentlich ist es ja auch Quatsch. Wieso solltet ihr verheiratet sein? Aber ihr habt so vertraut gewirkt und …«

»Wir sind noch nicht einmal ein Paar.«

»Oh!« Harrietts riesige Augen weiteten sich. Allie überlegte, ob Harriett berechnete, wie viel ihr die Lokalzeitung für diese Information zahlen würde und schalt sich sogleich für ihre Gedanken. Harriett war eine gute Seele.

»Mein Gott, das habe ich nicht gewusst, haben wir alle nicht …«

»Ist nicht schlimm, man kann leicht zu dieser Annahme kommen, wenn einen niemand aufklärt.«

»Aber wieso seid ihr dann zusammen hier?«

»Weil er der einzige Mensch ist, den ich noch kenne.«

Harriett schaute weder betroffen noch geschockt noch beschämt oder mitleidig. Alles was sie tat, war Allies Blick verständnisvoll zu erwidern, als hätte sie den Ernst der komplizierten Situation mit einem Satz erfasst. Sie nickte. In diesem Moment liebte Allie Harriett. Ihre positive Einstellung mochte man oft mit Naivität verwechseln, doch im Herzen war die Blondine eine kluge Frau.

»Du bedeutest ihm sehr viel.«

»Das kann sein.« Alles in Allie brannte darauf, sich endlich jemandem anzuvertrauen, aber ihr Selbstschutzinstinkt verbot es ihr noch.

»Jeder sieht das. Ich bin mir sicher, ihr könntet sehr glücklich miteinander werden.«

»Ich wünschte, es wäre so einfach, Harriett.«

Und dann erzählte Allie es ihr doch. Nicht alles, und ihr Bauchgefühl riet ihr, bezüglich der Beziehung zu Luis nicht ins Detail zu gehen. Sie erzählte von ihrem Unfall, den Folgen, ihrem Ehemann, den sie nicht lieben konnte, und ihrem Sohn, den sie sehr liebte. Von der großen Frage, weshalb sie den Kontakt zu Mara abgebrochen hatte.

»Wir waren so geschockt, als du nicht einmal zu ihrer Beerdigung kamst«, flüsterte Harriett.

»Die Benachrichtigung ist an unsere alte Adresse geschickt worden. Ich habe sie erst Wochen später zusammen mit dem Brief des Anwalts wegen meines Erbes erhalten. Als es schon lange zu spät war.« Allie stockte. »Wer hat eigentlich das Begräbnis bezahlt?«

Harriett wand sich. »Mara selbst. Sie … wusste ja, dass es früher oder später mit ihr zu Ende gehen würde. Dass es nun so früh passierte, hätte jedoch niemand geglaubt …«

Allie nickte und Harriett wischte ihr über den Tisch hinweg gedankenverloren eine einzelne stumme Träne von der Wange.

»Hast du ihr Grab bereits besucht?«, fragte Harriett vorsichtig.

Allie schüttelte heftig den Kopf. »Nein! Ich kann das nicht. Noch nicht. Der Geist meiner Mutter lebt für mich in der *Pensione*. Dort fühle ich mich ihr nahe. Auf dem Friedhof ist der Tod übermächtig und nicht meine Erinnerungen an sie.« Harriett nickte.

Allie erzählte von den Briefen und der mysteriösen Telefonnummer, während sie in ihrer Handtasche kramte. »Das ist sie.« Allie schob einen kleinen Zettel hinüber.

»Sie kommt mir bekannt vor … Aber nein. Nein, tut mir leid. Das könnte jede Nummer sein. Die Chancen, dass ich sie schon einmal gesehen habe, stehen bei meinem Zahlengedächtnis hundert zu minus drei.«

Ein wenig enttäuscht steckte Allie den Zettel mit der Telefonnummer wieder in ihre Tasche.

»Du steckst in einer beschissenen Scheißsituation«, schlussfolgerte Harriett. Allie war dankbar für Harrietts Nüchternheit, als diese feststellte: »Und ich kann weder etwas daran ändern noch dir helfen. Außer deine Freundin zu sein.« Sie war der erste Mensch, der Allie gegenübertrat, ohne rumzudrucksen und ohne zu versuchen, mit aufmunternden Worten oder Vorschlägen ihre Situation zu verbessern. »Und weißt du, was Freundinnen machen? Sie lenken einen von dem ganzen Kummer ab! Meine Überraschung ist nämlich noch nicht zu Ende.«

Mit Harriett durch Townsend zu laufen fühlte sich an, als ob man dazugehörte. Die Leute gafften Allie ähnlich an wie Luis – weniger schmachtend allerdings – und die meisten schenkten ihr ein Lächeln, bevor sie sich wieder wegdrehten. Erst beim vierten Lächeln kam Allie der Gedanke, dass all die freundlichen Gesichter eher Harriett galten. Diese trug ihr Glück so offen zur Schau, dass man gar nicht anders konnte, als sie anzulächeln.

»Voilà!«, rief Harriett, während sie die Tür zu einem Laden aufriss und sich noch im gleichen Atemzug nach Isabelle erkundigte. Allie horchte auf und rief sich Isabelles Worte in Erinnerung, was unnötig war, weil Harriett sich sofort erklärte.

»Isabelle gehört die Schneiderei, aber sie hat heute frei. Nur Evan ist hier, ihre nichtsnutzige Vertretung«, winkte sie ab, als ein hageres Männlein hinter der Holztheke hervorkam. Harrietts Kichern verriet, dass sie das Gegenteil von ihm hielt.

»Immer wieder schön v-von Ihnen beehrt zu werden, Miss Fawn. Sie sind unsere a-angenehmste, unkomplizierteste Kundin.« Evans Spinnenhände machten sich flink daran, einen Kleidersack von der Stange zu fischen.

»Ich h-hoffe, die Änderungen sind zu Ihrer Z-zufriedenheit.«

Harriett zog den schweren, weißen Stoffballen aus seiner Hülle und hielt ihn sich vor. »Habt ihr die Taille abgeändert?«

»Ja. Um d-drei Zentimeter reduziert, wie besprochen.«

»Ist das dein Ernst?«

»Äh … Ja. Ja, n-na-natürlich.«

»Evan, ihr solltet drei Zentimeter *hinzugeben*!«

»Das … oh-oh-oh nein, das t-tut mir wahnsin-n-nig leid, Miss Fawn, wir können da-das …«

»Ist dir eigentlich klar, dass meine Hochzeit diesen *Sonntag* ist?«

»J-ja, wir können s-sehr sch-schnell arbeiten …«

Harriett prustete los.

»Oh Ev, wir kennen uns jetzt … wie lange? Zehn Jahre? Und immer noch fällst du auf mich herein.« Harriett strahlte ihn an. »Es ist genau richtig! Drei Zentimeter reduziert. Es ist perfekt! Ich danke dir.«

Evan und Allie fiel gleichermaßen ein halber Steinschlag vom Herzen, als Harriett sich glücklich im Spiegel betrachtete, während sie ihr Hochzeitskleid an ihre Brust drückte.

»Zieh es an, Harry!« forderte Allie sie auf. Als Kind hatte Harriett es gehasst, wie ein Junge genannt zu werden.

»Gleich. Zuerst finden wir ein Kleid für dich.«

»Für mich? Oh nein.«

»Und wie wir das tun. Oder willst du mir etwa erzählen, dass du ein schickes Abendkleid mit nach Townsend gebracht hast?«

»Nein, aber ich habe andere Kleider ...«

»Kommt gar nicht in die Tüte. Das Motto für die Party ist *Ballroom Barbecue* und du willst doch wohl nicht als Einzige völlig underdressed sein, oder? Selbst Evan hat einen Anzug. Hey Ev, du hast dir doch einen schicken Frack aus dem Pfandleihhaus deiner Mum geliehen, oder?« Harriett zwinkerte.

»K-klar«, grinste Evan.

»Siehst du!«

Allie seufzte, als sie einsah, dass man unter Harrietts Aufsicht keine Wahl hatte. Sie war ein Wirbelwind. Als Allie zustimmte, hatte Harriett schon drei Kleider zur Auswahl über ihrem Arm hängen.

»Meine Hochzeit ist kein Anlass zum Trauern«, lautete der erste Kommentar zu dem klassischen kleinen Schwarzen, das Allie am sympathischsten gewesen war.

»Aber ...«

»Nächstes.«

Das zweite Kleid, ein Traum in jungfräulichem Lavendel, wurde mit einem liebevollen »Ich möchte dich ja gerne auf den Hot-or-Not-Listen meiner Hochzeit als Erstplatzierte sehen. Aber nicht bei Not« quittiert. Zugegeben, fand Allie, die riesigen Blumenapplikationen am Ausschnitt würden tatsächlich eher einer Frau stehen, die die Wechseljahre schon hinter sich hatte.

Wer glaubte, dass es das berühmt berüchtigte dritte Kleid sein sollte, hatte weit gefehlt. Letztendlich durfte Evan das neunte Kleid in Papier wickeln und auch das nur nach langwieriger Diskussion. Harriett hatte es gefallen, Allie nicht.

»Es ist dein Tag, Harry. Ich will dir einfach nur nicht die Schau stehlen«, versuchte es Allie sogar noch an der Kasse, nachdem kein anderes Argument akzeptiert worden war.

»Das ist ja auch sehr edelmütig von dir, Al. Aber glaub mir, ich werde schon dafür sorgen, dass ich die Aufmerksamkeit bekomme, die ich brauche. Obwohl du natürlich rattenscharfe Konkurrenz bist. Du darfst das Kleid ganz unbesorgt tragen.«

»Unbesorgt, während ich rumlaufe, als ob ich die *Pensione* in ein Bordell umwandeln wollte?«

Harriett hatte gewonnen, sodass Allie nun in einem rosenroten Kleid die Hochzeit besuchen würde. Mit einem »Wahnsinnsrückenausschnitt, der deinen Wahnsinnshintern betont«, wie die Braut in spe es zumindest ausdrückte.

Kurze Zeit später schlenderte Allie mit einer großen Papiertüte in der Hand an Harrietts Seite in Richtung *Townsend Flowage.*

»Sag mal«, begann Allie, »kommt Robbie eigentlich auch?«

»Selbstverständlich! Meine ganze Familie kommt!«

»Hast recht, dumme Frage.«

»Wieso interessiert dich das eigentlich?«

»Nur so. Habe ihn lange nicht gesehen.«

»Bei deinem kaputten Erinnerungsvermögen dürfte es doch eigentlich erst ein paar Wochen her sein, dass du ihn gesehen hast, oder?«

Allie nickte, verwundert, wie aufmerksam Harriett ihre Situation nachvollzog.

»Wie ist das für dich? Empfindest du noch etwas für ihn?«

Allie dachte einen Moment lang nach. »Nein, wirklich nicht. Aber es ist trotzdem ein eigenartiges Gefühl, ihn bald wiederzusehen. Ein bisschen fürchte ich mich sogar.«

»Er hat dich nicht vergessen«, lächelte Harriett, »er hat zwar eine wirklich süße Frau, aber es vergeht kaum ein Familientreffen, an dem er mir gegenüber kein Wort über dich verliert. Es ist irgendwie rührend.«

»Ich bin unheimlich gespannt, was am Sonntag passiert.«

Vierzehn

Der Morgen mit Harriett war perfekt gewesen. Echte, unkomplizierte Freundschaft zu erleben war Balsam für Allies Seele. Seit Langem hatte sie nicht mehr so ungezwungen gelacht. Heimlich sah Allie den Tag als Eintrittskarte in die Gesellschaft Townsends an. Konnte sie ›*eine wahre Freundin finden*‹ auf ihrer *Memories-to-do* Liste abhaken oder war es dafür noch zu früh …?

Auf ihrem Heimweg zur *Pensione* entlang dem bewaldeten Ufer an der Nicolet Road genoss Allie das Prickeln der Sonnenstrahlen auf ihrer Haut, das friedliche Rauschen der saftig grünen Baumkronen und sogar die Mücken, die in der feuchten Wärme des an Land schwappenden Wassers schwirrten.

Plötzlich geschah etwas gänzlich Unerwartetes, fast schon Wundersames. Allie erschrak, als die alte Frau im rot-schwarz-karierten Mantel sie ansprach, denn Allie hatte sie auf der Holzbank, die das Dickicht beinahe zugewachsen hatte, überhaupt nicht gesehen. *Hatte sie schon die ganze Zeit dort gesessen?*

»Hallo, wie schön, dass ich Sie treffe«, sagte die Dame einfach und wies auf den Platz neben sich, als wären sie auf einen Plausch verabredet.

Die Einladung der Frau ließ nichts anderes zu, als dass Allie sich setzte, obwohl sie lieber weitergegangen wäre. Die alte Dame war ihr unheimlich. Um genau zu sein, sie stank ungeheuerlich. Ihr dünnes graues Haar war zu einem strengen Knoten gefasst und fettig, ihre kurzen, stämmigen Beine steckten in wollenen Strumpfhosen und ihre Füße quollen aus Schnallenschuhen. Das Auffälligste an ihr aber war der rot-schwarz-karierte Mantel, der aus einem anderen Zeitalter zu stammen schien. Oder aber aus dem Kostümfundus der Pariser Oper in den Dreißigerjahren. Die Goldknöpfe glänzten und hatten feine, aufwendige Gravuren. Allies Blick kehrte zu dem Gesicht der Greisin zurück und sie musste sich zwingen, sie nicht anzustarren: Nie zuvor hatte Allie einen so dunklen, dichten, langen Damenbart gesehen.

»Mein Sohn ist oft hierhergekommen«, begann die alte Dame und faltete die Hände im Schoß, »Oliver hieß er. Die Natur mag er. Und sie mag ihn auch, wissen Sie? Waldarbeiter wollte er werden, aber er war schon immer so ehrgeizig, deshalb hat er noch studiert. Landschaftswissenschaften, das gab es aber nicht in der Nähe, deshalb musste er wegziehen von zu Hause. Wir waren alle sehr traurig, ich und mein Mann, aber besonders der Oliver, das hat uns damals gefreut. Es war schön, zu wissen, dass er immer gern bei uns gelebt hat. ›Mama‹, hat er gesagt, ›sobald ich den Abschluss in der Tasche habe, komme ich wieder'. Aber als er dieses Mädchen kennengelernt hat, tat er das natürlich nicht.« Die alte Frau lachte glucksend. »Das konnte ich verstehen. Sie ist wunderbar. Also haben mein Mann und ich sie immer besucht. Lange haben wir auf Enkel gehofft – vergebens. Wissen Sie«, sagte die Frau und überblickte lächelnd den *Flowage*, »jetzt ist er schon zwanzig Jahre tot. Zweiundsechzig wäre er gewesen. Etwas zu alt für Sie.« Sie kicherte.

Allie lächelte traurig. Sie gehörte zu den Leuten, die alten Menschen gerne zuhörten, wenn sie spürten, dass diese es brauchten. Ihr war gleich aufgefallen, dass auch diese Dame einen Zuhörer benötigte: Immer wieder sprang sie in den Zeiten. Mal redete sie von ihrem Sohn in der Vergangenheit, mal in der Gegenwart, so als hätte sie noch nicht ganz akzeptieren können, dass er nicht mehr bei ihr war. Die letzten Worte der alten Dame hatten Allie mit einer Mischung aus Scham, Schock und Mitleid getroffen. »Das tut mir leid.«

»Ja, lange ist's her. Aber eine Mutter kommt nie darüber weg. Was machen Sie?«

»Ich betreibe ein kleines Hotel«, antwortete Allie, um die Geschichte möglichst einfach zu halten.

»Das haben mein Mann und ich damals auch getan. Das ist viel Arbeit, alles in Ordnung zu halten. Kochen, putzen, das Haushalten. Aber wir waren gute Partner; ich habe mich um Hausarbeiten gekümmert, mein Mann hat den Garten gepflegt und das Handwerk gemacht. Alles alleine! Nicht ein einziges Mal brauchten wir einen Maler oder Tischler oder Elektriker. Einen guten Mann habe ich erwischt. Und das Wichtigste«, betonte die Dame und fixierte mit ihren wässrigen Augen Allies Blick, der ungläubig an dem Damenbart gehangen hatte, »das Wichtigste ist, dass man seinen Mann liebt. Den du liebst, mit dem stehst du alles durch. Daran musst du immer denken, immer. Denn die Liebe ist langmütig, die Liebe ist gütig. Sie erträgt alles, glaubt alles, hofft alles, hält allem stand. Die Liebe hört niemals auf. Hast du jemanden, den du liebst und der dich liebt?«

»Ja«, antwortete Allie überzeugt und vor ihrem inneren Auge erschienen die Bilder der drei Männer, die ihr am allermeisten bedeuteten.

»Gut«, nickte die alte Dame schlicht und erhob sich, »ich muss weiter. Danke, dass du mir zugehört hast, Liebes. Nicht viele Menschen können zuhören.«

Und in diesem Moment erkannte Allie, dass die alte Dame weder vergreist noch verwirrt noch einsam war. Sie bedachte Allie mit einem Blick voller Aufmerksamkeit und Eindringlichkeit, ganz klar, so als hätte sie ihr eben eine wichtige Lektion erteilt. Als wäre sie aus keinem anderen Grund wie aus dem Nichts aufgetaucht. Allie lief ein eiskalter Schauer über den Rücken.

Noch während sie nach einer Antwort suchte, hatte die Dame sich umgedreht und war schlurfenden Schrittes genauso plötzlich zwischen den Bäumen verschwunden, wie sie erschienen war.

Allies ganzer Körper kribbelte, aber sie konnte nicht in Worte fassen, woher das Kribbeln rührte. Eilig lief sie am Ufer des Flowage entlang und hörte schon aus der Ferne das Geräusch einer Heckenschere. Es kam von ihrem Grundstück. Allie lief noch schneller und das Gefühl wurde stärker. Es musste mit den Worten der alten Frau zusammenhängen. Sie versuchte, sich an das zu erinnern, was sie gesagt hatte.

»Hey!« Luis hatte sie entdeckt und sah von der Hecke auf, die er gerade gestutzt hatte. »Du siehst aus, als hättest du einen Geist gesehen.«

Allie konnte sich ein Lächeln nicht verkneifen. »Wenn Geister Damenbärte tragen, dann vielleicht.«

Immer noch kramte sie in ihren Erinnerungen nach dem Grund des merkwürdigen Gefühls in ihr. Ganz ähnlich hatte sie sich bei ihren letzten Erinnerungsblitzen gefühlt … Noch ehe sie sich zurückhalten konnte, sprudelten die Worte über die seltsame Begegnung nur so aus ihr heraus. Der Morgen mit Harriett war völlig in Vergessenheit geraten.

Allie ließ ihm nicht einmal die Zeit, sich in Ruhe an den Gartentisch zu setzen, sodass Luis während ihrer Erzählung nachdenklich über den Rasen auf die Terrasse schlenderte. Nun lehnte er am Tisch, während Allie wild gestikulierend von ihrer Begegnung erzählte.

Dabei entging ihr nicht, dass Luis Gesicht zunehmend blasser geworden war.

»Nicht nur, dass diese Frau aussah, wie aus einem anderen Universum und mit mir geredet hat, als wären wir alte Bekannte«, erzählte Allie, »ich habe mich an etwas erinnert!«

Bei ihrem letzten Satz horchte Luis auf.

»Ihre letzten Sätze«, flüsterte Allie ehrfürchtig, »haben etwas wachgekitzelt. Als wäre es immer da gewesen. Ein Teil von mir, den ich noch nicht kannte. Wie ein elfter Zeh, den ich erst jetzt entdecke«, stellte sie den merkwürdigen Vergleich auf. »Willst du es hören?«

Luis nickte und lauschte ihren nächsten Worten. Sie waren schön, und als sie zu Ende gesprochen hatte, sagte Allie sie gleich noch einmal auf, um zu bestätigen, dass sie sie auswendig im Herzen trug.

»Es sind Bibelverse«, schloss Allie überzeugt, wie auch verwirrt. »Kannst du dich daran erinnern, dass ich je ein gläubiger Mensch gewesen bin? Dass ich ein Bibelzitat auswendig gelernt habe?«

»Dein Glaube hat sich früher auf ›Oh mein Gott‹, ›Gott sei Dank‹ und ›weiß der Teufel‹ beschränkt, und ich glaube, das sagen sogar Atheisten«, erwiderte Luis trocken.

»Also habe ich es mir in der Zeit angeeignet, als du schon weg warst«, schlussfolgerte Allie aufgewühlt, »in der *schwarzen* Zeit, über die mir niemand etwas sagen kann. Das ist eine richtige Erinnerung, Luis!«

Erst als Luis ihre Euphorie nicht teilte, wurde Allie misstrauisch. Er schien seine Bedenken nicht äußern zu wollen und ging zur Kaffeetheke. »Es ist etwas seltsam«, begann Luis und suchte einen Anfang für seine Erklärung. »Ich kenne diese Frau. Um genau zu sein, kennt sie in Townsend jeder. Sie ist in ein kleineres Haus gezogen, nachdem sie auch ihren Mann vor«, Luis dachte nach, »ungefähr zehn oder zwölf Jahren verloren hat.«

»Wie heißt sie?«

»Meredith Hawking. Sie ist aufgrund ihres eigensinnigen Kleidungsstils jedem aufgefallen. Und wegen ihres, du kannst es dir denken, auffälligen Damenbarts.«

»Und weiter?«

Es lohnte sich nicht, den Moment hinauszuzögern.

»Ms. Hawking ist vor über vier Jahren gestorben. Etwa zeitgleich mit meinem Vater.«

Luis beobachtete, wie Allies Blick von Erstaunen hin zu in Unglaube wechselte und dann Fassungslosigkeit Platz machte.

»Du … du irrst dich.«

Doch Luis schüttelte langsam und bestimmt den Kopf. Ein paar Sekunden lang starrte sie ihn noch mit aufgerissenen Augen an. Luis konnte förmlich sehen, wie ihr Gedächtnis auf Hochtouren arbeitete. Dann drehte sie sich wortlos um und stürmte die Treppe hoch ins obere Geschoss. Er hörte, wie ihre Zimmertür hinter ihr zuschlug.

Ganz wie Luis erwartet hatte. Entweder würde Allie Probleme erst einmal mit sich selbst vereinbaren und nachdenken oder eine gigantische Szene veranstalten, so kannte er sie. Gerade war es ihm recht, dass sie sich diesmal für Ersteres entschieden hatte.

Seufzend sank er auf das einladende Sofa nieder und stützte die Hände in den Kopf, um seine Gedanken zu sortieren. Umständlich tippte er etwas später mit seinen ungelenken Fingern auf den Touchscreen seines Smartphones die ersten Worte, die er von Allies vermeintlichem Bibelzitat behalten hatte. Es stimmte. *Biblehub.com* schlug ihm die Bibelverse vor und soweit Luis das nachvollziehen konnte, deckten sie sich genau mit dem, was Allie zitiert hatte.

Natürlich konnte alles ein Irrtum sein. Aber eine zweite Person, die Meredith Hawking zum Verwechseln ähnlich sah, in Townsend zu treffen, lag eher im Bereich des Unwahrscheinlichen. Das Problem war, dass somit auch die heutige Begegnung eher im Bereich des Unwahrscheinlichen lag, was Luis wiederum an Aarons Worte erinnerte:

Ihr Neurologe vermutet, dass Alison vielleicht konfabuliert. Konfabulation nennt man das Erzählen von frei erfundenen, unwahren Begebenheiten oder – in Liz' Fall – Erinnerungen. Der Betroffene empfindet seine erdachten Erinnerungen beim Konfabulieren selbst als wahr. Er äußert unabsichtlich falsche Tatsachen. Es geschieht häufig als Folge von Gedächtnisstörungen.

Nur ungern wollte Luis Allies Neurologen in Rose Tree gegen ihr Wissen und – davon war er überzeugt – gegen ihren Willen kontaktieren. *Und genau genommen muss ich das auch nicht,* dachte Luis. Denn er glaubte nicht, dass Allie diese Begegnung *konfabuliert* hatte. Sollte es Zufall sein, dass Allie sich eine Frau ausgedacht hatte, die Meredith Hawking aufs Haar – ein makabres Wortspiel – glich? Nein, vielmehr hatte diese Begegnung tatsächlich stattgefunden, und zwar vor vielen Jahren. Diese Begegnung, die Allie als real empfunden hatte, musste zu einer sehr bewegenden Erinnerung gehören, die wiederum an weitere Erinnerungen geknüpft war: wie zum Beispiel das Bibelzitat.

Irgendwann in den letzten Jahren war Allie also in Townsend gewesen. Und in der *schwarzen Zeit,* wie sie das nannte, hatte die Kirche für sie an Bedeutung gewonnen, sodass sie sogar ein langes Bibelzitat auswendig gelernt hatte. *Daran ließ sich anknüpfen.*

Luis erhob sich ruckartig, kramte nach seinem Autoschlüssel und seinem Smartphone. Er tippte eine Nummer ein. Das Gespräch dauerte nur wenige Minuten. Danach stieg Luis die Treppe hinauf, um Allie zu holen.

Allie hatte den rundlichen Herrn mit der Mondbrille und dem weisen Blick schon einmal gesehen, da war sie sich ganz sicher. Und damit meinte sie keine Begegnungen mit ihm in ihrer Jugend, weil Pater Bennett schon damals die Schäfchen Townsends gehütet hatte: Während er im weißen Messehemd vor der Kirche stand, die Hände im Rücken verschränkt, und seelenruhig ihre Ankunft erwartete, überkam Allie mehr und mehr die Gewissheit, dass dieser Mann eine größere Bedeutung für sie hatte, als ihr vielleicht bewusst war. Sie sollte recht behalten.

Er begrüßte sie herzlich und führte Allie ins Pfarrhaus, während er Luis lächelnd bat, im Vorraum zu warten.

»Wissen Sie, Allie, ich war mir nicht ganz sicher, inwiefern Mr Anderson unserem Gespräch beiwohnen sollte«, erklärte er und wanderte langsam in die hinteren Räumlichkeiten. Dass er Allie beim Vornamen nannte, bestätigte ihren Verdacht, doch ihr war noch immer etwas mulmig dabei, allein mit dem unbekannten Mann zu sein. »Er hat mich angerufen und gesagt, Sie könnten eventuell meine Hilfe gebrauchen.«

»Ich vertraue Luis in jedem Punkt. Er ist immer für mich da, wenn ich ihn brauche und er darf alles hören und wissen.«

»Das ist gut«, nickte Pater Bennett zufrieden, »jeder benötigt einen Menschen, dem er vertrauen kann«, und ignorierte ihren indirekten Appell, Luis zu ihrem Gespräch dazuzuholen. Er passierte ein schweres Bücherregal, dessen Bretter sich unter dem Gewicht dicker Wälzer bereits durchbogen.

»Wie geht es Ihnen?«

Verdutzt musste Allie einen Augenblick über diese Frage nachdenken. Ja, wie ging es ihr eigentlich? Aufgewühlt und verwirrt war sie und seit ungefähr einer Stunde plagten sie größte Zweifel an ihrer eigenen Vertrauenswürdigkeit. Luis hatte ihr geduldig erklärt, dass ihre Begegnung zwar nicht heute, aber irgendwann in der Vergangenheit bestimmt Realität gewesen ist und sie diese Realität lediglich mit einer Erinnerung durcheinandergebracht haben könnte. Dennoch ängstigte sie der Gedanke, nicht zwischen Fantasie, Erinnerungen und Wirklichkeit unterscheiden zu können. War sie nun tatsächlich verrückt geworden, so wie Aaron es ihr in einem Moment des Ärgers vorgeworfen hatte?

Allie sah den Pfarrer von der Seite an. »Gut, denke ich. Es ist schön, zurück daheim zu sein. Einige Leute wiederzutreffen«, antwortete Allie unverbindlich.

Der Pfarrer lachte freundlich: »Mit der Betonung auf *einige*, will ich meinen. Ich hörte, Emma Diessner hat Ihnen einen nicht ganz angemessenen Empfang zuteilwerden lassen. Nehmen Sie sie nicht zu ernst.« Er zwinkerte Allie zu. »Emma wahrt gerne die Kontrolle über ihr Städtchen und lebt ganz nach dem Motto ›Angriff ist die beste Verteidigung‹. Das nächste Mal wird sie Sie freundlicher aufnehmen, was bei ihr einem Friedensvertrag gleichkommt. Machen Sie sich keine Sorgen. Was ich aber meine«, fuhr Pater Bennett fort und schlenderte weiter, »wie geht es Ihnen *wirklich*? Ich habe von Ihren Erinnerungsschwierigkeiten erfahren.«

Allie fragte sich, ob er auf ihre Amnesie anspielte oder auf das eigenartige Ereignis vom Mittag. Sie nahm an, dass Luis dem Pfarrer nichts von der seltsamen Begegnung erzählt hatte. Sie war sich sicher, an diesem Ort zu sein, um das selbst zu tun.

Sie waren in einem vollgestellten Raum angekommen, der dem Pfarrer offensichtlich als Büro diente. Überall flogen Akten, Papiere und Briefumschläge herum, an den Wänden lehnten aufgetürmte Bücherstapel. Allie fiel eine Doktorurkunde an der Wand auf. Der Computer auf dem Schreibtisch erschien neumodischer, als Allie es dem alten Mann zugetraut hätte. Das kreative Chaos machte den Pfarrer sympathisch. Er wies Allie an, auf einem Sessel an einem Tischchen Platz zu nehmen, schenkte ihnen beiden eine Tasse Tee ein und setzte sich ihr gegenüber.

»Es ist nicht leicht«, begann sie zögerlich und suchte nach den richtigen Worten, die es nicht geben würde, »ich bin auf der Suche nach Erinnerungen und erhalte Puzzleteile, die auf mich niederprasseln, aber kein Bild formen. Wissen Sie, ich habe wegen eines Unfalls alles seit meinem siebzehnten Lebensjahr vergessen«, Allie schielte zum Pfarrer, um seine Reaktion abzuschätzen: Er blieb regungslos und lauschte aufmerksam ihren Worten, »deshalb bin ich zurück nach Townsend gekommen, wo meine Erinnerungen enden. Ich habe schon ziemlich viel erfahren. Aber die privaten, persönlichen Dinge, die meine Identität erst ausmachen, bleiben verborgen. Die Beziehung zu meiner Mutter, Gründe, weshalb ich Dinge getan habe, ob ich zufrieden mit mir selbst und meinen Entscheidungen war …«

Allie wunderte sich, weshalb sie sich dem Pfarrer öffnete. Vielleicht, weil sie mochte, dass er kein erstauntes, mitleidiges oder argwöhnisches Gesicht gemacht hatte, als sie von ihrer Amnesie erzählt hatte. Vielleicht aber auch, weil sie sich zwar nicht erinnerte, aber dennoch tief im Inneren wusste, dass sie Pater Bennett vertrauen konnte.

»Eine schmerzhafte Sache, nicht zu wissen, wer man war«, bestätigte der Pfarrer. »Woran haben Sie sich bereits erinnert?«

»Erinnert habe ich mich genau genommen nicht an besonders viel«, überlegte Allie, »ich habe die Dinge eher neu kennengelernt. An die Beziehung zu meiner Mutter konnte ich mich zum Beispiel nicht einmal erinnern, als ich vor zwei Tagen einen ewig langen Brief von ihr erhalten habe. Erinnert habe ich mich nur an eine …«, Allie errötete, »persönliche Situation in Marshalls Bootshaus, kurz nachdem meine Erinnerungen aufhören. Und ich erinnere mich ein wenig daran, wie man Auto fährt. Ich glaube, ich erinnere mich auch an Teile der Geburt meines Sohnes«, lächelte Allie. Diese Information hatte sie bisher für sich behalten, denn sie war so unscharf, so vage und kurz, dass sie nicht einmal sicher war, ob es eine Erinnerung an einen Moment in ihrem Leben oder an eine Filmszene war. »Ich erinnere mich an den Schrei eines Babys und an einen winzigen, weichen Kopf mit feuchtem Haarflaum … Das war es schon. Es könnte Mo gewesen sein, aber auch das Kind einer früheren Freundin, die ich vielleicht mal im Krankenhaus besucht habe …« Sie dachte einen Moment nach. »Als ich Sie gerade gesehen habe, hat es sich auch mehr nach Erinnerung angefühlt als nach Kennenlernen. Und ich habe mich an ein Bibelzitat erinnert.«

Sie beschloss im Stillen, die Verwechselung von Erinnerung und Realität mit Meredith Hawking erst einmal außen vor zu lassen.

»Ein Bibelzitat?«, fragte er, zog die buschigen, grauen Augenbrauen hoch und beugte sich ein Stück vor.

»Ja«, antwortete Allie und spürte, wie sich ihr Puls beschleunigte, »ich habe es im Kopf, obwohl ich es gar nicht auswendig kennen sollte. Ich *spüre*, dass es eine Erinnerung aus der Zeit ist, die ausgelöscht zu sein scheint. Luis dachte, Sie könnten diese Erinnerung vielleicht fortspinnen.«

»Welches Zitat ist das?«, fragte der Pfarrer interessiert und hielt Allies Blick stand. Sie schloss die Augen. Ja, es war immer noch da und würde auch nicht mehr verloren gehen. Es war ein Puzzleteil an seinem richtigen Platz.

»Die Liebe ist langmütig, die Liebe ist gütig. Sie ereifert sich nicht, sie prahlt nicht, sie bläht sich nicht auf. Sie handelt nicht ungehörig, sucht nicht ihren Vorteil, lässt sich nicht zum Zorn reizen, trägt das Böse nicht nach. Sie freut sich nicht über das Unrecht, sondern freut sich an der Wahrheit. Sie erträgt alles, glaubt alles, hofft alles, hält allem stand. Die Liebe hört niemals auf. Prophetisches Reden hat ein Ende, Zungenrede verstummt, Erkenntnis vergeht.«

»Das Hohelied der Liebe. Erster Korintherbrief«, nickte Pater Bennett lächelnd und sprach mehr zu sich selbst: »Verse, die viel Halt geben, viel Stärke. Sehr interessant. Folgen Sie mir mal.«

Mühevoll hievte er sich aus dem Sessel und öffnete eine Tür, die in einen üppig blühenden Garten führte. Der Kirchengarten. Allie folgte ihm und sie schlenderten an Rosenhecken und Rhododendron entlang.

»Ich weiß ganz sicher, dass ich kein sehr gläubiger Mensch gewesen bin«, sagte Allie ein wenig beschämt, »aber ich muss diese Einstellung geändert haben, wenn ich ein so langes Zitat auswendig kann. Ich hatte gehofft, dass Sie vielleicht wissen, weshalb das passiert ist.«

Der Pastor schwieg, bis sie vor den hohen Mauern des Kirchturms standen. Er öffnete die Tür und geleitete Allie durch ein paar miefige Räumchen, bis sie plötzlich im Altarraum standen. Allie hatte die Kirche noch nie von dieser Perspektive aus betrachtet, außer bei ihrer Kommunion, aber daran erinnerte sie sich kaum – es war zu lange her. Die Bankreihen waren leer, nur in der letzten Reihe kniete eine Frau und betete stumm.

Pater Bennetts Schritte hallten in dem hohen Gewölbe wieder, als er die Stufen zum Mittelschiff hinunterging und in der dritten Reihe ganz außen neben einer marmornen Säule Platz nahm. In den glatten Stein hatte man lauter Blumenranken gemeißelt, die sich um die Säule schlangen. Allie setzte sich neben ihn.

»Schön hier, oder?«, raunte der Pfarrer.

Allie nickte. Es war wirklich schön. So still. Der typische Kirchengeruch von Weihrauch und altem Holz wog sie in einem eigenartigen Gefühl von Sicherheit. Gemeinsam schwiegen sie einen Augenblick.

»Ich weiß nicht, ob Sie bereits wissen, dass ich auch meinen Doktor in Psychologie gemacht habe«, begann der Pfarrer gedämpft und fing Allies überraschten Blick auf. »Ich habe einige Jahre in der Forschungsabteilung meiner Universität gearbeitet, bis mir das zu theoretisch wurde. Meine Freunde haben damals gesagt, dass es mein Helfersyndrom sei, das mich zurück in meine Heimatstadt getrieben hat.« Pater Bennett zwinkerte ihr freundschaftlich zu. »Und jetzt bin ich schon seit über dreißig Jahren Pfarrer in Townsend. Aber Sie müssen mir verzeihen, Allie, mein Interesse an der Psychologie ist natürlich nie erloschen. Deshalb habe ich ein wenig nachgeforscht, als ich von ihrer Störung, verzeihen Sie den unliebsamen Ausdruck, erfuhr.«

Allie hatte noch nie einen schuldbewusst dreinblickenden Pfarrer gesehen und musste beinahe lachen. Erleichtert und ein wenig verschmitzt erwiderte er ihr Grinsen.

»Ich gehe recht in der Annahme, dass Sie heute vierunddreißig Jahre alt sind?«

Sie nickte, er stimmte ein.

»So in der Art habe ich es mir gedacht. Dann waren Sie also ungefähr siebzehn Jahre alt, als Sie damals in die Kirche kamen. Es dürfte in den Zeitraum fallen, den Sie vergessen haben.«

Allies verblüffter Gesichtsausdruck bestätigte ihn.

»Ja, Sie kamen in die Kirche, fast täglich. Mit einem Mal. Es war im Sommer. Ich konnte mir nie ganz erklären, was Sie damals dazu bewogen hat, denn Sie haben meistens gebetet, manchmal in der Bibel gelesen oder in den Altarraum geblickt. Oft haben Sie sich sogar in einem kleinen Buch Notizen gemacht – zumindest sah es so aus. Es kam mir fast meditativ vor. Sie waren stets freundlich, aber Sie wollten nicht mit mir reden, selbst nicht, als ich Sie danach gefragt habe«, er schaute Allie unverwandt in ihr ungläubiges Gesicht, »und Sie haben genau hier gesessen, wo wir jetzt sitzen. Jedes einzelne Mal.«

Fassungslos schaute Allie sich um. Ja, irgendwie spendete dieser Ort ihr Trost und Sicherheit, aber die Worte des Pfarrers klangen für sie, als spräche er von einer anderen Person. Der Ausblick von diesem Platz, in der dritten Reihe links ganz außen, kam ihr ebenfalls nicht bekannt vor.

»Würden Sie mir zwei Fragen beantworten, Allie?«

Sie nickte. Es war ganz anders, einem Psychologen zu antworten als dem Pater, doch sie bemühte sich um Ehrlichkeit.

»Wie empfanden Sie Ihre bisherigen Erinnerungen?«

Das war leicht. »So schön!«, lächelte Allie und wusste nicht, was sie sonst noch sagen sollte, »ich habe das Gefühl, jede Erinnerung würde mir ein wenig mehr Selbstbewusstsein verleihen.«

Pater Bennett nickte bestätigend. »Und wie ist es mit der Kirche? Erinnern Sie sich an etwas? Wie fühlt es sich an, hier zu sein?«

»Nein«, schüttelte Allie den Kopf, »es kommt mir alles ganz fremd vor. Der Anblick, der Grund, weshalb ich hier gewesen sein könnte … Nur mein Gefühl ist ein etwas anderes. Ich fühle mich hier … geborgen.«

Wieder nickte der Pfarrer und starrte einen Moment in den Altarraum. »Ich weiß nicht, welches Krankheitsbild man Ihnen bisher zugesprochen hat, Allie, aber würden Sie mir eine eigene, ganz unverfängliche Diagnose zugestehen?«

»Natürlich.«

»Eigentlich ist das nicht meine Art und Sie müssen mir versprechen, sich nicht darauf zu versteifen. Ich bin kein Therapeut und habe bisher nur wenig mit Ihnen sprechen können, aber mein Bauchgefühl sagt mir, dass ich vielleicht richtig liege.« Der Pfarrer wandte sich Allie ein wenig zu und legte seine Hände in den Schoß, die Handflächen nach oben. »Haben Sie schon einmal von dissoziativer Amnesie gehört, Allie?«

Sie schüttelte den Kopf. All die Fachbegriffe, die der teure Neurologe in Philadelphia ihr um die Ohren geschleudert hatte, hatte Allie gegoogelt, aber dieser war nicht dabei gewesen.

»Dissoziative oder auch psychogene Amnesie bezeichnet die Ausschaltung eines Erlebnisses aus dem Gedächtnis, weil es für den Betroffenen zu schmerzhaft ist, sich an diesen Vorfall zu erinnern. Die Erinnerungslücke kann einen Zeitraum von einigen Stunden, aber auch Jahren umfassen und sie kann den Zugang zu Informationen zur eigenen Identität oder zu bestimmten Situationen verschließen. Wichtig ist, dass die Ursache oder der Auslöser für diese Art der Amnesie nicht biologisch, also physisch, sondern psychologisch bedingt ist.«

»Aber ich hatte einen Unfall. Ich bin von einer Leiter gefallen und hatte ein Schädelhirntrauma. Ich lag sogar einige Zeit im Koma.«

Pater Bennett nickte nachdenklich. »Die organisch bedingte Störung könnte meines Erachtens den Gedächtnisverlust verstärkt und auch so plötzlich ausgelöst haben.«

»Wie kommen Sie auf diesen Gedanken?«, flüsterte Allie und merkte, wie ihre Stimme leicht zitterte.

Der Pfarrer nahm sich einen Augenblick Zeit für seine Antwort. »Ich glaube, Ihr Vergessen ist psychisch bedingt, weil Sie damals mehr als eindeutig unglücklich, wenn nicht sogar verzweifelt auf mich wirkten. Die meisten Menschen benötigen leider einen Schicksalsschlag, um den Weg zu Gott zu finden. Ich denke, dass Sie damals Halt gesucht haben, aber wie ich beobachten konnte, wirkten Sie auch nach Wochen nicht gefasster. Wenig später haben Sie die Stadt verlassen, sind studieren gegangen, wie ich später von Ihrer Mutter erfuhr. Ich habe nie wieder etwas von Ihnen gehört.«

Allies Atmung beschleunigte sich. *Ja, das machte Sinn.* Pater Bennett prüfte in Allies Blick, ob er noch weiter gehen konnte.

»Mich dünkt, dass Ihre Amnesie genau zu jenem Zeitpunkt, in dem Sie so verzweifelt waren, zurückreicht. Dazu kommt noch, dass Ihre Erinnerungen schlichtweg positiv sind. Sie haben mir erzählt, an was Sie sich erinnern: Es sind rein positive Assoziationen. Die Bibelverse, die so viel Halt und Kraft geben. Die Geburt Ihres Sohnes – sofern sie es denn war. Diese Situation im Bootshaus, denke ich, war damals sehr glücklich für Sie. Die Beziehung zu Ihrer Mutter jedoch, die, wie ich weiß, sehr schwierig war, können Sie nicht in Ihren Gedanken finden, obwohl Sie sich so sehr darum bemühen.«

Allies Hirn arbeitete auf Hochtouren, erste Anzeichen von Kopfschmerzen pochten dumpf in ihren Schläfen. Sie kniff die Augen zusammen. Was der Pfarrer, oder besser gesagt Dr. Bennett, sagte, erschien in so vielerlei Hinsicht plausibel und rückte ihre Amnesie in ein völlig anderes Licht. Es würde heißen, sie hatte die verlorenen siebzehn Jahre *ausgeschaltet*, weil es ein Erlebnis gegeben hatte, das zu *schmerzhaft* war, wie der Pater erklärt hatte. So schmerzhaft, dass es siebzehn Jahre überschattet hatte. *Konnte das wahr sein? Hatte sie siebzehn Jahre lang seelische Qualen gelitten?*

»Wenn meine Theorie stimmt, gibt es eine gute und eine schlechte Seite«, fuhr Pater Bennett fort. »Die schlechte ist, dass etwas Sie sehr, sehr lange belastet haben muss. Etwas, das man nicht etwa mit neumodischer Medizin behandeln kann, wie das Korsakow-Syndrom, eine durch äußere Einflüsse ausgelöste Amnesie. Das Gute ist«, der Pfarrer machte eine bedeutungsvolle Pause, »dass Ihre Festplatte nicht unwiderruflich gelöscht ist. Sie müssen sich selbst nur den Zugriff dazu erlauben. Ihre Erinnerungen sind da …«

»… nur wissen wir noch nicht ganz, wo sie zu finden sind«, beendete Allie ihren Bericht über die Worte des Pfarrers und schlang die Wolldecke enger um ihren Körper. Der Nachthimmel hatte wieder mal jegliche Wärme aus der Luft gesogen, sodass Luis den Kamin angefeuert hatte. Dünne Regenfäden zischten draußen durch die Luft. Drinnen waren die Flammen so nah, sie leckten beinahe an Luis' und Allies Fußsohlen. Sie waren barfuß. An ihren Zehen hingen Flusen des flauschigen Teppichs, der den alten Parkett bedeckte. Luis beobachtete das Schattenspiel, das die Flammen auf Allies Gesichtszüge warfen. Zum ersten Mal nahm er die schwachen Falten wahr, die Allies Haut fein durchzogen – sie machten ihn traurig.

»Findest du es nicht auch unheimlich«, fuhr Allie fort, »dass ich nicht nur siebzehn Jahre Alltag, sondern auch so etwas wie einen schweren Schicksalsschlag vergessen haben könnte? Ich sehe dieses Foto hier in einem völlig anderen Licht.«

Um sich herum hatte Allie das Dutzend Fotoalben verteilt, ein Bestimmtes weilte auf ihrem Schoß. Es war ein Einsteckalbum mit Folien, hinter die man die Fotos schieben konnte. Allie hatte es mit einem knappen Dutzend weiterer Alben in einer Kommode in Rose Tree gefunden. Es war ein solches, wie es in jeder Familie in irgendeinem Schrank verborgen vor sich hinmoderte, ohne Kommentare oder Anmerkungen.

Nachdem Allie gelernt hatte, wie sie Fotos, die auf ihrem Computer gespeichert waren, entwickeln konnte, hatte sie jedes hinten mit dem Datum beschriftet und unzählige neue Alben gefüllt. Aber dieses Album gehörte zu denen, die sie schon vor ihrem Unfall irgendwann angelegt hatte.

Ein Foto, das ihre Aufmerksamkeit erregt hatte, trug das Datum von Mos erstem Geburtstag. Es zeigte Mo vor einer reichlich verzierten Marzipantorte mit seiner Mum zur linken und Aaron zur rechten Seite, sie strahlten. Allie nahm ein zweites Bild und legte es über das erste. Die Größen unterschieden sich. Dem Bild von Mos Geburtstag fehlte rechts ein sorgsam abgeschnittener Zentimeter.

»Vielleicht hat jemand das Bild mit einer doofen Grimasse versaut und du hast es abgeschnitten«, mutmaßte Luis, der Allies Misstrauen nicht nachvollziehen konnte. Es war eines von tausend Fotos. Ein schönes, zugegeben. Aber kein verdächtiges.

Allie schüttelte den Kopf: »Das würde ich nie tun! Schau mal, wie asymmetrisch diese Fotoseite jetzt aussieht, wenn man genau hinguckt. Außerdem gibt es unzählige missglückte Fotos, die ich nicht korrigiert habe. Es ist nur dieses eine hier.« Bisher hatte Allie den kleinen Schönheitsfehler hingenommen und sich nichts weiter dabei gedacht. Doch als der Pfarrer sie von der gruseligen Vorstellung überzeugt hatte, ihr Gedächtnis könnte etwas aus ihren Erinnerungen verbannt haben, drängte sich der fehlende Zentimeter in den Vordergrund und ging Allie nicht mehr aus dem Kopf.

»Was sollte in meinem Leben keine Rolle mehr spielen, sodass ich es von diesem Foto verbannt habe?«

»Ich finde diese Verdrängungstheorie passt nicht ganz ins Bild.« Luis nahm ihr das Foto aus der Hand und betrachtete es argwöhnisch.

»Wie meinst du das?«

»Du bist«, Luis stockte einen Moment, »eine starke Frau. Du schaust den Dingen ins Gesicht, versteckst dich vor niemandem. Du tust deine Meinung stets am lautesten kund. Es passt nicht zu dir, dein halbes Leben zu vergessen aus Angst vor einem schmerzhaften Ereignis.«

Allie lächelte, denn Luis' Beschreibung war so ziemlich das größte Kompliment, an das sie sich erinnern konnte. »Jetzt bin ich das«, antwortete sie, »aber ich habe keine Anhaltspunkte, ob das auch in der Vergangenheit so gewesen ist.«

»Frag Aaron«, stellte Luis schlicht fest, »oder deine beste Freundin in Rose Tree. Wie hieß sie gleich … Leyla?«

Allie verzog das Gesicht. »Ich kann Leyla nicht ausstehen. Sie ist schrecklich langweilig und redet die ganze Zeit nur von sich selbst.«

»Dann müsstet ihr euch doch ganz gut verstehen.«

»Spinner!«, rief Allie und schlug Luis spielerisch mit dem Fotoalbum an den Kopf, doch Luis duckte sich weg.

»Gleich und Gleich gesellt sich gern.«

»Du willst also sagen, ich war nett, aber langweilig, als sie noch meine beste Freundin gewesen ist?«

»Sieht so aus.«

»Ein weiterer Grund«, seufzte Allie, »nicht meinem alten Ich hinterherzujagen.«

»Dann kannst du ja auch endlich dieses dämliche Foto vergessen«, schloss Luis, doch Allie schnappte es ihm wieder aus der Hand.

»Falsch. Meine Vergangenheit ist durchaus etwas anderes als meine alte Persönlichkeit«, blieb Allie beharrlich, »ich werde rausfinden, was mich damals in ein Tief gezogen hat, sodass ich gläubig wurde. Ich werde herausfinden, weshalb ich mich mit Mum gestritten habe, und ob es etwas gibt, das mein Gedächtnis verdrängt. Und jetzt Schluss damit! Erzähl mir lieber, ob du von Harrietts Hochzeit wusstest.«

»Natürlich. Genau genommen«, gab Luis zu, »wäre das mein Rettungsanker gewesen, wenn Aaron dich vor Sonntag hätte nach Hause holen wollen.«

»Das kann immer noch passieren«, seufzte Allie und verdrängte die Gedanken an das letzte unangenehme Telefonat mit ihrem Ehemann. »Hast du eigentlich einen Anzug? Vielleicht in deiner Villa drüben? Harriett legt sehr viel Wert darauf; das Motto hat irgendwas mit *Ballroom* zu tun.«

»Ich komme nicht mit.«

»*Bitte*? Warum ...«

»Zu viele Leute, die mich nicht sehen wollen und die ich nicht sehen will.«

»Du kannst mich unmöglich ...«

Allie wurde von einem dumpfen Klopfen an der Tür unterbrochen. Sie war im Begriff, die Tür zu öffnen, als Luis sie zurückschob und das selbst übernahm.

Es dauerte einen Moment, bis man die Gestalt vor dem stockfinsteren Hintergrund erkennen konnte. Die Straße war nicht beleuchtet und die kleine automatische Wandlampe an der Außenfassade nützte nicht viel. Er trug einen schwarzen Mantel und hatte den Blick zum Boden gerichtet, sodass sein Gesicht verdeckt blieb. Allie sah, wie Luis sich aufrichtete und seine Rückenmuskulatur anspannte.

»Mr Keepsaker?«, fragte der Mann.

»Möchte wer wissen?«

»Oh, entschuldigen Sie mich!« Der Mann lachte und hob endlich seinen Kopf. Er war pitschnass vom Regen, doch es schien ihm gar nichts auszumachen, denn er lächelte immer noch. Eine braune Kringellocke klebte an seiner Stirn.

»Ich war so darauf bedacht, dem Regen noch rechtzeitig zu entkommen, da habe ich meine guten Manieren auf der Strecke gelassen. Mein Name ist Edward Mitchell.« Er streckte Luis die Hand entgegen und entdeckte erst dann Allie, die hinter Luis' breitem Kreuz versteckt gewesen war. »Oh da ist ja noch jemand! Edward Mitchell, guten Tag.«

Allie fiel zuerst sein britischer Akzent auf und gleich darauf seine Reisetasche. Ein Babyschnuller hing am Verschluss und sie musste lächeln. Ihrem eigenen Mann würde sie niemals zugestehen, einen Babyschnuller an seiner Tasche zu tragen – nicht einmal für Geld. Edward Mitchell kramte ein zerfleddertes Lederetui aus einem Seitenfach und klappte es auf. Er nestelte ein wenig daran herum und hielt es Luis vor die Nase. Da erst erkannte er, worum es sich bei dem Ding handelte.

»Können Sie mir sagen, ob ich richtig hier bin? *Flowage Pensione*, geführt von Mrs Mara Keepsaker?«

Luis nickte, konzentriert darauf, sein Gegenüber möglichst viel von seinem Misstrauen spüren zu lassen.

»Wunderbar! Sie sind in diesem Online-Reiseführer als beste Unterkunft in der Umgebung ausgezeichnet und ich wollte eigentlich fragen, ob Sie noch ein Zimmer frei haben, doch jetzt habe ich gesehen, dass alles dunkel ist …«

»Richtig. Die *Pensione* ist momentan …«

»Eine Menge Zimmer!«, unterbrach Allie und schaffte es endlich, sich unter Luis' Arm durchzuzwängen. »Wir haben renoviert und hatten deshalb eine Zeit lang geschlossen, aber nun nehmen wir gerne wieder Gäste auf.« In dem Moment, als sie es ausgesprochen hatte, fragte Allie sich, was in sie gefahren war. Luis fragte sich das auch. Doch jetzt war es zu spät.

»Gott sei Dank!«, schnaubte Edward Mitchell und lachte. Seine Erleichterung schien echt. »Es tut mir leid, dass es so spontan ist.

Und so spät! Eigentlich wollte ich auch schon viel weiter sein, zurück bei meiner Familie, aber ich hatte unterwegs eine Panne und muss deshalb einen kleinen Zwischenstopp einlegen.«

»Nun, das ist keine Seltenheit«, zwinkerte Allie in Luis' Richtung, »aber jetzt kommen Sie erst mal rein. Sie müssen ganz durchgefroren sein! Der Kamin ist an, ich mache Ihnen eine Tasse Tee. Schwarz mit Milch?«

Der erwartete Wutausbruch blieb aus. Luis lehnte seelenruhig an der Küchentheke aus Edelstahl, Arme und Beine jeweils auf Knöchelhöhe verschränkt.

Allies Gedanken hingen wieder bei der seltsamen Begegnung am Vormittag, dem Gespräch mit Pater Bennett und dem abgeschnittenen Foto. Nun hatte sie auch noch den ersten Gast in der *Pensione* zu beherbergen. Langsam aber sicher kam sie mit dem Nachdenken über die vielen Ereignisse nicht mehr hinterher. Ja, Edward Mitchell war eine willkommene Ablenkung von dem heutigen Tag gewesen, aber auch eine zusätzliche Belastung. Als gäbe es nicht schon genug Dinge, die sie beschäftigten! Mit nervösen Fingern gab sie einen Teebeutel in die Tasse.

»Früchtetee.« Luis nickte in ihre Richtung.

»Was?« Allie sah ihn irritiert an.

Er stand weiterhin reglos an der Küchentheke und kaute auf seiner Unterlippe. »Du hast den falschen Teebeutel ausgepackt.«

»Oh.« Allie nahm den Früchteteebeutel wieder heraus, legte einen Beutel mit schwarzem Tee in die Tasse und goss heißes Wasser darüber. Als sie sich umdrehte, um ihrem Gast seinen Tee zu servieren, stand sie Luis genau gegenüber. Er taxierte sie mit zusammengekniffenen Augen.

»Was starrst du so?«, fragte Allie unruhig.

Ein Schluck Tee schwappte über den Tassenrand und durchnässte das Tütchen mit Kandiszucker auf dem Unterteller.

»Möchtest du mir erklären, warum du die Made eingeladen hast, sich im Haus einzunisten?«

»Nein. Außerdem sind Gäste in *Flowage Pensione* keine *Maden.*«

»Die *Pensione* ist momentan kein Hotel und Mitchell somit kein Gast.«

»Wohl. Wird sie immer sein.«

»Nein. Niemand von uns hat gelernt, wie man ein Hotel führt. Du kannst nicht auf eigene Faust dahergelaufene Fremde beherbergen.«

»Erstens habe ich über zehn Jahre lang die *Pensione* geführt und weiß sehr genau, wie das alles hier läuft und zweitens ist das in Hotels nun mal so, dass man *dahergelaufene Fremde beherbergt* und sie nicht erst ein Vorstellungsgespräch mit Assessment-Center durchlaufen lässt. Außerdem wird der Tee kalt.« Damit verschwand sie aus der Tür. Luis schnaubte entnervt und starrte an die Decke, als würde er dort eine Antwort auf die Frage finden, warum Frauen immer so kompliziert waren.

»Und *außerdem*«, fuhr Allie fort, als sie wenig später das leere Silbertablett zurück in die Küche brachte, »hast du überhaupt keinen stimmigen Grund, weshalb Mr Mitchell die Nacht nicht bei uns verbringen sollte.«

»Ich erlaube keine Fremden unter meinem Dach.«

»Na Gott sei Dank wissen wir beide, dass das hier nicht *dein* Dach ist.«

»Solange du und ich hier wohnen, bin ich der Mann im Haus«, erwiderte Luis scharf. Etwas leiser fügte er hinzu: »Und für deinen Schutz verantwortlich.«

Allie schoss ein wohliger Schauer durch die Adern. *Der Mann im Haus*, formten ihre Lippen schwach und lautlos. Der Klang dieser Worte in ihrem Kopf elektrisierte sie. Kaum zu glauben, dass es erst etwas mehr als vierundzwanzig Stunden her war, dass Luis mit ihr in seine Villa gefahren war. Und sie in seinen Whirlpool gebeten hatte. Allie schluckte. Hatte Luis sich soeben noch auf freundschaftlicher, ja beinahe brüderlicher Ebene bewegt, machte seine machtvolle Körperhaltung Allie bei diesem Gedanken nervös. In Luis konzentrierten sich Gelassenheit und Selbstbewusstsein zu einer erregenden Überlegenheit.

»Lu«, begann Allie sanft und wählte bewusst den Ton, mit dem sie ihn meistens zum Nachgeben bewegen konnte, »ich weiß, dass du mich beschützen willst, aber das musst du nicht. Wir sind hier nicht im Krieg und Mr Mitchell ist nicht dein Feind. Vielleicht solltest du versuchen, dein Grundmisstrauen abzulegen – in der Zivilistenwelt lebt es sich damit nicht so gut, weißt du? In einem Hotel läuft es nun mal so, dass man Fremden eine Unterkunft bietet. Ich schließe auch mein Zimmer ab. Du brauchst dir keine Sorgen zu machen.« Abschließend feuerte sie das Lächeln auf ihn ab, das bisher jeden Mann entwaffnet hatte. »Mr Mitchell ist jetzt auf sein Zimmer gegangen und möchte morgen um halb acht frühstücken. Wenn du möchtest, brate ich Rührei für dich mit. Soll ich dich wecken?«

»Das wird nicht nötig sein.«

»Stimmt ja, ich habe dich noch nie länger als bis halb sieben schlafen sehen.«

»Das ist es nicht. Ich werde bei dir schlafen.«

»Du wirst … Luis, übertreib es nicht!«

»Versteh mich nicht falsch. Ich kann nur den Gedanken nicht ertragen, nicht zu wissen, ob du unversehrt in deinem Bett liegst, während ein fremder Kerl im Haus ist.«

Dann müsstest du auch jedes Mal besorgt sein, wenn *ich* Gast in einem Hotel bin. Das ist nämlich genau das Gleiche, wollte Allie protestieren, sparte es sich aber gleich. Luis' Blick verriet, dass Widerrede zwecklos war.

Das Herz klopfte ihr bis zum Hals. »Wenn es nach dir ginge, dürfte ich die *Pensione*, rein hypothetisch gesehen, nicht wieder eröffnen, oder?«

»Mir wäre nicht wohl dabei, solange niemand an deiner Seite ist. Du bist eine schöne, leicht zu überwältigende Frau.«

Einer ihrer größten Fehler, ärgerte Allie sich, war es, zwanghaft das Gegenteil beweisen zu müssen, wenn jemand behauptete, sie sei für etwas zu schwach.

»Leicht zu überwältigen?«

»Dafür brauchst du nicht wirklich einen Beweis. Sei nicht dumm!« Luis' Miene blieb ausdruckslos, aber in seinem Blick sah sie ein teuflisches Grinsen.

»Sie unterschätzen die Macht der Frauen, Major Anderson.« Allie schlenderte einen Schritt auf ihn zu.

»Fordern Sie mich nicht heraus, solange wir die Nacht im selben Bett verbringen.« Sogar Luis' Mundwinkel zuckten, er war aufgedreht, zum Scherzen aufgelegt. Seine Stimmung schwankte fast so häufig wie bei einem Fünfjährigen.

Allies Hände waren schweißnass. »Im selben Zimmer. Es war nie die Rede vom selben Bett.«

»Zeig mir das Zimmer, in dem es getrennte Betten gibt.«

»Oh.«

Er behielt recht. Mara Keepsaker hatte wiederholt die Geschichte zum Besten gegeben, weshalb die Doppelzimmer nicht mit zusammenstellbaren Betten, sondern mit einem großen Bett mit einer einzigen Doppelmatratze ausgestattet worden waren. Wenn Mara als kleines Mädchen nachts in das Bett ihrer Eltern gekrochen war, war sie morgens nie aufgewacht, ohne auf dem harten Gitterrost des Bettes zu liegen, eingequetscht zwischen zwei Matratzen. Deshalb hasste sie nicht vieles mehr als Matratzenspalten, also sollte es so etwas in ihrem Hotel auch nicht geben.

»Bestimmt finden wir ein Zimmer mit einer Couch, die lang genug für dich ist.«

»Allie.«

»Hm?«

»Seien wir ehrlich: Wir zwei in einem Bett könnte eine heikle Angelegenheit werden ...« Er sah sie eindringlich an. Verdutzt erwiderte Allie seinen veränderten Blick und er fuhr fort: »... aber ich bin sicher, dass wir das hinkriegen.«

Allie lächelte unsicher. Und er erwiderte es. Die stillschweigende Kommunikation ersetzte tausend gesprochene Worte.

Allie hatte nur eine Ahnung, was Luis ihr damit sagen wollte. Was sie aber sicher wusste – und was sie gleichzeitig in einen nebeligen Glückszustand versetzte – war, dass Luis das erste Mal, wenn auch vage, offen ausgesprochen hatte, dass zwischen ihnen *mehr* war als das, was sie an den Tag legten. Endlich war die Situation zwischen Al und Lu kein Thema mehr, das man zwingen musste, nicht an die Oberfläche zu gelangen.

Er lächelte ihr noch immer beruhigend zu und es wirkte. Sehr leise fragte er: »Kommst du mit?«

Allie merkte, wie sie rot anlief, als sie beobachtete, wie sein Bizeps das schwarze T-Shirt, das er immer zum Schlafen trug, fast sprengte. Sie war tatsächlich verlegen und lachte darüber beschämt auf. Er lächelte Allie aufmunternd zu und streckte ihr eine Hand entgegen. Allies Herz klopfte bis zum Hals, als sie seine Hand ergriff. Sie spürte genau, was alles an Luis, sein Körper, sein Blick, seine ausgebeulte Hose, sagen wollten:

Gehen wir einfach hoch und schauen, was passiert.

Fünfzehn

Allie brauchte drei Versuche, bis der Schlüssel sich drehte. 204 war Maras Lieblingszimmer gewesen, das größte und schönste mit der besten Aussicht. Oft hatte sie die *Pensione* scherzhaft mit dem St. Regis in New York verglichen und darauf bestanden, ebenfalls eine Präsidentensuite zu haben. Sie hatte in die Einrichtung der 204 einige Details mehr einfließen lassen als in andere Zimmer, ein größeres Bett mit aufwendigem Kopfteil aufgestellt und die Außenwand, ganz nach Allies Vermutung, wie in der Empfangshalle komplett verglasen lassen.

Sie ließen das Licht aus, als sie schweigend eintraten und die Tür hinter sich verschlossen, damit der Mond sein silbriges Licht in das Zimmer werfen konnte. Der Schein fiel auf das imposante Bett als wäre er das Rampenlicht einer Bühne.

»Ich weiß immer noch nicht, ob das so eine gute Idee ist«, zögerte Allie und blieb an der Tür stehen, während Luis ein Fenster aufriss, sich aufs Bett fallen ließ und in tausend Zierkissen versank.

»Ich auch nicht. Und jetzt komm her!«

Mit seiner ungewohnten Offenheit konnte er Allie überzeugen. Dabei war er sich völlig im Klaren darüber: Es war eine beschissene Idee. Aus dem Stegreif konnte er zehn Gründe nennen, weshalb es strohdumm war, Allie Keepsaker zu verführen. Denn genau damit hatte er gerade angefangen, ohne etwas dagegen unternehmen zu können. Er konnte sich nicht mehr beherrschen, nicht bei ihr.

Allie streifte die Sneakers von ihren Füßen, schlüpfte unter das leichte Laken und drehte den Kopf in Luis' Richtung. Sie würden noch nicht gleich schlafen können, das war ihr sonnenklar. Und doch blieb er ihr ein Rätsel. Die Burg aus Distanz, die er in den letzten Tagen erfolgreich aufgebaut hatte, riss er soeben einhändig wieder ein.

»Wir sollten schlafen«, wisperte sie trotzdem, dabei gab es unzählige Dinge, die sie lieber gesagt hätte. Doch sie traute sich nicht. Jetzt, da er ihr die Chance auf einem Silbertablett servierte, war sie nicht mutig genug, sie zu ergreifen.

»Das kann ich nicht.«

Sie zögerte. Der Verlauf des Gespräches lag in ihrer Hand. Wenn sie die Frage stellte, war sie selbst verantwortlich für alles, was folgte. »Warum nicht?«

Um wie viel, überlegte Luis, würde sich der Schmerz, der ihm bevorstand, potenzieren? Es war ihm egal, er antwortete: »Weil du mich verrückt machst.«

Allie schnappte nach Luft. Sie hatte gewusst, dass er aussprechen würde, was seit Ewigkeiten zwischen ihnen schwebte, und doch riss es ihr den Boden unter den Füßen weg wie eine gigantische Welle. Es war so anders als das, was Hollywood einen von solchen Situationen glauben ließ. Keine dramatische Hintergrundmusik. Kein Tonfall, der einem das Herz zerriss. Bloß Worte, so nüchtern und ehrlich ausgesprochen, als hätte ihr Luis just die Funktionsweise seiner Rifle erklärt.

»Es tut mir leid«, fuhr Luis fort, »wegen des Zeitpunkts. Ich weiß, er ist ungünstig. Aber den richtigen Zeitpunkt wird es nie geben.«

»Oh Gott, Luis ...«

»Und ich habe es einfach nicht mehr ausgehalten.«

Sie setzte sich auf, stand plötzlich unter Starkstrom.

Er blieb bewegungslos liegen und hatte sich auf seine Ellenbogen gestützt, sodass sie auf ihn runtersah. Sein ernstes, ehrliches Gesicht. Der Schmerz all der Dinge, die er gesehen und gefühlt hatte, in seinen Augen. Aufrichtiges Begehren. Er hatte ihr noch nie gestattet, auf ihn hinabzublicken.

Wie fremdbestimmt hob Allie ihre Hand. Es war nicht ganz still. Durch das offene Fenster hörte man ein Rauschen, zusammengesetzt aus den im Wind raschelnden Baumkronen und den strandenden Wellen des *Townsend Flowage*. Eine Federbreite, bevor sie sein Gesicht berührte, brach Luis das Schweigen:

»Aber ich werde dich nicht anrühren ...«

»Wieso nicht?«

» ... dazu bin ich weder befugt noch in der Verfassung, es zu können.«

»Dann hättest du all das nicht sagen dürfen. Jetzt ist es zu spät«, widersprach Allie.

»Nein.«

»Du hast die Schwelle übertreten.«

»Nein. Ich habe es nicht gesagt, weil ich dich rumkriegen wollte oder was auch immer du denken magst. Ich habe es gesagt, weil ich wollte, dass du es weißt.«

»Ich weiß es. Und jetzt will ich dich.«

Sie wusste, es war falsch. Und doch beugte sie sich über ihn, ihr Gesicht jetzt dort, wo ihre Hand geschwebt hatte. Mit einem Blinzeln fing er alles ein, den Schwung ihrer vollen Lippen, die vollkommene Form ihrer funkelnden, ihrer *wahnsinnigen Augen* und der sehnsuchtsvolle Ausdruck darin, der ihn sich beinahe vergessen ließ.

Verlier nicht die Kontrolle, wollte er sie anherrschen und gleichzeitig mahnen. Doch er hielt sich zurück. Es war schwer genug, sie zurückzuweisen, er musste sie nicht auch noch verletzen. »Es geht einfach nicht«, raunte Luis und wich doch keinen Zentimeter vor ihr zurück. »Wir dürfen nicht zulassen, dass unsere Gefühle die Kontrolle übernehmen, zu viel hängt davon ab.«

»Was zum Beispiel?«

»Deine Ehe, dein Sohn.«

Er machte sich auf Widerspruch gefasst und entkam deshalb nicht rechtzeitig dem, was folgte.

Ihre Lippen streiften seine und im nächsten Moment verlangten ihre Münder nacheinander, als würde es keinen neuen Sonnenaufgang geben. Sie küssten sich, als trügen sie all die Hochs und Tiefs, Hin und Hers der letzten Tage mit einem Kuss aus, sagten einander mit den Lippen Millionen stumme Worte, die sie hatten schlucken müssen.

Endlich. Jede einzelne Sekunde musste ich mit mir kämpfen, dich nicht einfach zu berühren. – Immer, wenn du mich mit dieser trotzigen Zornesfalte angefaucht hast, bin ich rausgegangen, um nicht einfach über dich herzufallen. – Das soll jetzt nicht oberflächlich klingen, aber ich glaube, mich hat noch nie etwas mehr angemacht als dein wahnsinniger Körper. – Scheiße, ich glaube ich habe mich in dich verliebt. – Geht mir nicht anders.

Ihr schneller Atem vermischte sich, eine betörende Wolke, die sie zwischen ihren Küssen gierig einsaugten. Er spürte, wie ihre Zunge zu seiner glitt und sanft wie ein Lufthauch darüber strich. Mit einer quälenden Langsamkeit kreiste sie um ihn, und er konnte nicht verhindern, dass dieses Gefühl blitzartig in seinen Unterleib schoss. Ihr glühender Körper lag auf ihm, presste sich mit seinem Federgewicht an ihn. Jede Stelle seines Körpers spannte sich unter ihrer Berührung vor Erregung an. Er spürte ihre Hand seinen Hals hinuntergleiten und sich verzweifelt gegen seine Brust pressen.

»Nein.«

»Was nein?« Sie löste sich von ihm und schnappte nach Luft. Während ihr Blut noch in den Adern brodelte, spürte ihr Herz schon, was kommen würde, und sank eiskalt tiefer.

»Es geht einfach nicht.«

Sanft ließ er sie von sich herunterrollen und legte sie auf ihre Seite des Bettes.

»Dann sag mir doch endlich *warum* nicht!«

»Es gibt ...«

Er sprang auf. Faltete die Hände über dem Kopf. Lange Zeit starrte er aus dem Fenster, um runterzukommen. Und starrte. Und starrte.

»Verdammt, Luis, sei gefälligst dankbar, dass ich dir die Möglichkeit lasse, dich zu erklären, anstatt dich einfach hochkant aus meinem Haus zu werfen, bei dem *Scheiß*, den du hier gerade abziehst! Du bringst meine Nerven zum Zerbersten. Und meine Geduld auch.«

Er drehte sich um. Er hatte sie noch nie so zornig erlebt. Tränen der Wut strömten ihre Wangen herunter. Ärgerlich wischte Allie sie weg. »Auf einmal warst du ehrlich zu mir. Du hast mich an der Hand ins Schlafzimmer geführt, hast gesagt, dass ich dich um den Verstand bringe, du hast mich, *Gott*, du hast den Teufel aus mir geküsst und *jetzt*? Verdammt, du hast mich dazu gebracht, mein ohnehin schon brüchiges Herz für dich zu öffnen und meine Gefühle völlig blank zu legen – und dann stößt du mich von der Bettkante und sagst, *es geht nicht*?«

»Es war ein riesiger Fehler, es hätte nicht ...«

»Und dann sagst du auch noch, es war ein Fehler?«

»Nein, ich ... *Scheiße*!«

Mit einem ohrenbetäubenden Rumsen schlug seine Faust gegen die Wand und Allie sah selbst im Dunkeln, dass der Putz gerissen war. *Also doch Hollywood*, stellte der sarkastische Teil ihres Ichs fest.

»Allie, es tut mir leid. Ich würde … Ich würde mir ein Brandzeichen auf den Hintern stanzen lassen, ich würde *alles* tun, damit du mir nur glaubst, dass es mir leidtut und dass es *kein* Fehler war. Es war einfach nur der verdammt falsche Zeitpunkt.« Unruhig lief er im Zimmer auf und ab. »Nichts, was ich gesagt oder getan habe, war gelogen. Ich … du bringst mich wirklich um den Verstand. Und wenn du nicht gleich aufhörst zu weinen … verrecke ich, keine Ahnung. Aber«, er wagte es, sich aufs Bett zu setzen, um ihren Blick aus nächster Nähe gefangen zu nehmen, »es gibt *eine Sache*, derentwegen ein Du und Ich geradezu unmöglich scheint. Jetzt zumindest. Du musst mir in der Angelegenheit vertrauen.«

»Du kannst nicht ernsthaft glauben, dass ich dir nach alldem hier blindlings vertrauen kann, wenn du mir nicht einmal sagst, was diese eine *Sache* ist. Keine Ahnung, ob ich dir überhaupt noch vertrauen kann.« Allie rutschte von ihm weg. Ihre Worte trafen ihn wie Messerstiche.

»Ich weiß, es ist viel zu viel verlangt. Ich habe einfach gnadenlos versagt. Aber mir bleibt nichts, als dich zu bitten, mir zu glauben. Ich werde dir von *der Sache* erzählen. Wenn der richtige Zeitpunkt da ist, sonst … muss ich gehen.«

Eine letzte einzelne Träne rollte Allies Wange hinab. Er hatte ihr soeben das Herz gebrochen. Zweifellos.

Sie glaubte, zu spüren, schon einmal ein gebrochenes Herz gehabt zu haben, aber sie hatte vergessen, wie es sich anfühlte.

Luis dachte scharf nach und presste die Lippen zusammen. Er hatte genug Fehler gemacht, genug falsche Dinge gesagt. Es war an der Zeit, endlich das Richtige zu tun. Deshalb konzentrierte er sich, bewegte seine nächsten Worte lautlos im Mund, bevor er sie aussprach: »Denk … Denk hierüber nicht so wie von einer Zurückweisung oder einem Ende. Es ist lediglich ein Aufschub in die richtige Zeit. Ich werde nie aufhören können, dich zu begehren. Glaub mir, Allie. Bitte.«

In diesem Moment hatte Luis etwas vollbracht, was den wenigsten Menschen auf der Welt gelang. Es war Glück, Zufall, Schicksal, vielleicht aber auch Magie, den Menschen vorbehalten, die füreinander bestimmt waren: Luis hatte die richtigen Worte gefunden.

Allie spürte mit einem Mal, wie der Schmerz aus ihrer Brust gehoben und von seinen Worten durchs offene Fenster davon getragen wurde. Er hatte nichts völlig Neues oder besonders Außergewöhnliches gesagt. Gleichwohl einfach das Richtige. Es hatte wie ein Heilelixier gewirkt. Wie Magie.

»Ich kann dir einfach noch nicht vertrauen«, flüsterte Allie und ihre Stimme zitterte noch immer ein wenig. »Aber vielleicht«, fuhr sie fort, ein winziges Lächeln stahl sich auf ihre Lippen, »würde es ein bisschen helfen, wenn ich dir ein Brandzeichen auf den Hintern stanzen dürfte. Ein großes A.«

Es war halb drei. Stundenlang hatten sie geredet, über Belangloses und Wichtiges. Er hatte ihre Hand unter der Bettdecke gehalten; manchmal fühlte es sich rein freundschaftlich an und manchmal nach dem Mann, in den sie sich verliebt hatte.

»Erzähl mir von deinen früheren Freundinnen«, bat Allie.

»Nein.«

»Du kannst nicht immer einfach *nein* sagen!«

»Ich muss. Wenn der richtige Zeitpunkt dafür gekommen ist.« Sein Blick blieb hart.

»Dass es den nicht wirklich gibt, haben wir doch heute gelernt, oder?«

»Ich möchte nicht wieder den falschen Moment treffen.«

»Es tut weh, hm?«, fragte Allie mitfühlend.

Plötzlich schien er seine Meinung zu ändern. Erleichtert sah Allie, wie sich seine Gesichtsmuskeln entspannten.

»Genau genommen habe ich Angst. Vor dir.«

»Vor mir?«

»Ja. Du kennst sie. Früher oder später hättest du es sowieso erfahren.«

»Du warst mit dem *Stadtdiktator* zusammen?« Allie riss geschockt die Augen auf. Luis nickte und starrte ausdruckslos an die gegenüberliegende Wand.

»Hat dir die Sprache verschlagen, hm?«

»Allerdings!«

»Das wollte ich schon immer mal sehen.«

»Wie kam es denn … Ist Emma überhaupt dein Typ? *Sie*? Oder soll ich besser *er* sagen? Bist du dir überhaupt sicher, dass die Diessner eine Frau ist?« Aufgeregt fuchtelte Allie mit den Händen in der Luft herum.

»Du nimmst es mir wirklich ab, oder?«

»Ja, natür… Oh, du Widerling!«

Allie schlug einige Male mit einem Kissen nach ihm, bis die Neugier übermächtig wurde.

»Wer ist es dann?«

»Ich habe Journalisten noch nie gemocht«, brummte Luis, der gehofft hatte, um die Ursprungsfrage herumzukommen.

»Das hat nichts mit meinem früheren Job zu tun, sondern damit, dass ich eine *Frau* bin.«

»Das hat sie damals auch gesagt«, murmelte Luis.

»Was?«

»Ach nichts.«

»Na dann los!«

Luis seufzte und an seinem gequält verzogenen Gesicht erkannte Allie, dass sie nun die Wahrheit hören würde.

»Harriett.«

»*Du warst mit …?*«

»Wie ich bereits sagte.«

»Ihr zwei habt mich *beschissen*!«

Kaum hatte sie es ausgesprochen, wurde Allie bewusst, dass das so nicht ganz stimmte. Aber sie konnte nicht verhindern, dass ihr Gehirn auf *Rewind* drückte und die Situationen wiederholte, in denen sie Luis und Harriett ahnungslos gegenübergetreten war. Manchmal sogar ihnen beiden gleichzeitig. Es fühlte sich an wie eine Lüge, eine böse Hinterlist. Ein kleiner Betrug.

»Du mieser … Gnom, wie kommst du dazu, mich tagelang darüber im Unklaren zu lassen? Ich fühl mich wie das einzige Kind im Kindergarten, das noch nicht wusste, dass es den Weihnachtsmann nicht gibt!«

»Gnom?«

»Zieh es nicht ins Lächerliche«, fauchte Allie ironischerweise und drehte sich um. Wutanfälle waren manchmal wie Balsam für Verletzungen. Leider ließ die Wirkung ziemlich schnell nach.

Glücklicherweise war Allies Stimmungsverlauf Luis mittlerweile bekannt. »Ich kann nichts an meiner Vergangenheit ändern. Glaub mir, mich macht das auch nicht stolz. Aber ich konnte es dir nur erzählen, oder nicht. Ich habe es dir erzählt und glaube, das war die bessere Wahl.«

»Es kommt aber zu spät.«

»Wäre es zu einem früheren Zeitpunkt weniger schlimm gewesen?«

»Du hast mich zum Narren gehalten, indem du mir dieses Wissen vorenthalten hast. Immerhin habe ich mich mit ihr getroffen!«

»Hätte das irgendwas an eurem Treffen geändert?«

Allie schwieg. Ja, es tat schrecklich weh. Es fühlte sich an, als wäre es gestern gewesen. Aber es war weder sinnvoll noch begründet, auf irgendwen sauer zu sein. Harriett hatte das Thema ihr gegenüber diskret vermieden, höchstwahrscheinlich in dem Glauben, Allie wüsste Bescheid. Und Luis hatte, das musste man ihm zugestehen, keine Gelegenheit verstreichen lassen, in der er es ihr hätte erzählen können – es war bisher einfach nicht relevant gewesen.

»Was damals war, spielt heute keine Rolle mehr«, bestätigte Luis Allies Gedanken. Sie war ein wenig stolz auf sich, dass sie eigenständig auf diesen rationalen Rückschluss gekommen war, indem sie Wut und Schmerz überwunden hatte.

»Wann war damals?«, fragte sie jetzt.

»In der Zeit, als mein Vater starb. Ich glaube, ich habe einfach nur jemanden gesucht, der mir etwas bedeutet. Einen Ort, wo ich mit meinen übrig gebliebenen, verstümmelten Gefühlen hingehen konnte.«

»Gute Wahl.«

»Ja. Harriett war … Sie hat mich aufgepäppelt wie ein verwiesenes Kälbchen. Sie hat mich ehrlich geliebt. Nur bin ich vor ihr geflohen, sobald ich wieder laufen konnte.« Luis kräuselte die Stirn.

»Hast du sie geliebt?«

»Auf eine gewisse Art, ja.«

»Warum hast du sie verlassen?«

»Ich weiß es nicht genau. Vielleicht, weil ich nicht der Richtige für sie war. Und sie nicht die Richtige für mich.«

»Dann hat sie Daniel getroffen.«

»Nun, nicht ganz.« Luis kratzte sich verlegen am Hinterkopf.

»Hm?«

»Sie hat ihn schon vorher getroffen.«

»Natürlich, sie kennen sich seit der Grundschule«, ereiferte sich Allie.

»Richtig, aber sie waren auch vorher schon zusammen.«

»Damit willst du mir nicht sagen, dass sie Daniel mit dir betrogen hat, oder?« Allie sah ihn vorwurfsvoll an und Luis seufzte.

»Es ist viel komplizierter, als es sich anhört. Sie waren sozusagen auf Beziehungspause. Jedenfalls mag Daniel mich nicht sonderlich.«

»Und nachdem du sie einfach sitzen gelassen hast, sind sie wieder zusammengekommen?«

»Ja.«

»Ich glaube, das war dumm von dir.«

»Sie sitzen zu lassen?«

»Ja. Ich habe mal gelesen, dass jeder Mensch irgendwo über die ganze Welt verteilt genau fünf Seelenverwandte hat. Wie wahrscheinlich ist es, diejenigen zu treffen?«

»Deshalb glaube ich auch, dass Harriett alles richtig macht, obwohl Daniel bei Weitem nicht ihr Seelenverwandter ist. Aber er macht sie glücklich und liebt sie bedingungslos. Sie lacht, wenn sie bei ihm ist.«

»Wenn du glaubst, dass das genug ist, um zu heiraten, wieso bist du dann nicht bei Harriett geblieben?«

Luis seufzte.

»Al. Mein Problem war nicht, dass ich auf der Suche nach einem meiner fünf Seelenverwandten war, sondern dass ich einen von ihnen bereits gefunden hatte.«

Allies Herz machte einen Hüpfer. Sie verstand genau, was Luis ihr gerade gesagt hatte, und schenkte diesem Moment ein paar Sekunden Stille. Stumm lauschten sie der neuesten Komposition der Natur: Flussrauschen, Baumkronenrascheln, erstes morgendliches Vogelgezwitscher.

Allie wählte ihre Antwort mit Bedacht. »Jetzt«, wisperte sie andächtig, »verstehe ich auch, weshalb du nicht zu ihrer und Daniels Hochzeit kommen willst. Du bist dort nicht sehr willkommen.« Allie kicherte; es tat so gut, eine ernste Situation veralbern zu können.

»Das ist nicht witzig.«

»Aber so was von!«

Luis wartete noch einige Sekunden, bis sie sich eingekriegt hatte.

»Komm trotzdem mit mir zu der Hochzeit«, bat sie dann.

»Ich kann nicht.«

»Tut es weh, Harriett zu sehen?«

»Nein. Aber ich möchte Daniel an seinem großen Tag nicht die Laune verderben. Von daher nein.«

»Bitte.«

»Sieh mich, verflucht noch mal, nicht so an!«

»Bitte!«

»Hör auf!«

Allie schenkte Luis einen ganz besonderen Augenaufschlag und schob ihre volle Unterlippe ein Stückchen nach vorne.

»Ist ja gut, Teufelsfrau!«, knurrte er und schwang sich behände aus dem Bett.

»Was tust du?«

»Eine Runde laufen gehen.«

»Spinnst du? Schau mal auf die Uhr, wir sollten schlafen.«

»Erstens, ja, ich spinne, ich bin völlig neben der Spur. Deine Schuld. Zweitens, das ist es, was du jetzt tun wirst. Nachdem du hinter mir abgeschlossen hast.«

»Musst du mich gar nicht mehr vor Mr Mitchell beschützen?« Allie schmunzelte.

Er antwortete nicht. Allie erschauerte, als Luis' Schritte um das riesige Bett herum keinen Laut erzeugten. Er setzte sich auf ihre Bettkante.

Fast immer war Luis auf der Suche nach dem richtigen Augenblick. Noch vor einiger Zeit war es der richtige Augenblick gewesen, Leben zu beenden. *Luftwaffenkommando, Feuer frei!* Wie jeder normale Mensch wusste er, dass es dafür niemals einen richtigen Moment gab, aber Luis hatte ihn selbst damals trotzdem verzweifelt gesucht.

Doch in dieser Nacht fand Luis einen richtigen Moment zu einhundertprozentiger Sicherheit, denn er fühlte sich zu einhundert Prozent gut. Richtig.

Er beugte sich runter und legte eine Hand auf Allies Stirn. Erst einmal im Leben war ihm diese Geste widerfahren und deshalb war sie ein Privileg. Ein Geschenk.

Langsam und sanft malte sein Daumen ein Kreuzzeichen auf Allies Stirn. Dann küsste er das unsichtbare Mal und erhob sich.

»Ich hoffe, du hast eine gute restliche Nacht, Seelenverwandte«, raunte er, »schließ die Tür ab.«

Dann war er verschwunden und Allie brauchte eine weitere Stunde, um einzuschlafen.

Sechzehn

Am nächsten Morgen wachte Allie auf und fühlte sich energiegeladen wie schon ewig nicht mehr, obwohl sie gerade mal drei Stunden geschlafen hatte. Luis wartete bereits in der Küche auf sie und scrollte durch eine Nachrichten-App auf seinem Smartphone. Sie grüßte ihn mit einem strahlenden Lächeln und er lächelte zurück. *Es war so viel leichter, in seiner Nähe zu sein!* Nach der gestrigen Nacht gab es endlich keine unausgesprochenen Worte mehr, die zwischen ihnen standen. Während sie Rührei briet, spürte sie das ein oder andere Mal Luis' Blick in ihrem Rücken, doch das machte sie nicht länger nervös, es freute sie.

Pünktlich um halb acht bewirtete Allie Edward Mitchell mit einem deftigen Frühstück. Er fragte sie, was er ihr schuldig sei.

»Ich weiß es nicht«, antwortete sie wahrheitsgemäß.

»Sie wissen nicht, was Sie für eine Nacht in Ihrer eigenen Pension nehmen?«, lachte er.

»Nein, es tut mir leid.«

Mitchell bedankte sich unzählige Male für den warmen Empfang und das nette gemeinsame Frühstück. Gegen allen Protest bestand er darauf, dass Allie den Hundertdollarschein, den er unter die Untertasse geklemmt hatte, behielt.

Die Nachricht, dass die *Pensione* einen Gast beherbergt hatte, machte wie alles in Townsend schnell die Runde.

Zwei Tage später klopfte es erneut und eine vierköpfige Familie mit fünf Koffern und einer Luftmatratze bat um Unterkunft für eine Nacht. Eine ziemlich brüske Barkeeperin – »Oder vielleicht war es auch ein Er?«, überlegte Mrs Duffapile – in einer Bar namens *Dizzy's* habe ihnen dieses Hotel empfohlen.

Allie nahm sie auf.

Als Luis sah, wie viel Freude ihr die Bewirtung machte, nahm er es kommentarlos hin. Daraufhin drückte Allie ihm einen Putzeimer und einen Aufnehmer in die Hand, um das Familienzimmer auf Vordermann zu bringen. Ihrem Augenaufschlag konnte er nicht widerstehen.

Weil Männer bekanntlich eine andere Vorstellung von einem sauberen Zimmer hatten als sie selbst, folgte Allie ihm später hinauf, um ihn zu kontrollieren, während Familie Duffapile ihren Abendtee trank. Doch sie hatte den Ordnungssinn eines Soldaten um Lichtjahre unterschätzt: Die Tagesdecken waren symmetrischer um die Matratzen geschlungen, als es Mara je gelungen war.

Als Familie Duffapile abreiste, berechnete Allie ihnen selbstbewusst 93 Dollar, den Betrag, den Mara laut der alten Rechnungsbücher zuletzt für eine Nacht im Familienzimmer genommen hatte. Sobald sie den Motor des Familienautos vor ihrer Tür anspringen hörte, schnappte sich Allie einen Stift. In sorgfältigen Buchstaben schrieb sie *Gäste in der Pensione beherbergen* auf ihre *Memories-To-Do* Liste und setzte zufrieden einen Haken dahinter.

Allie rief noch viele weitere Male die mysteriöse Nummer von Maras Brief an, erfolglos. Ein einziges Mal nahm jemand den Hörer ab. Als eine Allie unbekannte Frauenstimme in einer fremden Sprache ohne Atempause schnatterte, legte sie kommentarlos auf. Leider hatte sie sich bloß verwählt. Allie war kurz davor, jedes einzelne Haus in Townsend abzuklappern und den Bewohnern den Brief zu zeigen. Doch sie verwarf den Gedanken. Sie verursachte bereits genug Gesprächsstoff im Dorf.

Mehrere Male telefonierte Allie mit Aaron und Mo. So glücklich die paar Minuten waren, die sie mit ihrem fröhlichen Sohn auf Basis seines Hundert-Worte-Vokabulars plauderte, so schrecklich waren die Diskussionen mit ihrem Mann. Offenbar hatte er gehofft, Allie würde merken, wie sehr sie diesen Ort hasste. Denn für ihr Glück und ihre Freude an der Wiederentdeckung ihrer Heimat konnte er keinen Funken Begeisterung aufbringen. Von Mal zu Mal gefror seine Stimme mehr und Allie konnte nicht glauben, dass der glückliche Moment, den sie in der Küche vor ihrer Abreise mit ihm geteilt hatte, weniger als eine Woche her war.

Aaron war verzweifelt und frustriert. Seine Frau veränderte sich sichtlich, doch die Erfahrungen in Townsend formten sie nicht zu der alten, kleinstadthassenden Liz, die er geheiratet hatte, sondern zu einer völlig neuen Frau, die in ihrer Bruchbude von *Pensione* offenbar glücklich war. An den Grund, weshalb sie nach Townsend gereist war, schien sie sich nicht einmal zu erinnern. Stattdessen baute sie sich Stein für Stein ein neues Leben, in das sie ihm nicht einmal Eintritt gewährte. Die Erinnerung an ihre wunderbare, gar sehnsüchtige Umarmung vor ihrer Abreise schenkte ihm mit jeder Sekunde weniger Hoffnung und nährte den dumpfen Schmerz in seiner Brust.

Nur mit Mühe konnte Allie ihm klar machen, weshalb sie noch bis Sonntag in Townsend bleiben musste. Sie war enttäuscht, dass Aaron darauf bestand, sie gleich am Montag abzuholen, fand jedoch keinen überzeugenden Einwand. Die ursprünglich geplante Zeitspanne war bereits überschritten.

Wenn sie nicht mit Aaron telefonierte, vergaß sie seine schlechte Laune augenblicklich. Sie genoss jeden einzelnen Tag und nahm, was das Leben in Townsend ihr bot. Für Luis setzte sie sich täglich ans Ufer des *Flowage*, ließ die Füße im Wasser baumeln und stoppte die Zeit, in der er von einem Ufer zum anderen schwamm. Von Edward Mitchells Hundertdollarschein veranstaltete Allie ein Barbecue in ihrem Garten, bei dem Harriett ihr Daniel, zukünftigen Ehemann und Nicht-mehr-in-der-Nase-Bohrer, vorstellte. Er war hochgewachsen, trug das dunkelblonde Haar ganz im Surfer-Style bis auf die Schultern und besaß den Anstand, Allie Blumen mitzubringen. Er hatte sich in Townsend selbstständig gemacht und betrieb eine winzige Windsurfing-Schule, mit der er Harriett angemessen versorgen konnte.

»Wenn wir aber irgendwann Kinder haben wollen«, raunte Harriett in Allies Ohr, »muss ich noch ein paar Jahre zur Schule gehen. Ansonsten landen wir innerhalb weniger Monate auf der Straße und ich muss auf einem Segelboot gebären.« Harriett war Grundschullehrerin und somit Hauptverdienerin in ihrer Beziehung.

Daniel mied Luis mit aller Sorgfalt und nur dadurch wurde Allie an das Beziehungschaos vor einigen Jahren erinnert. Harriett und Luis benahmen sich glücklicherweise so ungezwungen, dass ihre Vergangenheit Allie mit jeder Stunde gleichgültiger wurde.

Susan, die Besitzerin des *Beany Spot* und Harrietts beste Freundin, war ebenfalls mit ihrem langjährigen Freund gekommen. Die Schüchternheit ihrer Jugend war verflogen und Susan offenbarte Allie einige dreckige Details über Daniel, sobald Harriett nicht hinhörte. Sie konnte den Fiancé ihrer Freundin nicht ausstehen. Offenbar war er nie von dem Status des popelnden Außenseiters weggekommen, was jeder wusste, außer Harriett.

»Er ist überhaupt nicht in der Lage, Harry die Stirn zu bieten«, ärgerte sich Susan. »Wenn sie von ihm verlangen würde, mit ihr in die Schule zu kommen, um die Tafel in den Pausen sauber zu wischen, würde er nur ›Ja, Mäuschen‹ sagen und sich in seinen Alfa Romeo schmeißen. Wenn sie uns nicht hätte, würde Harry vor Langeweile eingehen!«

Das *uns* berührte Allie so sehr, dass sie in der Küche verschwand, um Susan eine zweite Portion selbst gemachtes Cashewkerneis zu besorgen.

Spät am Abend kam Emma vorbei, beteiligte sich aber nur wortkarg am Gespräch und befreite ihre Hände nur aus den Tiefen ihrer zerrissenen Hosentaschen, um an einer Grillfackel zu knabbern. Sie lobte Allies Aioli.

Jenna war ebenfalls eingeladen gewesen, erschien jedoch nicht.

Am heißesten Tag des Jahres zwang Luis mit zwei Schnorchel-Ausrüstungen und Flossen bepackt Allie sich sportlich zu betätigen. »Als ob es im *Flowage* was zu sehen gäbe. Ist doch nur ein blöder See«, murrte sie, steckte das durch Schnorchel und Brille entstellte Gesicht unter die glitzernde Oberfläche und fand sich mitten in einem Schwarm Hunderter glasfarbener Fische mit hervorstehenden schwarzen Augen wieder. Überrascht schreckte sie hoch und betrachtete von oben das klare Wasser und den Grund unter ihren Füßen. Alles wirkte so still und unbewegt. Sobald sie jedoch untertauchte, konnte sie all die Fische sehen, die für das Auge über Wasser unsichtbar blieben, die skurrilen Steinformationen und das zitternde Netz aus Lichtreflexionen, das durch die kleinen Wellen auf der Oberfläche gebrochen und auf den Grund geworfen wurde.

»Also, wir haben doch mindestens zehn verschiedene Fischarten gesehen, oder? Die Gestreiften, die Glasfische, die mit dem Kieselsteinmuster … die, die aussahen wie *Nemo* und den mit der neonblauen Flosse«, zählte Allie tropfend auf dem Heimweg auf. »Dann noch die Großen, den Riesenschwarm, den kleinen Knabberfisch …«

Luis' Augen grinsten schweigend.

Am Nachmittag besuchte Allie Townsends einzigen Buchladen. Sie fühlte sich unwohl, als sie ihr eigenes Buch in der Unordnung fand und die Verkäuferin sie daraufhin ansprach. Immerhin kannte sie weder Inhalt noch Thema des Romans. Doch Allie merkte schnell, dass auch die Buchhändlerin bereits über ihre Amnesie Bescheid zu wissen schien, und sie ging auf die zwanglose Unterhaltung ein. »Nur damit Sie es wissen, Sie haben einen wundervollen Schreibstil«, erklärte ihr die Buchhändlerin schmunzelnd. »Vielleicht schreiben Sie mal einen Roman über Ihre Amnesie?« Allie verließ den Eckladen eine Stunde später, um einen Kaffee und zwei Bestseller reicher.

Sie schaute ein weiteres Mal bei Jenna vorbei, doch die war nicht zu Hause.

Einen Tag später tat Allie etwas Aufregendes: Sie ging einkaufen wie jede andere Hausfrau Townsends auch. Zwar hatte man auf dem winzigen Parkplatz vor *Mike's Supermarket* nagelneuen, sauberen Asphalt ausgelegt, doch das Ladeninnere litt noch immer an derselben Ausstattung, die 1980 schon als urig und spartanisch gegolten hatte. Trotz all der Jahre stutzte Allie kurz, als nicht der klapprige Michael, der schon in Allies Kindheit verdächtig nach Verwesung gemuffelt hatte, sondern sein Sohn, Mike Junior, den Königsstuhl hinter dem Tresen hütete.

»Mach ein Kreuzchen im Kalender, Julie, ein unbekanntes Gesicht! Und ein so hübsches noch dazu«, rief Mike Junior erfreut und zwängte sich hinter der Theke hervor, um Allie die Hand zu reichen. Ganz im Gegensatz zu seinem alten Herrn war Mike, der Anfang zwanzig sein mochte und auf dem schmalen Grat zwischen gut gebaut und moppelig wanderte, die personifizierte Vitalität und besprühte jeden mit Optimismus, der in seine Reichweite gelangte.

»Einen wundervollen guten Morgen, werte Dame, heute bedient Sie der Chef höchstpersönlich«, schüttelte Mike Allies Hand und krempelte voller Tatendrang seine Hemdsärmel hoch. Goldene Löckchen kamen darunter zum Vorschein.

»Keine Seltenheit in einem Einmannbetrieb«, knurrte es aus Richtung der Kühltheke, was Mike geflissentlich ignorierte.

»Stören Sie sich nicht an meiner Angestellten, sie ist erst im neunten Ausbildungsjahr, nicht sehr kompetent und muss noch eine Menge lernen. Womit darf ich Ihnen denn dienen?«

»Ich, äh, bräuchte einmal Shampoo.«

»Welche Sorte, Ma'am?«

»Nun, wie wäre es mit Orangenblüten?«, schlug Allie verwirrt vor und folgte Mikes Blick zum Kosmetik-Abteil, das wie die meisten Regale nicht viel weiter als zwei Meter entfernt stand. Das Kosmetik-Abteil bestand aus gerade mal einem Regalfach, wo fein säuberlich zwei Tuben Zahnpasta, ein Rasiergel, ein paar Dosen Deo, Duschgel und Seife nebeneinander aufgereiht waren.

»Leider aus«, verkündete Mike mit bedauerlicher Miene und sah dabei aus, als hätte er in eine Zitrone gebissen. »Aber ich schaue mal im Lager.«

Mit der Wendigkeit einer Drei-Sterne-Restaurant-Bedienung verschwand Mike hinter dem Tresen und öffnete die winzige Holzschublade unter der Kasse. Sie klemmte und ließ sich erst beim dritten Versuch unter Protest öffnen.

»Nein, tut mir leid. Aber wenn Sie einen Augenblick warten würden, die neue Lieferung kommt in … Moment, lassen Sie mich kurz schauen … Elf Wochen.«

»Alles andere wäre auch okay«, lachte Allie.

»Offenbar müssen Sie damit vorliebnehmen«, zwinkerte Mike und reichte ihr eine Flasche Zitronenshampoo. »Es tut mir außerordentlich leid, Madame, das ist nicht der Standard unseres Hauses. Julie, schick eine Briefeule zu unserem Lieferanten. Aber weck sie schön sachte!«

»Du bist nicht lustig, Mike«, tönte die Stimme einer jungen Frau aus Richtung des Kühlregals. Allie musterte Mikes verklärten Blick und erkannte den leichten Stich, den Julies Kommentar dem fröhlichen Ladenbesitzer verpasst hatte. Doch der ließ sich nicht aus der Fassung bringen.

»Etwas mehr Respekt vor dem Chef, junge Dame! Die Gehaltserhöhung wurde soeben gestrichen!«

»Als ob eine Gehaltserhöhung in den letzten drei Jahren auch nur eine Stunde lang im Bereich des Möglichen gelegen hätte«, piesackte Julie ihren Chef und kaute provokant auf ihrer vollen Unterlippe.

»Würden meine Angestellten ein wenig freundlicher drein schauen, würden vielleicht weniger Kunden angsterfüllt aus dem Laden flüchten. Und vielleicht würden wir dann sogar mehr Umsatz machen, als dein Daddy dir Taschengeld gibt!«

»Würde mein Chef genauso gut verkaufen, wie er Reden schwingt, könnten wir uns beide bereits zur Ruhe setzen«, konterte Julie.

»Würden meine Angestellten endlich die Ware verräumen, anstatt sie aufzuessen, könnte ich in meiner Freizeit an meiner Verkaufsrhetorik feilen, anstatt Bitte-nicht-futtern-Schilder für meine Lieferungen zu basteln.«

Hinter den Regalen tauchte ein brauner Haarschopf auf und Julie schob sich grinsend ein Mini-Würstchen in den Mund.

»Du, Angestellte, arbeitest heute eine Stunde länger!«

»Du meinst, ich nuckele heute eine Stunde länger an meiner warmen, kohlensäurebefreiten Feierabend-Cola?«, fragte Julie gelangweilt und pflückte eine Weintraube von der Obsttheke.

Kopfschüttelnd wandte Mike sich an Allie: »Eine Frechheit, was man sich heute von seinen Angestellten gefallen lassen muss.« Er seufzte, aber das glückliche Leuchten in seinen Augen und die Farbe, die der Schlagabtausch mit Julie ihm auf die Wangen getrieben hatte, straften ihn Lügen.

Allie unterhielt sich noch einige Zeit mit dem jungen Ladenbesitzer, während seine Aushilfe immer wieder bissige Kommentare über die Regale hinweg warf. Schließlich erfuhr Allie von Julie, die laut ihrer Tante Isabelle eigentlich keine Tratschtante war, dass Jenna die Stadt verlassen hatte und erst nächste Woche zurückkommen würde. Als Allie später Harriett davon berichtete, war diese beleidigt, dass Jenna ihre Hochzeitseinladung nicht einmal abgesagt hatte. »Der runzlige Waldschrat hätte froh sein sollen, dass ich sie überhaupt eingeladen habe!«

Während Allie und Luis später ihr Mittagessen als Picknick an der meistbesuchten und schönsten Uferstelle einnahmen, fiel Allie siedend heiß ein, dass sie kein Geschenk für Harriett hatte. Trotz Luis' Einwänden, Harriett würde sich nur Geld für das Haus wünschen, das sie und Daniel vorhatten zu kaufen, rief Allie Susan an und erfuhr, dass Harriett einen Hochzeitstisch in einem Kaufhaus in Wabeno eingerichtet hatte.

Allie ging die Liste durch, die der Verkäufer ihr über den Kassentresen gereicht hatte. Mit einer Ausnahme war bereits alles weggestrichen. Ganz offensichtlich hatte kein Bewohner Townsends sich dazu hinreißen lassen, nur Geld in einen Umschlag zu stecken. Wo doch jeder wusste, wie sehr gerade Harriett Geschenke liebte.

»Was ist mit diesem hier?« Allie deutete auf den allerletzten Gegenstand auf der Liste. Der schleimige Verkäufer lachte affektiert.

»Miss Fawn hat darauf bestanden, dieses Objekt auf die Liste zu setzen. Sie sagte, sie habe sich verliebt. Allerdings war Mr Doughey das sehr unangenehm und er hat darauf bestanden, dass ich jedem seiner Hochzeitsgäste ans Herz lege, dass es ein Scherz seiner zukünftigen Frau sein sollte. Er möchte keinesfalls unhöflich und habgierig wirken und erwartet selbstverständlich nicht, dass dieser Wunsch ernst genommen wird.«

Allie musste grinsen. Diese Art von Scherz war Harrys Stil. Ein Scherz, der in ihrer wolkigen Luftschlosswelt wahr werden könnte, wenn sie es sich nur fest genug wünschte.

»Ich nehme ihn.«

Der Verkäufer schnappte nach Luft, gefangen zwischen Entsetzen und seligem Lächeln.

»Sind Sie sicher …«

»Al, das ist völlig unangemessen.«

»Ich nehme ihn.«

»Darf ich Ihnen das Schmuckstück zeigen?«

Der Verkäufer führte sie quer durch den Laden zu einem kleinen Podest, das von drei warmen Leuchtern in Szene gesetzt wurde. Harrietts Herzensstück war ein weiß gekalkter Eichenschuhschrank im Vintage-Stil, entsprechend mit unzähligen Ornamenten, Blumenranken und goldenen Schnörkeln verziert.

Der Verkäufer wiederholte noch einmal den vierstelligen Betrag. In Gedanken an die Summe, die sie auf ihrem Konto gesehen hatte, stimmte Allie zu. »Weil ich es mir leisten kann. Problemlos«, fuhr sie Luis an, als dieser erneut Bedenken äußerte, »und weil es momentan kaum jemanden in meinem Leben gibt, dem ich lieber ein Geschenk machen möchte.«

Der Verkäufer rannte los, um die Verkaufspapiere zu holen, bevor sie es sich anders überlegte. Zweifellos hatte die Hochzeit ihm den besten Monat seit Ewigkeiten und somit mindestens einen Bonus beschert, den seine Frau wahrscheinlich im selben Kaufhaus ausgeben würde.

Allie betrachtete den Schuhschrank ein letztes Mal. Seine Füße hatten die Form von Seerosen. Allie entschied, dass er in kein anderes Haus gehörte als in Harrietts und dass er niemals woanders mehr geliebt werden könnte. Der Verkäufer winkte ihnen noch hinterher, als die Rolltreppe sie bereits in die nächste Etage gebracht hatte.

Allie schleppte Luis in einen Spielzeugladen und bedauerte, dass Kinder ihre Puppenstuben mittlerweile ebenso modern, kantig und steril einrichten mussten wie ihre Eltern ihre Hightech-Solarenergie-Häuser. Sie fand dennoch eine kleine Holzkommode. In einem Bastelladen kaufte sie weiße Farbe, goldene Pailletten und Steinchen, das schönste Geschenkpapier und eine riesige Satinschleife. Zufrieden ließ Allie sich von Luis heimfahren und machte sich gedanklich eine Notiz, *jemandem ein atemberaubendes Geschenk kaufen* auf ihrer *Memories-To-Do* Liste abzuhaken.

Am Freitag war Allie auf Harrietts Junggesellinnenabschied eingeladen. Vor der quietschenden Holztür des *Dizzy's* hing ein riesiges Schild mit roter Schrift: *Girls only*. Allie hörte die Musik schon zwei Straßen weiter. Als sie eintrat, lief – so wie es noch sieben Mal an diesem Abend laufen sollte – *Girls just wanna have fun*. Allie wurde wie jeder Neuankömmling mit lautem Kreischen, wildem Schnattern und einer Laola-Welle begrüßt. Susan hüpfte herbei und setzte Allie eine Krone mit der Aufschrift *Best Girl* auf die Stirn. Emma schenkte Sekt in Bierkrügen aus. Allie glaubte, nein, mit einem Mal *wusste* sie, dass selbst in der heißesten Metropole Amerikas kein rauschenderes Fest gefeiert werden konnte.

»Wie viele kommen?«

»Keine Ahnung!«, jauchzte Harriett und pustete sich den weißen Faschingsschleier aus dem Gesicht; die letzten paar Bierkrüge standen ihr heiß auf die Wangen geschrieben. Allie tanzte, trank, sang und lachte mehr, als sie sich jemals erinnern konnte, es getan zu haben. Eine Frau, mindestens zehn Jahre jünger als Allie, fiel ihr um den Hals. Sie trug als Einzige die gleiche *Best Girl*-Krone wie Allie und Susan. »Allie, wie schön, dass ich dich endlich treffe!«, quietschte sie über die jubelnde Menge hinweg. »Du weißt wahrscheinlich nicht, wer ich bin. Wir haben uns erst ein einziges Mal gesehen, ein paar Tage, bevor du aufs College gegangen bist, genauer gesagt haben wir uns nur eine Nacht gesehen, aber wir haben uns *super* verstanden … so *schade*, dass wir uns nie näher kennenlernen durften, ich …«

»Du bist Justine!«

»Oh, hat Harry bereits von mir erzählt?«

»Nein ich …« Allie stoppte mitten in der Bewegung und riss die Augen auf. »Ich *weiß* es!«

»Du *weißt* es?«

»*Ja!*«

»Du erinnerst dich?«

»Nein. Aber ich *weiß* es einfach. Es ist da irgendwo!«

»Das ist legendär! Mädels!« Justine erzeugte einen gellenden Pfiff auf zwei Fingern. »Ich freu mich so für dich, das ist ja einfach irre!« Dem Pfiff folgend tanzten Susan und Harriett herbei. Letzterer war gerade eben noch von Susan der Hintern zu David Guettas *Sexy Bitch* versohlt worden.

»Mädels, Allie erinnert sich an etwas!«

»*Whoooo!*«, stießen Harriett und Susan einen Jubelschrei aus.

»Na ja, nicht direkt erinnern, aber wenigstens weiß ich was aus meiner erinnerungslosen Zeit …«

»*Whoooooooohooooo!*«

Allie lachte glücklich, sie fühlte sich, als könnte sie nie wieder mit dem Lachen aufhören. Nicht nur neue Erlebnisse füllten ihr Gedächtnis an diesem Abend mit wundervollen Erinnerungen, auch frühere

Begebenheiten kehrten nach und nach zurück. Besser konnte der Abend kaum werden!

Mit Justines Name hatte sich ihr wieder mal nur ein winziges Teil des Ganzen offenbart. Doch das war egal. Allie konnte es sich selbst nicht ganz erklären, aber die Erinnerung erfüllte sie plötzlich nicht mehr mit neuer Hoffnung auf weitere Eingebungen. Die Hoffnung bestand zwar immer noch, aber für Allie war sie in den Hintergrund getreten. Das wurde ihr jetzt bewusst. Ihre Freude über das neu gewonnene Puzzleteil wurde von etwas anderem völlig überschattet: Der Glückseligkeit über das Hier und Jetzt.

Es war nicht wichtig, ob sie sich an Justines Name erinnerte. Es zählte nicht, zu wissen, wann sie Justine zum ersten Mal getroffen hatten. Alles, was zählte, war der heutige Abend. Die Menschen, die sich jetzt darüber freuten, dass sie da war. Harriett, Susan, Justine. *Das Gefühl, hierher zu gehören, das zählte!*

Es war nicht wichtig, sich an Mos erstes Wort zu erinnern. Es war wichtig zu wissen, dass sie ihn heute liebte und er bis ans Ende ihrer Tage der wichtigste Mensch in ihrem Leben bleiben würde.

Mehr denn je spürte Allie, dass ihr jetziges Leben ihr mehr bedeutete, als die Erinnerungen an ein altes. Das hatte sie durch die Erinnerungen gerade eben verstanden. *Endlich war sie bereit, ihre Vergangenheit hinter sich zu lassen.* Die Erkenntnis machte Allie glücklicher, als die Erinnerung selbst. Sie schloss die Augen, vergaß die Welt um sich herum und tanzte.

Um Mitternacht ging die Musik aus. Die Frauen, bestimmt an die hundert, in einer Altersspanne von sechzehn bis sechsundsiebzig, brachten ähnliche Töne zustande wie die Männer beim alles entscheidenden Tor im Superbowl. Eine Gestalt kletterte auf die Bar. Die ersten Jazztöne eines allseits bekannten Songs tönten aus den Boxen und ein Scheinwerfer beleuchtete den Rücken der Gestalt, die langsam im Takt ihre Weste aufknöpfte.

»*You can leave your hat on!*«, grölten die Weiber im Chor zu dem Song und warfen Münzen hinter die Theke.

Allie konnte sich vor Lachen kaum halten, als sie den Stripper als Mike, den sympathischen Supermarktbesitzer, identifizieren konnte, dessen Körper wohltrainierter war, als sie gedacht hatte. Besonders musste sie grinsen, als er von seiner Aushilfe Julie einen Fünfdollarschein in den schwarzen String gesteckt bekam. Die lief dabei puterrot an. Gleich darauf humpelte die greisenhafte Dorfbäckerin auf ihn zu, deren Haut an einen chinesischen Faltenhund erinnerte.

Die Party ging bis zum Sonnenaufgang um halb sechs. Erst dann wurde sie ins *Beany Spot* verlegt, wo Susan, deren Krone mittlerweile schräg in ihrer wilden Mähne hing, und ein paar andere Mädchen Pancakes und Waffeln, Speck und Eier herbeibrachten.

Obwohl das Beany Spot nur ein paar Straßen entfernt war, ließ Allie sich mit dem Auto abholen. Sie schlief lange und ließ sich von Luis piesacken, während sie ihren Kater kurierte. In Erinnerung an ihren ersten Abend backten sie Stockbrot über dem Lagerfeuer und überlegten gemeinsam, welche Punkte Allie nun auf ihrer Liste abhaken konnte: *einen Junggesellinnenabschied besuchen, einen Striptease ansehen, die Nacht durchtanzen, einen Kater haben …*

Allie putzte das Haus. Sie probierte Frisuren aus und wagte sich an einige Schminkversuche für den großen Tag. Sie ließ sich von Luis in das Phänomen *YouTube* einweisen und wurde gleich so süchtig danach, dass sie auch versuchte, ihr früheres Facebook-Passwort zu ermitteln – erfolglos. Über Luis' Account sah sie sich ihr Profil als Besucher an. Sie hatte fast nie selbst etwas gepostet, die Einträge auf ihrer Pinnwand stammten allesamt von Personen, die sie markiert hat-ten. *Leyla Wilson war mit Alison Keepsaker und zwei weiteren Personen hier: Philadelphia History Museum.* Allie verzog das Gesicht. Ein Geschichtsmuseum? Oh Gott, ihr früheres Leben musste wirklich sterbenslangweilig gewesen sein! Halbherzig scrollte sie ihre Freundesliste durch auf der Suche nach bekannten Gesichtern. Doch bei keinem der siebenhundert vermeintlichen *Freunde* klingelte es bei ihr. Und angesichts der Geschichtsmuseums-Sache machte ihr das auch gar nichts aus.

Sie erstellten Allie ein neues Facebook-Profil und nach ein paar Stunden hatte sie sechsunddreißig neue Freunde aus Townsend. Aaron hatte ihre Freundschaftsanfrage noch nicht bestätigt.

Allie bemalte und beklebte den Spielzeugschuhschrank und verpackte Harrietts Geschenk mit größtmöglicher Liebe. Anschließend begleitete sie Luis nach Wabeno, wo er einen monströs großen Blumenstrauß für Harriett bestellt hatte. Er war so riesig, dass man ihn nicht in der Hand halten konnte, ohne dass er das eigene Gesicht verdeckte. Die Tulpen, Margeriten und Chrysanthemen blühten wunderbar rosa und weiß. Luis inspizierte den Strauß akribisch von allen Seiten, ganz so, als wollte er sich keinen Fehler dabei erlauben, Harriett Blumen zu schenken. Allies Unterbewusstsein begann, an alten Wunden zu kratzen. Musste er wirklich so einen Aufwand für Harrietts Blumenstrauß betreiben? Sie rümpfte die Nase. Nach einer gefühlten Ewigkeit nickte Luis das Werk des Floristen ab und bezahlte eine wie Allie fand ebenfalls völlig unangemessene Summe. Zufrieden trug Luis den Strauß aus dem Laden und stoppte dann plötzlich.

»Halt mal. Habe was vergessen.« Er drückte Allie den übergroßen Strauß in die Hände. Allie hielt den Strauß weit von sich weg, als würde er sie anekeln, und warf Luis einen finsteren Blick zu. Doch den bekam er gar nicht mehr mit, er war bereits im Blumenladen verschwunden.

Mit jeder Minute, die Allie auf ihn warten und diesen furchtbar kitschigen rosa-weißen Strauß in den Händen halten musste, verschlimmerte sich ihre Laune. Ihr fiel nur ein einziger Grund ein, weshalb Luis so einen Wirbel um den Blumenstrauß für Harriett machte, und dieser Grund gefiel ihr ganz und gar nicht! Endlich kam Luis zurück aus dem Laden, nahm ihr den Strauß ab und ließ ihn achtlos an seiner Hand herunterhängen. Ohne Worte überreichte er ihr dann einen zweiten Blumenstrauß, den gerade er im Blumengeschäft hatte binden lassen. Als sie daran roch, kitzelten die roten, langstieligen Rosen an Allies Nase und ihre schlechte Laune flog in den Himmel davon. *Rote Rosen geschenkt bekommen*: Check.

Allie ging mit Luis joggen, begleitete ihn einen Tag später lieber mit dem Fahrrad und entschied am dritten Tag, dass es zu albern wäre, das Auto zu nehmen.

Sie kaufte neue Tischsets für die *Pensione* und weite Badehosen für Luis. Dass diese eng sitzenden Eierkneifer heutzutage peinlich waren, hatte selbst sie als Mode-Rookie verstanden. Er weigerte sich allerdings, sie beim Schwimmen zu tragen. Für den Garten erachtete er sie als okay.

Luis eröffnete ihr weitere Seiten seines geheimnisvollen Selbst: Er fuhr Motorrad, besaß sogar eins. Allie ließ ihn den ganzen Weg bis zu seinem Elternhaus joggen und mit dem Motorrad zurückkommen. Er nahm sie auf eine Spritztour mit und wenig später hakte sie noch immer vollgepumpt mit Adrenalin *Motorrad ~~fahren~~ rasen* auf ihrer Liste ab.

Und plötzlich war Sonntag.

Siebzehn

Isabelle sah auf die Uhr, jeden Moment würde es klingeln. Sie rückte ihren Kopfschmuck aus rosa Federn und steifer Spitze zurecht. Vor zwei Jahren hatte sie ihn gemeinsam mit ihrer Nichte für deren Hochzeit ausgesucht. Ihre Nichte hatte damals allerdings nicht so viel Glück mit dem Wetter gehabt, wie Harriett heute an ihrem großen Tag.

Durch das geöffnete Fenster drang warme Sommerluft ins Haus. Schon jetzt war es viel zu heiß für einen Sommertag in Townsend und Isabelle sorgte sich, ob sie und Marshall den Tag problemlos überstehen würden. Wenn Marshall unter extremem Hitzeeinfluss stand oder von zu vielen Menschen umgeben war, fing er manchmal an, beängstigend laut zu stöhnen und zu ächzen. So als litte er unsagbare Schmerzen. Beides würde heute der Fall sein, überlegte Isabelle stirnrunzelnd, und sie wollte auf keinen Fall einen wichtigen Hochzeitsmoment ruinieren. Noch dazu hatte Marshall keinen besonders guten Tag.

Sie hatte über eine Stunde gebraucht, um ihn in seinen alten Sonntagsanzug zu kleiden und in den Rollstuhl zu hieven. Mit der richtigen Technik benötigte sie dafür eigentlich kaum Kraft, hatte sie doch in den letzten Jahren zahlreiche Gelegenheiten gehabt, zu üben. Aber heute hatte ihr der Geist des Alters mal wieder einen Besuch abgestattet, sie an ihre Gelenkschmerzen und steifen Knie erinnert und Marshalls morgendliche Pflege zu einer Tortur gestaltet. Beinahe wäre sie selbst nicht rechtzeitig fertig geworden. Es war bereits halb zehn, als es endlich an der Tür klingelte. »Ich komm ja schon, ich komm ja schon!«

Als Isabelle die Tür öffnete, wurde sie von strahlendem Sonnenschein und einem wolkenlosen Himmel begrüßt. Ihr Blick wanderte von Luis zu Allie.

»Guten Morgen, ihr beiden. Du meine Güte, Alison!«, stieß sie beim Anblick von Maras Tochter aus. Die Kleine würde in Isabelles Augen auf ewig Kind bleiben, doch ihr Anblick heute hatte nichts mit einem Kind zu tun. Natürlich wusste Isabelle bereits, dass Allie sich das rosenrote Cocktailkleid ausgesucht hatte. Isabelle hatte es vor einigen Wochen eigenhändig nach einem italienischen Schnittmuster gefertigt, das die mittlerweile wieder geschiedene Nichte von ihrer Europatour mitgebracht hatte. Isabelle hatte das Kleid schon auf dem beigelegten Foto gut gefallen (auf dem Foto war es cremefarben abgebildet), nie hätte sie jedoch gedacht, dass es die Vorzüge einer Frau so fantastisch hervorheben konnte. »Dreh dich, Kind, dreh dich!«

Allie tat ihr den Gefallen, wenn sie auch etwas verlegen dabei wirkte. Noch war sie nicht ganz in ihr Prachtstück von Kleid hineingewachsen, doch im Laufe des Tages würde sie sich schon einfinden, da war sich Isabelle sicher. Ein Auge wie ihres irrte bei so etwas nicht. »Grundgütiger, du siehst einfach wundervoll aus! Marshall muss das sehen. Marshall, schau dir nur unsere Allie an!« Und sie verschwand im dunklen Haus, um ihren Mann im Rollstuhl herbeizuholen.

Nervös trat Allie von einem Fuß auf den anderen, was mit den Schuhen gar nicht so einfach war. Sie konnte sich nicht erinnern, jemals so hohe Absätze getragen zu haben, doch auch in dieser Sache hatte Harriett keine Gnade gekannt. Und Allie musste zugeben, ihre Freundin hatte einen unfehlbaren Blick für Stil. Allie fühlte sich ihrem Outfit gar nicht würdig, obwohl das Kleid an ihr herabfloss, als wäre es maßgeschneidert.

»Er hatte einen leichten Schlaganfall. Erschrick dich nicht zu sehr«, erinnerte Luis sie, als Isabelle den Rollstuhl geschickt durch den engen Flur manövrierte.

Marshall war nur noch die Hälfte des Mannes, den Allie einst gekannt hatte. Er saß zerbrechlich und federleicht in dem Rollstuhl, die Augen wässrig, die zierlichen Hände kraftlos im Schoß gefaltet. In seinem dunkelbraunen Sonntagsanzug ging er unter wie ein Kind im Hemd seines Vaters. Seine teigige Haut warf Falten über seinen Knochen. Von der einstigen Autorität, die ihnen früher so manches Mal Beine gemacht hatte, vor allem, wenn sie sich noch spät abends am Flussufer betrunken hatten, war nichts übrig geblieben.

»Ich … ich hatte keine Ahnung.« Alle Farbe wich aus Allies Gesicht. Isabelle schloss sie fest in ihre Arme, um ihr Trost zu spenden, obwohl es ihr nicht anders ging. Bloß weil sie tagtäglich, stündlich, mit ansehen musste, wie der Mann, den sie liebte, dahinschied, war es nicht weniger furchtbar. Wie gern hätte sie heute einen Walzer mit ihm getanzt, so wie sie es am Anfang ihrer Beziehung oft getan hatten. Mit über siebzig hatte Marshall sie noch so lange herumgewirbelt, bis sie sich wieder wie zwanzig fühlten.

»Er erkennt dich nicht, aber es geht ihm gut. Du brauchst dich nicht zu sorgen, ihm geht es gut«, versicherte Isabelle.

»*Natürlich erkenne ich Allie*«, empörte Marshall sich plötzlich und Isabelle wirbelte erschrocken zu ihm herum. War es Tage, Wochen oder Monate her, dass sie einen sinnvollen, ganzen Satz von ihm gehört hatte?

»Was … Was hat er gesagt?«, erkundigte sich Allie kleinlaut, erschrocken über seine undeutlichen Worte. Sie vermutete, dass seine linke Gesichtshälfte gelähmt war.

»Er sagt, er erkennt dich«, schluchzte Isabelle und trocknete sich die Augen mit einem Taschentuch. »Herr Gott, es gibt Tage, da erkennt er nicht einmal mich. Da hält er mich für seine Mutter.«

»*Schublade. Nachttisch*«, sagte Marshall in seiner Sprache, die nur Isabelle verstand. Sein Tonfall jedoch war unmissverständlich für alle drei: *keine Widerrede.*

»Marshall, Schatz, da ist nichts, was …«

»*Schublade*«, beharrte der winzige Mann und ein Speichelfaden lief sein Kinn herab. Gedankenverloren entfernte Isabelle ihn mit dem Taschentuch und eilte in ihr gemeinsames Schlafzimmer.

Langsam ging Allie vor dem Rollstuhl in die Hocke und legte ihre Hände auf Marshalls. »Wie geht es dir, du alter Knacker?«, lächelte sie.

»*Ging schon mal besser*«, antwortete Marshall. Seine Antwort gab er Allie wortlos, lediglich mit seinem schiefen Lächeln.

»Es tut mir schrecklich leid, dass ich nicht bei dir war.«

»*Das ist in Ordnung. Du musstest deinen Weg machen*«, sagten seine Augen. Er schloss die Lider, kurz und beschwichtigend.

»Du bist immer für mich da gewesen. Weißt du eigentlich, dass ich mir manchmal vorgestellt habe, du wärst mein Opa?«

»*Ich hab mir oft gewünscht, das zu sein, Wirbelwind.*«

»Aber ich lasse dich jetzt nicht mehr allein.«

»*Das würde mich sehr glücklich machen.*«

Sie vergrub ihren Kopf in seinem Schoß.

Isabelle lief eine Träne die Wangen herunter, als sie in der Tür stand und schweigend beobachtete, wie ihr Mann seine faltigen Hände zart auf den Kopf der jungen Frau legte und winzige, kreisende Bewegungen machte.

Sehr schwerfällig nuschelte Marshall etwas, hob seinen zittrigen Arm, und deutete auf Luis.

»*Das hat der Einbrecher im Bootshaus verloren*«, übersetzte Isabelle zweifelnd und schien das Foto in ihrer Hand, das sie in Marshalls Nachttischschublade gefunden hatte, erst jetzt zu bemerken. Marshall nuschelte. Nur drei Worte. Sie waren so undeutlich, dass selbst Isabelle entschuldigend mit den Schultern zuckte, doch Allie verstand ihn trotzdem als einzige. Sie glaubte zu wissen, was auf dem Foto war, von dem sie bisher nur die Rückseite sehen konnte. Sanft nahm sie es Isabelle aus der Hand und nickte leicht. Sie hatte recht gehabt. Dann reichte sie es Luis, der sich noch immer nicht bewegt hatte.

»Das hast du verloren, als du in Marshalls Bootshaus eingebrochen bist. Damals.«

Prüfend schaute Allie zu Marshall und erkannte unter der Maske der an ihm zehrenden Krankheit ein zufriedenes Lächeln. Sie erwiderte es.

»*Kluges Mädchen.*«

»Danke, Marshall.«

Dann fing der alte Mann an, guttural zu stöhnen.

»Es ist ihm zu warm. Wir müssen jetzt zum Auto gehen«, erklärte Isabelle und schob den Rollstuhl den Kiesweg hinunter. Die Kirchenglocken läuteten bereits.

Luis hob den Mann problemlos auf den Rücksitz und verstaute den Rollstuhl im Kofferraum. Allie und Isabelle saßen links und rechts von ihm, damit er nicht umkippen konnte.

Einige Zeit hingen alle ihren eigenen Gedanken nach und ließen die mächtige, wortlose Kommunikation der letzten Minuten Revue passieren.

Auf einmal flüsterte Allie: »Ich kann gar nicht glauben, dass er dement ist.«

Isabelle schüttelte langsam den Kopf. »Ich manchmal auch nicht.«

»*Bringen Sie uns jetzt an die Front, Mummy? Nach Deutschland?*«, ächzte Marshall noch undeutlicher als sonst.

Traurig lächelte Isabelle und küsste ihn auf die Schläfe.

»Was hat er gesagt?«

»Dass das Wetter einfach wunderbar für eine Hochzeit ist. Schau mal, wie viele Leute schon da sind«, rief Isabelle aufgeregt, als das Auto langsam vorm Kirchplatz zum Stehen kam. »Und da ist Daniel! Ach Gott, er ist kalkweiß! Dass er uns bloß nicht umkippt!«

Die Orgel spielte die wunderbaren Klänge Pachelbels Kanon an. Synchron drehte die Menge ihre Köpfe, um einen Blick zu erhaschen. Die kleine Kirche war gerammelt voll, bis auf den letzten Platz besetzt. Pater Bennett, in seinem besten Gewand, schaute glücklich und aufmunternd den Mittelgang hinab. Ein Raunen ging durch die Menge.

Die Trompete setzte ein, das schwere Kirchentor öffnete sich. Mr Fawn führte die schönste Frau Townsends und in diesem Moment vielleicht ganz Amerikas in die kleine Dorfkirche.

Harriett strahlte, alles an ihr strahlte. Kein kindlicher Zug des Weihnachtsengels war mehr übrig, den Gang hinab schritt eine erwachsene Frau. Der geheimnisvolle Glanz umwarb sie mehr als je zuvor.

Plötzlich gellte ein Schrei aus einer der hintersten Reihen. Sogar Harriett fuhr erschrocken zusammen. Das Orchester, nun schon bei der vierten Wiederholung, ließ sich nicht beirren. Der Schrei verwandelte sich in einen Jubelschrei angesichts Harrietts Anblick, die Menge atmete auf und nach Sekunden setzten die anderen Hochzeitsgäste ein, sprangen von ihren Bänken und jubelten, bis das Geschrei die Musik übertönte. Harriett entspannte sich und das weite Strahlen einer glücklichen Braut breitete sich in ihrem Gesicht aus, glücklicher denn je über all den Jubel allein ihrer Hochzeit wegen.

Lächelnd betrachtete Allie die Braut, die mitten im Gang stehen geblieben war, eine Hand auf ihre goldene Kette gelegt, und lachend der feiernden Menge winkte.

Es war spektakulär. Es war Harrietts Traumhochzeit.

»Was hat es mit dem Foto auf sich, das Marshall uns gegeben hat?«, flüsterte Allie, als Terrence und das Orchester wenig später einen weiteren Song anstimmten. Terrence war einige Jahre jünger als Allie und hatte schon immer die afroamerikanische Minderheit in Townsend repräsentiert. Der hagere, stille Junge, der er einst gewesen war, hatte sich zu einem Koloss entwickelt, der seine dünne Stimme heute mit einem rauchigen Organ wettmachte.

»Ich muss es in der Nacht im Bootshaus verloren haben.« *There's nothing you can do …* stimmte Terrence mit seinem melodischen Bass die erste Zeile des Beatles-Klassikers *Love is all you need* an.

»Und …?«

»Willst du jetzt diskutieren, Allie?«, zischte Luis gedämpft.

»Warum hattest du es dabei?«

Allie dachte an das Foto. Es war ein Schnappschuss, im Dämmerlicht eines frühen Abends aufgenommen. Die abgelichtete Person hatte nicht gemerkt, dass sie fotografiert worden war. Man hatte ihr Profil während eines Lachens eingefangen, ihr Sommerkleid wehte im Wind und ihre Nase war selbstbewusst erhoben. Sie dachte an Marshalls drei Worte, die nur für sie bestimmt waren: *Er liebt dich.*

Verstohlen sah Allie zu Luis rüber. »Und denk daran: Du bist in einer Kirche. Du musst aufhören, mich zu belügen.«

Luis spürte das Bild in seiner Innentasche und ein feines Prickeln überzog seinen Rücken. Es war das schönste Foto, das je von Allie geschossen worden war. Bis er es verloren hatte – und bis heute hatte er gegrübelt, wo das gewesen sein mochte – hatte er es stets dabei gehabt. Immer. *It's easy* hauchte Terrence im Hintergrund und Luis fasste sich ein Herz. »Ich war in dich verliebt. Jetzt weißt du's, obwohl du bestimmt so klug warst, es dir schon lange zu denken. Vielleicht wusstest du es ja auch schon, weil du Harriett gefragt hast. Und jetzt? Wie hilft dir das jetzt weiter?«

»Und war ich in dich verliebt?«, fragte Allie unbeirrt.

»Sag du es mir!«

»Ich würde nicht fragen, wenn ich es wüsste. Ich weiß es nicht, Luis.«

»Was denkst du?«

Allie benötigte nicht eine Sekunde, um zu antworten. Die letzten Tage hatten ihr mehr als deutlich gemacht, was sie für Luis empfand und sicherlich auch schon immer so empfunden hatte. »Ich denke ja.

Ich denke, ich habe dich sehr geliebt.« Sie stockte kurz und flüsterte dann: »Habe ich dir je gesagt, dass ich dich liebe, Lu?"

Seine Miene verzog sich nicht ein Stück, als er ausdruckslos antwortete. »Ja. Hast du.«

Allies Herz schlug schneller, doch sie schluckte die aufsteigende Aufregung herunter. Nach der vergangenen Woche war sie geübt darin. Schnell schob sie die nächste Frage hinterher, sie musste das hier jetzt zu Ende bringen. »Und du hast es mir gesagt?«

»Ja.«

»Und warum sind wir nicht zusammengekommen?«

Schweigen. Allies Herz schlug bis zum Hals, sie hörte kein Wort von dem, was vorne im Altarraum gesprochen wurde. Gebannt hing sie an Luis' Lippen. Er rang mit sich. Luis wollte es endlich aussprechen und doch wollten die Worte nicht über seine Lippen kommen.

»Sind wir. Wir waren ein Paar.«

Es fühlte sich an, als würde sie Hunderte Meter in die Tiefe stürzen. Etwas in Allies Bauch flatterte, vor Aufregung drehte sich ihr Magen um sich selbst. Ihre Vergangenheit schien sich zu öffnen wie ein Buch, dessen siebtes Siegel jemand soeben zerstört hatte.

»Warum hast du mich die ganze Woche lang angelogen?«, wisperte Allie und rutschte auf der Kirchbank ein paar Zentimeter von ihm weg. Luis hörte trotzdem, wie ihre Stimme sich überschlug.

»Ich musste es tun. Zu wissen, dass wir uns vor Ewigkeiten ineinander verliebt haben, hätte dich nicht weiter, sondern nur durcheinandergebracht. Du hast Aaron geheiratet. Du hast ihm irgendwann die ewige Treue versprochen. Das sollte ich nicht brechen, indem ich dich mit vergangenen, längst nicht mehr relevanten Gedanken konfrontiere.« Sein Blick blieb hart.

»Oh und jetzt entscheidest *du*, welche Teile meiner Vergangenheit relevant zu wissen sind und welche nicht? Ich suche nach der *Wahrheit*, der *ganzen* Wahrheit, und ich habe dir vertraut, obwohl du das schon lange nicht mehr verdient hast!« Bei ihren letzten Worten hob sie die Stimme.

»Es hätte dir nur geschadet«, knurrte Luis kurzatmig zwischen den Zähnen hervor, als ihnen eine Frau aus der vorderen Sitzreihe einen bösen Blick über die Schulter zuwarf.

»Wie kannst du es wagen, über mein Leben zu herrschen wie Gott? Du *weißt*, dass ich die dunklen Seiten meiner Vergangenheit so verzweifelt suche. Verschweigst du mir womöglich auch all die anderen Geheimnisse, die ich suche? *Weil sie mir nichts nützen?*«

»Nicht, weil sie dir nichts nützen, sondern weil sie dir unnötigen Schaden zugefügt hätten. So wie jetzt. Du weißt, dass zwischen uns etwas *ist*, und jetzt weißt du auch, dass zwischen uns etwas *war*. Und da es jetzt sowieso zu spät ist: Ja, es war etwas Richtiges, etwas Intensives, es hat uns fast umgehauen! Und jetzt wirst du unseretwegen deine Ehe infrage stellen, was unnötig ist. Also habe ich es vermieden.«

»Das Einzige, was ich infrage stelle, bist *du*! Weißt du, was ich glaube? Ich glaube, dass du mich von vorne bis hinten belügst und betrügst, um Aarons scheiß *Mission* zu erfüllen! Es geht nur um die *Mission*. Was ich fühle, was ich will, ist dir egal. Gibt Aaron dir vielleicht sogar Geld dafür?«

»Pssscht«, zischte die Frau aus der vorderen Reihe.

»Verdammt, Allie, ist das dein Ernst? Denkst du wirklich, ich tue das alles hier, um dir zu schaden, und stecke mit Aaron unter einer Decke?«

»Nein, du willst mir nicht schaden, aber du hast auch verdammt noch mal keine Ahnung, was richtig für mich ist!«

»Vielleicht hast du recht.«

»Was?«, flüsterte Allie und fühlte sich von seinem plötzlichen Zugeständnis wie über den Haufen gerannt.

»Dass ich nicht weiß, was richtig für dich ist. Ich habe versucht, Aaron gegenüber loyal zu sein, indem ich den Abstand zwischen uns beiden möglichst groß gehalten habe, und ich habe versucht, Liz' Entscheidung, Aaron zu heiraten, Respekt zu zollen. Wenn ich dich zurückgewonnen hätte, wäre ich nicht nur ein egoistisches Arschloch gewesen, das einem Mann seine Frau ausspannt. Ich hätte auch deine Entscheidung, Aarons Frau zu werden, ignoriert und in den Dreck gezogen. Aber vielleicht war all das falsch. Vielleicht hätte ich darauf hören sollen, was die jetzige Allie will, und nicht, was ich denke, was richtig ist.«

Sein sturer Blick war weicher geworden. Jetzt wirkte er auf Allie nur noch erschöpft.

»Luis, ich …«, wollte Allie ansetzen, doch sie wurde von der Frau aus der vorderen Reihe unterbrochen: »Wenn Sie dahinten nicht gleich Ihren Mund halten!«

Dann begann Harriett ihr Ehegelübde.

Allie hatte nicht geglaubt, dass es eine noch tosendere Feier geben könnte als Harrietts Junggesellinnenabschied, doch sie wurde eines Besseren belehrt. Ganz Townsend hatte sich versammelt, um das junge Brautpaar zu feiern und sie machten ihrem Ruf als Dörfler alle Ehre – und zwar mit Stolz.

Harriett hatte Townsends schönste Uferstelle für das riesige Zelt ausgewählt. Es bot genug Platz für eine fröhliche Gartenparty und Hochzeitsspiele, einige der Kinder planschten sogar an seichten Stellen des *Flowage*.

Die Bewohner aßen, tranken, prosteten und lachten laut. Allie erkannte die Silberplatten aus dem *Beany Spot*, die Bierkrüge aus dem *Dizzy's*, die zartblumigen Tischdecken, die aus dem gleichen Stoff gemacht waren wie die Gardinen in Isabelles Schneiderei, und die langen Malertische aus *Mike's Supermarket*, auf denen er allwöchentlich seine Superschnapper darbot.

All das nahm Allie wahr, doch es erreichte sie nicht wirklich. Zu sehr war sie damit beschäftigt, ihre dunklen Gedanken nicht nach außen dringen zu lassen und die fröhliche Fassade aufrecht zu erhalten. Ein Tag wie dieser bot keinen Platz, um andere mit Luis' und ihren Problemen zu belasten. Also lächelte sie, während ein Sturm in ihr tobte.

Sie hatte Luis nicht mehr gesehen, seit sie die Kirche verlassen hatten. Ihr war das ganz recht, sie hätte seinen Anblick heute nur schwer ertragen. Das Gespräch in der Kirche lag ihr tonnenschwer auf der Seele. Am liebsten hätte sie es Luis gleichgetan und wäre einfach verschwunden, um mit ihren Gedanken alleine zu sein. Aber weil sie Harriett das nicht antun wollte, blieb sie, drängte die Erinnerungen an das Gespräch mit Luis in den Hintergrund und stieß tapfer mit Susan und Justine an, die ihr mit jeder Sekunde sympathischer wurden.

Nun, da der Himmel langsam in ein dunkles Violett getaucht wurde und Hunderte Lampions in der Abendluft schaukelten, zogen sich die älteren Gäste ins Zelt zurück. Die jüngeren blieben auf der Tanzfläche vor dem Zelt. Allie entschuldigte sich freundlich bei Susan und Justine, nahm ihr Glas Wein und schlenderte alleine über das Fest. Sie atmete auf. Es tat gut, ein wenig für sich zu sein und nicht zwanghaft lächeln zu müssen. Sie nahm einen Schluck Merlot und schon entspannten sich ihre Schultern ein wenig.

Allie beobachtete die hübsche Julie, die hinter der Theke fleißig Alkohol ausschenken durfte. Offenbar genoss sie ihre Sonderposition, um bei den männlichen Pickelgesichtern Eindruck zu schinden. Die jedoch suchten zackig das Weite, sobald Mike sie mit bitterbösen Blicken beschleuderte.

Allie beneidete Julie und Mike ein wenig. Zwischen ihnen war es so einfach. Ganz offensichtlich würde es nicht mehr lange dauern, bis sie zusammenkamen. Gerade lachte Julie rotzig über etwas, das Allie nicht verstehen konnte, und warf dabei ihre Locken über ihre Schulter. Jede ihrer selbstbewussten Gesten zeigte, wie viel Temperament in ihr steckte – Allie selbst hatte das bei ihrem Einkauf in *Mike's Supermarket* ja schon live miterleben dürfen. Mike hingegen war eher ein sanfter Typ. Zwar war er für jeden Spaß zu haben, doch er konnte auch unglaublich viel Ruhe ausstrahlen. Jetzt gerade zum Beispiel, wie er die Hände in den Hosentaschen versunken neben Julie stand und sie verliebt anlächelte. Sie gaben ein gutes Paar ab, fand Allie. Julie war die harte Schale, Mike der weiche Kern. Das einzige, was den beiden noch im Wege stand, waren sie selbst. *Ob es bei Luis und ihr damals auch so gewesen war …?* Gedanklich wünschte Allie den beiden alles Glück für ihre Zukunft.

Allie schlenderte weiter am Rand der Tanzfläche entlang und beobachtete still die Hochzeitsgäste. Meena, die früher für Mara gearbeitet hatte, unterhielt sich aufgeregt mit Pater Bennett über das nächste Pfadfinderlager, das sie dieses Jahr organisieren würde. Für Evan und seine Kamera posierte ein jeder geduldig, bis Evans zitternde Spinnenhände ein nicht verwackeltes Bild zustande brachten.

Sie lief an einer kleinen Gruppe von Gästen vorbei, die sich um Susan scharten, und Allie belauschte, wie Susan gemütlich fiese Anekdoten über Daniel in der Menge verteilte, die selbst an Daniels Ehrentag als Bräutigam heimlich kichernden Zuspruch fanden. Susan zwinkerte Allie verschwörerisch zu.

Die hochschwangere Marina ignorierte betont die Bäckergehilfin Sandy, die sie verdächtigte, mit ihrem Mann Jake geschlafen zu haben. Plötzlich entdeckte Allie am Straßenrand Isabelle und Marshall, die im Begriff waren, in ein Auto zu steigen. Schnell lief sie hinüber.

»Eine Märchenhochzeit, wie Harry sie sich immer erträumt hat«, seufzte Isabelle zum Abschied an Allies Seite und stützte sich auf Marshalls Rollstuhl. Marshall selbst war bereits vor Stunden eingenickt. Allie strich ihm über den Arm, half Isabelle ins Auto und nickte der ihr unbekannten Frau am Steuer kurz zu. Sie winkte Isabelle und Marshall hinterher, bis ihr jemand auf die Schulter tippte.

»Wie schön, Sie hier zu sehen«, brummte Pater Bennett. »Da hat die neue Mrs Doughey sich wirklich einen wunderbaren Abend für ihre Hochzeit ausgesucht, finden Sie nicht auch?«

»Eine Märchenhochzeit«, wiederholte Allie sicher zum zehnten Mal und dachte an die klassische weiße Pferdekutsche, die Harriett und Daniel mit Hunderten von Gästen zu Fuß im Schlepptau gemütlich zum Festzelt am Ufer gebracht hatte.

»Wie ich hörte, waren Sie in der letzten Woche sehr aktiv«, plauderte Pater Bennett zufrieden weiter, »man hört das so, wissen Sie? Als das Ohr Townsends könnte ich quasi den kompletten Ablauf Ihrer letzten Wochen rekonstruieren. Ohne Ihnen jetzt Angst machen zu wollen.«

Ein Lächeln unterdrückend überlegte Allie, ob der Pfarrer sich einen Schwips angetrunken hatte.

»Was ich eigentlich wissen möchte: Wie geht es Ihnen, Alison?«

Allie dachte einen Moment lang nach und entschied, das verwirrende Gespräch heute mit Luis nicht in ihre Antwort miteinzubeziehen. Noch ging es nur Luis und sie etwas an. Sie musste die Diskussion über ihre gemeinsame Vergangenheit erst mit ihm austragen, bevor sie sich fremde Meinungen dazu einholte.

Wie ging es ihr abgesehen davon? Allie dachte an die vergangene Woche und musste lächeln.

»Es geht mir gut, danke Pater. Ich habe so viel erlebt, die Ereignisse reichen, um Vergangenheit, Gegenwart und Zukunft zu füllen«, scherzte Allie deshalb und merkte, dass ein Funken Wahrheit darin steckte.

Es stimmte, die Leere in ihrem Inneren war randvoll gefüllt. Das Gefühl, nicht zu wissen, wer sie war, erschien ihr lächerlich. Sie war Allie. Nicht Alison, nicht Liz, weder Mrs Keepsaker noch Mrs Anderson, bis jetzt war sie einfach nur Allie. Und vielleicht auch noch Mos Mum.

Pater Bennett scannte ihr Gesicht mit einem Blick, der Allie bis aufs Mark zu durchleuchten schien. Dann nickte er zufrieden. »Und der Erinnerungsstand?«

»Nicht viel«, schüttelte Allie den Kopf, doch sagte es leichthin.

»Nun, geben wir dem Ganzen noch Zeit. Ich bin weiterhin überzeugt, dass Sie sich eines Tages erinnern. Ich bitte Sie nur«, der Tonfall des Pfarrers wurde wieder ernst, »meine Theorie der Erinnerungsverdrängung nicht abzutun. Denken Sie gelegentlich darüber nach. Übrigens«, er holte ein letztes Mal tief Luft, »sehen Sie heute ganz bezaubernd aus. Isabelle ist teuflisch talentiert. Entschuldigen Sie den Ausdruck.«

Eine Sekunde lang schien der Blick des Pfarrers tiefer zu werden, so als blickte er in die Ferne. Es passierte in dem Moment, als er Isabelles Namen aussprach.

Allie erkannte sie sofort: die Geschichte zwischen Paul Bennett und Isabelle Perlman. Eine große, komplizierte Geschichte, irgendwo in der Vergangenheit Townsends vergraben. In Allie wuchs das Verlangen, tiefer in das Herz des Städtchens zu tauchen.

»Apropos, wissen Sie, ob Isa schon nach Hause gefahren ist?«, erkundigte er sich beiläufig.

»Ich glaube schon, ja«, bemühte sich Allie um einen ernsten Blick.

»Wie schade. Dabei wollte ich doch noch … etwas in einer Kirchenvorstandsangelegenheit mit ihr besprechen. Nun, auch für mich wird es Zeit. Ich wünsche Ihnen noch einen schönen Abend, Allie«, verabschiedete sich Pater Bennett eilig und ließ sie verblüfft zurück. Ein verliebter Pfarrer. Allie schüttelte den Kopf. Was es nicht alles gab!

Sie blieb nur für eine Sekunde allein. »Ich habe dich schon überall gesucht«, riss Harrietts glockenhelle Stimme sie aus ihren Gedanken. Die Frauen schlossen sich in die Arme.

»Du bist heute eine viel umworbene Frau, ich bin noch gar nicht zu dir durchgekommen! Nochmals meinen herzlichsten

Glückwunsch, Süße!«, lachte Allie und drückte Harriett einen Kuss auf die Wange.

»Vorsicht, meine Frisur!«

»Die ist sowieso schon lädiert und du siehst trotzdem fantastisch aus.«

»Und du erst mal. Ich hatte ja so was von recht mit diesem Kleid.«

»Unbestreitbar. Danke.« Die Frauen atmeten einmal durch und lächelten sich schweigend an. Abseits von der Tanzfläche und den Lampions war es still und dunkel, nur Harrietts weißes Kleid und ihre strahlenden Augen machten sie in der Dunkelheit erkennbar.

»Bist du glücklich?«

»Ja.«

»Es war eine Traumhochzeit.«

»Ich weiß«, grinste Harriett.

»Die Leute lagen dir zu Füßen – wie bei Prinzessin Diana.«

»Weißt du eigentlich, dass die gestorben ist?«

»Ja. Habe es aber erst vor ein, zwei Wochen gelesen«, antwortete Allie und die Frauen schüttelten sich vor Lachen.

»Al, ich muss dich was fragen. Es ist sehr wichtig für mich.« Allie nahm an den Umrissen ihrer Freundin wahr, dass Harriett begann, an der Haut an ihrem Hals zu zupfen, wie sie es früher in nervösen Momenten schon getan hatte.

»Okay?«

»Liebst du Luis?«

»Harry, das ist deine Hochzeit, müssen wir jetzt …«

»Ebendarum! Ja, müssen wir.«

»Du fragst doch nicht wirklich, weil …?«

»Doch, tu ich. Ich kann nicht anders«, seufzte Harriett schwerfällig.

Einige Wolken waren am Mond vorbeigezogen, dessen Schein die beiden Frauen abseits der Partygäste in silbriges Licht tauchte. Harriett wirkte strahlend hell wie ein Engel oder eine Gottheit, doch gleichzeitig auch aschfahl.

»Was ist also deine Antwort? Liebst du ihn?«

»Ich wusste nicht, dass du ihn immer noch liebst, Harry.«

Die Braut wandte ihr Gesicht ab und ließ den Blick über ihre Hochzeitsfeier schweifen, über all die Gäste, die sich ihretwegen freuten und feierten, auf sie anstießen, ihr Glück teilten. Sie entdeckte ihren Ehemann, der ihr seinen Nachnamen geschenkt hatte. *Harriett Doughey, till death do us part.*

»Ich habe nicht gelogen, als ich gesagt habe, dass ich glücklich bin. Aber ich werde auch niemals aufhören können, Luis zu lieben. Ich weiß, dass er perfekt für mich war«, Allies Herz zerbrach im Schock und bei dem feuchten Glitzern in Harrietts Augen, »aber es gab jemand Perfekteren für ihn. Also hat er mich verlassen. Und ich muss wissen«, fuhr Harriett mit ruhiger, fokussierter Stimme fort, »ob es sich gelohnt hat, dass er mich verlassen hat.«

Der Schmerz zog von Allies Brust in jedes Körperteil, ihr war schwindelig. Das Gefühl der Machtlosigkeit, das Gefühl vom Leben immer wieder überrannt zu werden, hatte sie in der letzten Woche endlich niedergerungen, doch nun kehrte es zurück und nistete sich in ihrem Herzen ein.

Zwischen Harriett und ihr würde es nie wieder das Gleiche sein. Bis Luis aus ihrem Leben verschwand, würde er auf ewig zwischen ihnen stehen. Sie musste sich entscheiden, zwischen Harriett und Luis. Schon wieder eine Entscheidung.

»Hör gefälligst auf zu weinen«, lächelte Harriett und wischte die Tränen von Allies Wange. »Es ist doch nicht deine Schuld. Ich hatte jahrelang Zeit, mich damit zu arrangieren und habe heute geheiratet; den zweitbesten Mann für mich. Und wie viele Frauen auf der Welt haben das Glück, den zweitbesten Mann abzukriegen?«, kicherte Harriett. »Mal ehrlich. Daniel ist … Gott, ich liebe Daniel. Wirklich. Von ganzem Herzen. Ich liebe ihn mit all seinen Macken. Und er bringt mich zum Lachen und macht mich glücklich. Er würde alles für mich tun und er … Luis war trotzdem etwas Besonderes für mich.«

»Ich wusste es einfach nicht, Harry, es tut mir so unendlich leid, ich dachte es sei eine Affäre gewesen …«, schluchzte Allie.

»Das hat er gesagt?«, flüsterte Harry und versteckte ihre Bitterkeit und den Schmerz hinter einem Lächeln.

»So was in der Art und … oh Gott, du hast den Erstbesten verdient, nicht den Zweitbesten!«

»Jede Frau hat den Besten verdient. Aber wenn der Erstbeste eine andere liebt, ist der Zweitbeste vielleicht doch der Beste«, fachsimpelte Harriett und entlockte Allie ein winziges Lächeln.

»Es muss sich furchtbar anfühlen. Ich wäre nicht so stark wie du, ich würde daran eingehen. Wie hältst du das aus, verheiratet und doch in einen anderen verliebt?«

»Sag du es mir«, lachte Harriett und ein eiskalter Schauer lief Allie über den Rücken. Harriett hatte verdammt noch mal recht.

»Ich sag dir was. Du holst jetzt dein Kameralächeln vom Dachboden, dahinten kommt nämlich Evan angewackelt, und selbst wenn wir beide mit den Fäusten auf den Boden trommeln und in unseren Tränen schwimmen würden, würde Evan nicht merken, dass es ein unpassender Moment für ein Foto ist. Hey Ev, komm mal hier rüber!« Harriett winkte dem hageren Männchen im Tweed-Dreiteiler zu. »Als Nächstes hörst du bitte auf, mein Schicksal zu beweinen. Du kannst mir nur einen Gefallen tun.« Harriett sah Allie eindringlich an. »Bitte lass dir dein Glück nicht entgehen. Die Antwort auf meine Frage hast du mir nämlich schon gegeben.«

»Sagt mal *cheese soup!*«, wies Evan sie in einem Versuch, lustig zu sein, an und fing den Moment in einem Foto ein. Erst später würde man merken, dass Evan stets in dem Moment den Auslöser betätigt hatte, als die Gäste *soup* sagten.

»Und jetzt«, Harriett grinste über beide Ohren, »muss ich dir jemanden vorstellen. Aber ich bin mir nicht ganz sicher, ob es dir gefallen wird!«

Harriett zog ihre Brautschuhe aus, sodass ihre Zehen im feuchten Gras versanken; sie schnappte mit der einen Hand ihre Freundin, mit der anderen den Saum ihrer Schleppe und zog Allie in Richtung der Menschenmenge, die betrunken genug war, um gemeinschaftlich zu *Macarena* zu tanzen.

»Soll ich dir noch ein Glas von diesem Litschi-Sekt bringen?«, fragte Bert.

»Nein, danke.«

»Möchtest du vielleicht tanzen?«

»Auch nicht, es ist okay.«

Bert schwieg, nahm einen großen Schluck aus seinem Bierkrug und wandte sich ab, um den Blick zum tausendsten Mal über die Tanzfläche schweifen zu lassen, als würde er jemanden suchen.

»Hast du dich mit Tante Muriel unterhalten?«, versuchte er es noch einmal.

»Ja. Es war ganz wundervoll.«

»Bitte Ella, kann ich dir sonst irgendwas bringen?«

»Lass es gut sein, Bert!«

Seit Stunden hatte Ella kaum ein Wort mit ihm gesprochen. Sie schien an dem weiß bezogenen Stehtisch und ihrem Wasserglas festgewachsen und wich seinem Blick gekonnt aus. Mit seiner Familie hatte sie gezwungenermaßen ein paar wenige Worte gewechselt, aber ihre für sie typische Herzlichkeit hatte sie lediglich der Braut zukommen lassen, um ihr zu gratulieren. Bert konnte sich gar nicht unwohler fühlen, denn dauerhaft böse auf ihn zu sein, entsprach nicht Ellas Natur. Gleichzeitig schämte er sich, weil er genau wusste, dass er sie in den seltenen Fällen, wenn Ella sauer war, mit irgendetwas tief verletzt haben musste.

Als sie am frühen Morgen anlässlich der Hochzeit von Fremont nach Townsend aufgebrochen waren, hatte Ella noch gute Laune gehabt. Ihr pechschwarzes Haar hatte sie zu einem seidenen Knoten gebunden, dem keine Strähne entwich, und sie hatte üppige Lunchpakete, das sorgfältig verpackte Geschenk für das Brautpaar und ihren gemeinsamen Koffer akkurat im Auto verstaut. Dann war sie dreimal um das Motel herumgelaufen, um sicherzustellen, dass alle Fenster verriegelt waren, und schließlich platzierte sie ihren winzigen Körper auf dem Beifahrersitz zwischen einer Nackenrolle und einem Handstaubsauger. Auf Letzteren bestand Ella bei längeren Autofahrten stets, da sie es hasste, auf Krümeln zu sitzen, nachdem sie sich beide einen kleinen Snack gegönnt hatten.

Erst nach der Hälfte der Fahrt hatte er sich überwinden können, ihr die Neuigkeit zu beichten, die Harriett ihm wenige Tage zuvor verraten und die eigentlich nichts Furchtsames an sich hatte: *Sie* würde da sein. Ella nannte Alison Keepsaker immer nur *sie*.

Im gleichen Atemzug hatte er ihr versprochen, dass das kein Problem sei. Sie würden lediglich alle am gleichen Ort sein, auf der gleichen Feier. Vielleicht einen Plausch halten, über gute alte Zeiten quatschen. Und dann würden sie sich alle trennen und nie wiedersehen. Kein Grund zur Sorge.

Im ersten Moment reagierte Elaine verärgert. Sie warf ihm vor, er habe sich in Wirklichkeit gar nicht für die Hochzeit, sondern für *sie* von seinem Vollbart getrennt. Doch sie hatte schnell von dieser Ahnung, die gar nicht so falsch war, wie Bert sich klammheimlich eingestand, abgelassen und ihr Aufeinandertreffen seufzend in Kauf genommen.

Dann kamen sie nach Townsend. Während das Dorf auf Fremde kalt und nicht sehr einladend wirkte, überkam Bert das übermütige Gefühl von Heimat. Er zeigte lachend auf Geschäfte, Häuser und den neuen Zaun und Ella hörte sich seine begeisterten Erinnerungen lächelnd an, obwohl sie schon einige Male mit Bert in seinem Heimatdorf gewesen war.

Sie luden nur schnell ihre Koffer im Gasthaus ab und fuhren sogleich zur Dorfkirche. Gespannt standen sie vor der Kirche und beobachteten gemeinsam mit der jauchzenden Gemeinde, wie sich Harriett in ihrem ausladenden Kleid aus dem Kleinwagen ihrer Eltern kämpfte, als Bert *sie* zum ersten Mal entdeckte. Harriett sah aus wie ein Engel, doch *sie* stahl der Braut in seinen Augen eindeutig die Schau. Dieses Kleid. Diese Augen. Dieses Strahlen.

Natürlich bemerkte Ella seinen Blick und funkelte ihn böse an. Beschämt riss er sich von *ihrem* Anblick los und konzentrierte sich auf seine kleine Cousine. Das gelang ihm jedoch nicht immer. Drei weitere Male hat er *sie* heute schon unter den Partygästen ausgemacht und jedes Mal konnte er nicht anders, als sie anzustarren. Einmal, als *sie* und zwei weitere Mädchen Harriett lachend mit Reis bewarfen, während das Brautpaar aus dem Kirchenportal schritt. Ein weiteres Mal sah er *sie* an der Seite von Isabelle und Marshall und beim dritten Mal – und das war eindeutig der schönste Anblick – blickte *sie* verträumt mit verschränkten Armen und einem Glas Wein in der Hand auf den im Mondlicht glitzernden *Flowage*.

Ella erwischte ihn jedes Mal, und sie erwischte ihn auch, wenn er verklärten Blickes nach ihr Ausschau hielt – und das war ziemlich oft vorgekommen. Er konnte Ella gar nicht übel nehmen, dass sie gekränkt war. Sie hatte allen Grund dazu. Bei jeder Familienfeier hatte Harriett ihn bisher unter dem Tisch gegen das Schienbein getreten, wenn er zu sehr ins Schwärmen über die alten Zeiten mit *ihr* geraten war. Ella war seine Traumfrau – seine zweite Traumfrau. Einige Jahre später würde Harriett scherzen, dass das wohl in der Familie lag.

Nervös trat Bert jetzt von einem Fuß auf den anderen und nahm einen weiteren Schluck Bier. Auf der einen Seite wollte er Allie Keepsaker endlich treffen. Wie viele Jahre hatte er darauf nun schon gewartet? Auf der anderen Seite würde seine Frau explodieren wie ein Vulkan, sobald Ella *sie* von Nahem sehen und somit erkennen würde. Oh, wie Ella ihn dafür hassen würde, dass er sie nicht aufgeklärt hatte! Er erinnerte sich an die Nacht in dem Motel. Völlig aufgelöst und durchnässt hatte seine Allie nach dem Unfall mit Luis vor ihm gestanden. Bert seufzte laut.

Zweifelsohne hatte Allie ihn nicht erkannt, was wohl an seinem dunklen Vollbart, der ihn um Jahre älter wirken ließ, und seinem Wohlstandsbauch gelegen hatte. Aber er hatte *sie* erkannt, denn in all den Jahren war Allie genau die Gleiche geblieben. Er nahm noch einen kräftigen Schluck. Nun, da der Bart Geschichte war …

Er erblickte *sie* in genau diesem Moment. Seine Cousine, in weißen Tüll gehüllt, rannte auf ihn zu. An ihrer Hand zog Harriett Allie hinter sich her. Sein Herz stockte, Ella blickte auf. *Ihr* Blick strich noch immer ahnungslos über die Menge. Sie erkannte ihn nicht. Noch nicht.

»Allie, darf ich vorstellen?«, keuchte Harriett, geschafft und übermütig von dem kurzen Sprint, »Robbie, den du ja kennst, und seine Frau Elaine. Sie haben ein Motel in …«

»… Fremont«, beendete Allie den Satz ungläubig und musterte das Ehepaar von oben bis unten. Sie erkannte Robbie an seinen Gesichtszügen, obwohl er an Gewicht zugelegt hatte. Doch ohne den Bart hätte sie niemals den Bert in ihm erkannt, der Luis und ihr auf ihrer Reise nach Townsend Unterschlupf geboten hatte. Lediglich die hübsche Asiatin an seiner Seite, die sie so fürsorglich bemuttert hatte, und das Holzfällerhemd, das er sogar unter seinem Jackett trug, verrieten ihr, wen sie vor sich hatte.

»Meine Güte … Robbie, Elaine, ich hatte ja keine Ahnung«, lachte Allie und streckte ihnen die Hand entgegen, welche Elaine ergriff, »wir kennen uns ja bereits.«

»Mrs Anderson, ja, wir haben uns bereits getroffen. Was für ein Zufall. Und woher kennen Sie meinen Mann?«, erkundigte sich Elaine, bevor Robbie alias Bert etwas sagen konnte.

»Bitte nennen Sie mich Allie. Wir kennen uns aus unserer Jugend«, erklärte Allie vage, um eventuellen Eifersüchteleien zu entgehen.

Elaine warf Bert einen giftigen Blick zu. Natürlich hatte sie längst verstanden, mit wem sie es zu tun hatte. »Es tut mir sehr leid, Allie, aber ich muss Sie leider verlassen. Es war sehr nett, Sie wiederzusehen.« Ohne ein weiteres Wort wandte Elaine sich um und verschwand zwischen den Hochzeitsgästen.

»Was war das denn?«, erkundigte sich Harriett, immer noch barfuß. Sie beobachtete, wie ihr Cousin erst verzweifelt seiner Frau hinterher starrte und dann von Allies Anblick gebannt wurde. Harriett schüttelte den Kopf und wandte sich zu einem anderen Gast um, der sie sofort beglückwünschend in die Arme schloss.

»Ich kann gar nicht glauben, dich wirklich zu treffen«, stieß Robbie hervor, sobald Harriett gegangen war.

»Und ich kann nicht glauben, dass wir uns gerade das *zweite* Mal treffen! Wieso hast du im Motel nichts gesagt?«, empörte Allie sich ungläubig und zugleich lachend.

»Zuerst habe ich dich auch nicht erkannt«, log Robbie der Einfachheit halber, »und als du mir deinen Namen genannt hast, warst du schon fast aus der Tür. Außerdem hättest du mir mit dem Bart sowieso nicht geglaubt, dass ich der bin, der ich bin«, scherzte er und bemerkte, wie leicht die Worte beim Reden mit Allie über seine Zunge rollten. Genau wie damals; so leicht und so aufregend zugleich.

»Das hätte sein können. Das kahle Gesicht steht dir meiner Meinung nach auch viel besser. Du siehst so viel jünger aus! Ist mit Elaine alles in Ordnung?«

»Ja, alles klar, sie hatte den ganzen Tag schon Kopfschmerzen«, wich Robbie aus. Die Wahrheit wäre kein guter Gesprächseinstieg gewesen. Er trank den letzten Schluck seines Bieres aus und spürte, wie der Alkohol ihn entspannte. »Möchtest du tanzen?«

Allie warf einen Blick auf die Tanzfläche. Gerade lief *You make me wanna*, ein altes Stück von Blue, dessen Rhythmus sie nicht verstand. Doch Robbie hatte sie bereits an der Hand genommen und führte sie zwischen den unsicheren Teenies hindurch, die stocksteif von einem Fuß auf den anderen wippten. Bis vor Kurzem hätte Allie sich eher zu den Pickelgesichtern als zu den Standardtänzern gesellt.

»Wo ist eigentlich dein Freund abgeblieben? Den habe ich heute noch gar nicht gesehen.«

»Genau genommen«, gestand Allie, »ist er nicht mein Freund.«

Robbies Blick erhellte sich. »Und wie kann eine Frau wie du Single sein?«

»Eigentlich bin ich auch nicht Single.«

»Du bist also nicht Single, aber machst Urlaub mit einem anderen Mann und das sogar im selben Zimmer?«

»Es ist alles etwas kompliziert«, seufzte Allie, auf einmal zu erschöpft, um Robbie die ganze Geschichte zu erzählen.

»Schon okay, erzähl mir das ein anderes Mal. Ich fände es wirklich nett, wenn wir uns mal alleine treffen und über die letzten Jahre reden könnten. Was du so getrieben hast … Wie ich hörte, warst du nicht in Townsend und hast ein Buch geschrieben?«

»Ja, das war so«, antwortete Allie vage. Die ewigen Unterhaltungen über ihre Vergangenheit langweilten sie furchtbar.

»Wir könnten uns natürlich auch jetzt schon ein stilleres Plätzchen suchen«, überlegte Robbie, »ich habe ein Zimmer im *Dizzy's* gemietet und wir könnten unten an der Bar noch ein Bier trinken.«

»Erstens ist das *Dizzy's* heute geschlossen, weil jeder hier ist, und zweitens glaube ich nicht, dass Elaine damit einverstanden wäre. Sie wirkte gerade schon nicht sehr begeistert.«

»Sie hat wirklich nur Kopfschmerzen«, beharrte Robbie, verlor kurz die Orientierung und führte sie an den Rand der Tanzfläche. »Ich würde wirklich gern noch mal mit dir reden. Das damals war nie wirklich abgeschlossen, weißt du?«

»Robbie, das ist siebzehn Jahre her. Alles ist so was von abgeschlossen.« Allie schüttelte verständnislos den Kopf. Obwohl die Trennung nach ihrem Empfinden erst wenige Wochen zurücklag, kam ihr eine Beziehung zu Robbie vor, als hätte sie in einem anderen Leben stattgefunden. *Nein, sie empfand wirklich rein gar nichts mehr für ihn.*

Robbie streckte den Arm nach ihr aus. »Für mich nicht. An dem einen Tag hast du mich noch geküsst und am nächsten Tag warst du weg und hast nur noch mit diesem Anderson herumgelungert …« Er trat einen Schritt an sie heran und sein Atem streifte ihr Gesicht.

»Sag mal, Robbie, bist du betrunken?«

»Ich bin völlig nüchtern! Aber du bist mir nie aus dem Kopf gegangen, weil du mir nie erklären konntest, weshalb das mit uns ein Ende nehmen musste. Ich glaube weiterhin, dass dieser Anderson dich dazu getrieben hat.«

»Das ist doch Quatsch, ich habe mich von dir getrennt, weil ich es wollte, aber weshalb rechtfertige ich mich überhaupt? Das ist nach so vielen Jahren doch gar nicht mehr relevant. Lass uns einfach einen netten Abend haben.«

»So, weshalb hast du dich dann von mir getrennt? Sag es mir endlich, ich warte schon so lange darauf!«

Allies Herz überschlug sich, Blut rauschte in ihren Ohren. Die Erinnerungen purzelten durcheinander wie die Bälle beim Lottozahlenziehen.

»Ich … weiß es gerade nicht.«

»Siehst du? Das ist es, was ich meine.«

»Nein, es ist etwas anderes. Ich hatte einen Unfall, bei dem ich mein Gedächtnis verloren habe …«

»Du weißt selbst nicht, weshalb wir nicht zusammen sein sollten, es hat nie einen Grund gegeben. Lass uns bitte einfach darüber reden!« Er packte ihren Oberarm und drückte zu.

»Robbie, lass mich los!«

»Oder wolltest du mich einfach nur an der Nase rumführen? Robbie, den lieben Robbie, der noch nie ein Mädchen geküsst hat? Das Weichei. Das Muttersöhnchen! Das habt ihr doch über mich gesagt!«

Sie hatten sich ganz am Rand der Tanzfläche befunden, wo die ausgetretene Rasenfläche an den Wald grenzte. Überall um sie herum lärmten die Hochzeitsgäste, doch es waren zu viele, als dass jemand Allie und ihren Tanzpartner beachtete. So bemerkte niemand, dass dieser ihr einen leichten Schubs in die Dunkelheit gab. Allie stolperte. Sie standen nun im Schatten der Lampions zwischen zwei Bäumen.

»Ich will dir doch nichts tun! Ich will lediglich, dass du mir eine Minute deiner kostbaren Zeit schenkst und mit mir über uns redest.«

»Es gibt seit einer Ewigkeit kein *uns*. Wenn du mich nicht gleich loslässt, schreie ich.«

»Musst du nicht.«

Die Stimme war dunkler, rauer als die, mit der Robbie gesprochen hatte. Obwohl sie nur halb so laut war wie ihre gefauchte Diskussion, fast ein Flüstern, jagte die Wut, die darin loderte, Allie einen Schauer über den Rücken.

»Hör endlich auf, dich in Allies und meine Angelegenheiten einzumischen«, knurrte Robbie. »Du hast's schon oft genug versaut.«

»Du lässt sie augenblicklich los und trittst ihr für heute auch nicht mehr unter die Augen.«

»Sonst was?«, bellte Robbie übermütig, bereute seine Antwort jedoch ganz offensichtlich sofort. Allie spürte, wie der Druck an ihrem Oberarm verschwand und Robbie bei Luis' Anblick mit jeder Sekunde kleiner wurde. Tausend Tonnen Steine fielen von Allies Herz, als sie Luis' Anwesenheit direkt hinter sich und seine Hand sanft auf ihrem Rückgrat spürte. Robbie nuschelte einige wütende Worte, drehte sich um und taumelte in Richtung Festzelt. Erleichtert sah Allie ihm hinterher und spürte, wie die Anspannung von ihr abfiel.

»Du bist also immer noch hier.«

»Dachtest du wirklich, ich lasse dich mitten in der Nacht am Waldrand inmitten von Hunderten betrunkenen, notgeilen Büffeln allein?«

»Irgendwie schon.« Sanft lehnte sie den Rücken an seine Brust und nahm einen tiefen Atemzug der warmen Waldluft.

»Frauen«, brummte Luis und legte ihr sein Sakko um die Schultern. Allie hielt es vor der Brust zusammen und atmete Luis' beruhigenden Duft ein.

»Ich fühle mich wieder wie der dumme, ungelenke Teenie von damals«, lachte Allie heiser auf. »Beziehungsstress mit Robbie, weil ich ihn verlassen habe, und einen besten Freund, von dem ich nicht weiß, was wir eigentlich für eine Beziehung führen.«

»Nur dass du nicht dumm und eine wunderschöne Frau bist.«

»Schleimer. Ich will mir gar nicht ausmalen, was passiert wäre«, überlegte Allie leise, »wenn du nicht gekommen wärst.«

»Manchmal ist es eben doch besser, auf mich zu hören.«

Allies Augen weiteten sich. Sie wirbelte zu ihm herum.

»Du hast ihn erkannt, von Anfang an! Deshalb wolltest du so schnell wie möglich aus diesem Motel verschwinden.«

»Cleveres Mädchen.«

»Und warum hast du mir mal wieder keinen Ton verraten?« Allie schlug ein paar Mal effektlos mit den Fäusten auf seine Brust, um ihre Sätze zu unterstreichen.

»Ich nehme mal an, weil ich komplizierten Situationen gerne aus dem Weg gehe«, seufzte Luis und hielt Allies Hände mühelos fest. Als er ihre geballten Fäuste an die Lippen führte und jeweils sanft küsste, überkam Allie kurz ein Hauch von Übelkeit vor Aufregung,.

Raketenartig schoss ihr das Blut in Kopf, Hände und Unterleib und fing an zu kochen. Luis' Anziehungskraft entfaltete sich immer so schlagartig, dass es sie fast umwarf. Dabei sah sie im Schatten des Waldes nicht mehr als seinen einnehmenden, breiten Schatten und das schwache Leuchten seines schneeweißen Hemdes.

»Wie der Teenie von damals, sagst du?«, raunte Luis, und Allie hätte einen Eid darauf geschworen, denselben verführerischen Unterton in seiner Stimme wahrzunehmen wie in der Nacht, als sie ein Bett geteilt hatten.

Mehr spürte Luis ihr Nicken, als dass er es sah. An seinem Bauch konnte er das schnelle Schlagen ihres Herzens fühlen. »Dann habe ich eine Idee.«

»Was für eine?«

»Vertrau mir einfach und komm mit.«

»Ich kann nicht wortlos von Harrys Hochzeit verschwinden.«

»Wir kommen wieder«, stöhnte Luis und fügte fast unhörbar hinzu: »Wenn du dann immer noch willst.«

Auf den ersten Blick erkannte Allie nicht, wo Luis sie hingeführt hatte. Sie waren nicht länger als zehn Minuten gelaufen, besser gesagt, Luis war gelaufen, nachdem Allie sich ununterbrochen über die Unverträglichkeit ihrer Pumps mit dem Waldboden beschwert und Luis sie getragen hatte.

Seit Allie die kleine Hütte am See das letzte Mal gesehen hatte, war sie ausgebessert und mit Holz verkleidet worden, doch das war schon viele Jahre her. Seitdem schien sie nicht gepflegt worden zu sein, die Eingangstür hing schräg in den Angeln und hielt Eindringlinge mithilfe einer Fahrradkette fern. Ein einfach gebauter Katamaran in der Größe eines Tretbootes hing am Dock und schaukelte sanft auf den tiefschwarzen Wellen.

»Marshalls Bootshaus«, lächelte Allie traurig, »was auch sonst.«

»Komm weiter«, forderte Luis sie auf.

»Oh nein. Wir sind jetzt alt und schrumpelig. Es gibt nichts, was uns entschuldigen würde, wenn wir noch mal in das Bootshaus des armen Marshall einbrechen würden.«

»Vielleicht finden wir noch ein paar verräterische Fotos«, grinste Luis, »aber wir müssen auch nicht einbrechen. Wir nehmen den Katamaran.«

»Bist du des Wahnsinns? Wer weiß, wie lange das morsche Ding schon auf dem Wasser liegt.«

»Es hält uns aus, habe ich selbst ausprobiert. Es ist sogar fahrtüchtig«, erklärte Luis mit dem Anflug der Begeisterung eines Kindergartenjungen. Behände stieg er auf das Trampolinnetz, das die zwei Rümpfe als Tragdeck miteinander verband.

»Ich verspreche dir, dein Kleid wird keinerlei Schaden nimmt«, erriet Luis Allies Bedenken, »das könnte ich nicht zulassen.«

Er nahm ihr die Pumps ab und reichte ihr die Hand. Kopfschüttelnd sank Allie auf das Trampolinnetz nieder und legte sich auf den Rücken. Luis löste das Tau und stieß den Katamaran vom Ufer ab. Langsam schaukelten sie auf den *Flowage* hinaus.

»Ich habe eine Frage«, murmelte Allie.

»Nur zu.«

»Das Männer-Duschgel in meinem früheren Kinderzimmer.«

»Richtig, meins. Nicht Robbies.«

»Du hast mich getestet.«

»Ja.«

»Du hast mir auch nicht erzählt, wie ernst es wirklich mit Harriett war.«

Luis zog eine Grimasse. »Hat sie mit dir darüber gesprochen?«

»Sie hat mir alles erzählt.«

»Wenn sie die Wahrheit gesagt hat, solltest du auch wissen, dass es ihr ernst war – und mir nicht. Zumindest nicht ernst genug.«

Allie lag auf der Seite und musterte den seltsamen Anblick eines unheimlich attraktiven Mannes in feinster Abendgarderobe, der auf dem Rücken auf einem Katamaran lag, die Hände hinter dem Kopf verschränkt, und starrsinnig den Himmel fixierte.

»Sie tat mir sehr leid.«

»Verdammt, Allie, mir tut sie auch leid. Meinst du, ich habe das alles mit Absicht gemacht? Ich habe nicht nachgedacht und es war ein Fehler – und dass du ständig dieses Thema aufrollst, ist auch für mich nicht angenehm.«

Allie sank auf den Rücken und zählte Luis' erregte Atemzüge in der stillen Nacht. Sie kam auf sechsundzwanzig, bis sein Puls sich normalisiert hatte.

»Darf ich es mit noch einer Frage probieren?«

»Aber immer gerne doch.«

»Ich wollte dich bitten«, zögerte Allie, als seine Sehnen am Hals hervortraten, »dass wir von jetzt an ehrlich zueinander sind. Ich möchte, dass du mir von uns als Paar erzählst. War es eine Teenieromanze?«

»War es nicht. Es war viel mehr.«

»So viel mehr, dass du auch Jahre später noch deine zweite Traumfrau für deine erste verlassen hast?«

»Ich wünschte, du würdest dieses Thema endlich begraben lassen, aber ja. So viel mehr.«

»Erzähl mir davon.«

»Ich weiß nicht, was ich dir erzählen soll.«

»Hast du mir deine Heimat gezeigt?«

»Nein, nie.«

Allie richtete sich auf. »Und das habe ich akzeptiert?«

»Natürlich nicht.« Etwas in Luis' Augen blitzte auf. »Einmal bin ich nachts von dir nach Hause gejoggt, weil du am nächsten Tag Schule hattest. Du hast dir ein Fahrrad geschnappt und versucht, mir hinterherzufahren. Ich bin durch den Wald gelaufen, und als ich gemerkt habe, dass mir jemand folgte, habe ich nach einer Biegung den offiziellen Waldweg verlassen. Als du mich verloren hast, bist du abgestiegen. Man konnte dich kaum erkennen, da du dir ganz gangstermäßig einen Kapuzenpulli übergezogen hattest. Ich«, Luis lachte leise, »habe dich von hinten überwältigt und du hast angefangen meinen Namen zu brüllen und mir eine gewaltige Backpfeife gegeben, als ich dich losgelassen habe.«

»Und dann?«, lachte Allie, belustigt und gleichzeitig schockiert, Dinge über sich zu hören, an die sie keine Erinnerungen hatte.

Luis zuckte mit den Schultern. »Haben wir miteinander geschlafen.«

»Was haben wir?« Allie stieg die Schamesröte ins Gesicht. »Mitten im Wald, einfach so?«

»Ich kannte ein Stück Wiese. Nicht einfach so. Nachdem du nicht anders konntest, als zu grinsen, sobald du deinen Wutausbruch nach ungefähr vier Minuten eingestellt hattest.«

»Ich fass es nicht«, stieß Allie hervor und ließ sich kichernd zurück auf das Netz fallen. Es federte sie ab, sodass sie noch mehr lachen musste.

»Warum haben wir uns getrennt?«

»Weil ich zur Army gegangen bin.«

»Du bist nicht hier geblieben, wenn du mich so sehr geliebt hast?«, flüsterte Allie und vermochte es nicht, den verletzten Unterton zu unterdrücken.

Er schwieg.

»Ich kann nicht verstehen«, fuhr sie fort, »weshalb es jetzt nicht geht.«

»Nein, das kannst du nicht«, stöhnte Luis, als würde er Schmerzen leiden, »es hängt mit *der Sache* zusammen.«

Er drehte seinen Kopf und fesselte ihren Blick. Stundenlang hätte er damit verbringen können, ihre riesigen, ehrlichen Augen zu ergründen.

»Und ich habe dich hierher gebracht, um es dir endlich zu erklären. Es sind nur noch ein paar Stunden, bis Aaron kommt und dich abholt.«

Allie nickte zitternd und rang mit den Tränen, die in ihrem Hals brannten. Tränen, weil sie ihre Heimat nicht verlassen wollte und Tränen der Angst, vor dem, was kommen würde. Doch sie schluckte sie herunter.

»Wir können mit einer Lüge glücklich miteinander sein oder mit der Wahrheit für immer getrennt«, murmelte Luis und schüttelte unmerklich den Kopf.

Sie glaubte, dass er ihre Anwesenheit kurzfristig vergessen hatte, als sein Blick plötzlich aus der Ferne zurückkehrte.

»Was willst du, Allie? Die Lüge oder die Wahrheit?«

»Und du glaubst wirklich fest daran, dass die Wahrheit uns trennen würde?«

»Ja.«

»Würdest du noch mit mir zusammen sein wollen, nachdem du mir von dieser Sache erzählt hast?«

»Mich könnte nichts jemals davon abhalten.«

»Dann liegt es an mir«, beharrte Allie. »Ich werde da schon drüberstehen.«

Und wenn er mich betrogen hat?, flüsterte Allies innere Stimme, *mit Jenna?*

»Wirst du nicht. Ich werde dich genauso verlieren, wie deine Mutter dich verloren hat«, knurrte Luis und all die Bitterkeit in seiner Stimme ließ Allie jedes Haar zu Berge stehen.

Sie beschlich die Vermutung, dass Luis recht haben könnte. Schließlich hatte sie auch nie geglaubt, dass es einen Grund geben könnte, der sie einst dazu bringen würde, den Kontakt zu ihrer Mutter abzubrechen. Die Angst schloss sich wie eine kalte Hand um ihr Herz.

Die Wellen schwappten leise an die Steine, wo Allie ihren allerersten Unfall gehabt hatte. Sie setzte sich vorsichtig auf, um den Katamaran nicht zum Kentern zu bringen, und brach das Schweigen.

»Dann«, wisperte sie, »will ich die Lüge. Nur heute, ein letztes Mal.«

Als sich ihre Lippen trafen, explodierte etwas in Allies Brust. *Nur noch wenige Stunden, bis Aaron kam … Ein Abschiedskuss … Wahrscheinlich für immer.*

Ein Kuss, der ihr alles zeigte, was Luis jemals für sie gefühlt hatte. Sie spürte seine Sanftheit, sein animalisches Verlangen nach ihr, den Wunsch, sie vor allem Übel der Welt zu beschützen. Sein Versprechen, sie für immer zu lieben und sie zu vermissen, ab morgen, bis ganz zum Schluss.

Sechzehn

»Ich will nicht, dass das endet«, stöhnte Allie, als sich seine Lippen ein letztes Mal den Weg ihren Hals hinunter bahnten. Er verweilte an ihrem Schlüsselbein und fuhr die Konturen ihres nackten, vor Schweiß glänzenden Körpers mit dem Blick nach.

Soeben war die Sonne aufgegangen, die ersten Strahlen reflektierten sich auf der Wasseroberfläche, sodass Allie ihre Blöße kichernd mit Luis' Hemd verbarg, für den Fall, dass ein Hochzeitsgast, der schwankend den Weg nach Hause suchte, am Bootshaus vorbeikam. Oder falls Isabelle sich entscheiden sollte, ihren Garten an diesem taufrischen Morgen einer genaueren Untersuchung zu unterziehen.

»Wir sollten nicht länger warten.«

Allie erschrak bei dem blechernen Klang seiner Stimme. Seine Miene zeugte von der Ausdruckslosigkeit und Härte, mit der er sich sonst nur schützte, wenn er über den Krieg oder seine Familie sprach. Sie verriet, dass es kein Zurück mehr geben würde, keine Neckereien und Albereien, keine sanften Küsse und erregende Berührungen, keine aufgebrachten Diskussionen und Machtspielchen.

Mit einem Mal setzte ihr Herz auf die Weise aus, wie es passierte, wenn etwas Lebenswichtiges unwiderruflich verloren ist. Es war so weit. Sie spürte den Drang, sich zu übergeben, wie in dem Moment, als sie erfuhr, dass ihre Mutter gestorben war. Ihren Körper überkam ein unkontrolliertes Zittern und Luis versuchte nicht, es zu stoppen.

»Nicht hier. Zieh dich an, wir gehen besser zu dir nach Hause.«

»Luis, du kannst das alles hier doch jetzt nicht so beenden!«

»Das war die Abmachung. Du wirst gleich abgeholt.«

Vielleicht war es alles halb so schlimm. Völlig albern, sich so verrückt zu machen, wegen etwas, das sie noch gar nicht kannte. Völlig lächerlich.

»Ich habe mich von niemandem verabschiedet«, warf Allie auf dem Heimweg ein. Sie hatte ihr Kleid notdürftig um sich gewickelt und folgte Luis über die knackenden Äste am Ufer entlang. Sie warf einen letzten Blick über die Schulter und brannte das Bild des ausgebesserten Bootshauses mit dem sanft auf den Wellen schaukelnden Katamaran davor in ihre Gedanken. Nach wenigen Minuten konnten sie bereits die *Pensione* sehen.

»Wenn du dich gleich danach fühlst, fahre ich dich schnell bei Marshall und Harriett vorbei.«

»Ich fühle mich wie ein Pferd auf dem Weg zur Schlachtbank«, jammerte sie in dem verzweifelten Versuch, seine Fassade zu durchdringen. Zu ihrer Erleichterung entdeckte Allie ein winziges Lächeln in Luis' Augenwinkeln. Bei der Traurigkeit, die darin steckte, wäre ihr seine stählerne Miene allerdings lieber gewesen.

Sie gelangten zum Garten der *Pensione* und liefen schweigend über die Lichtung, auf der sie noch vor wenigen Tagen Stockbrot gebacken und zu viel Wein getrunken hatten. Allies Kehle schnürte sich zu, so als würde jemand ein Band um ihren Hals langsam zuziehen. Sie traten durch die Verandatür ein.

»Nun.« Allie sah sich konfus im Raum um.

»Nun. Setz dich zu mir.«

Er nahm auf dem Sessel ihr gegenüber neben dem Kamin Platz. Die Uhr an der Wand tickte. Es war so still, man hörte sogar den Kühlschrank arbeiten.

»So habe ich mir das nicht vorgestellt«, seufzte Luis.

»Wie dann?«

»Ich denke, ich habe es mir gar nicht vorgestellt.«

»Ich sollte uns einen Tee machen.«

»Lass gut sein, Al. Das alles macht die Situation hier nicht besser.«

»Dann bitte. Erzähl mir von der Sache, die dich und mich für immer trennen wird.« Bei ihren letzten Worten imitierte sie Luis' Stimme.

»Du solltest das hier ernst nehmen«, knurrte Luis.

»Ich weiß nicht, wie ich sonst mit der Situation umgehen soll.«

»Und ich weiß verdammt noch mal, wessen Telefonnummer das ist, die Mara dir hinterlassen hat«, brach Luis auf einmal hervor und starrte den Couchtisch an, als wollte er ihn allein mit seinem Blick in tausend Teile sprengen.

Allie stutzte. Sie hatte mit einer großen Enthüllung gerechnet, doch diese Info erschien ihr vergleichsweise harmlos. »Okay. Und das … ist alles?«

»Natürlich nicht. Es tut mir leid, ich habe keine Ahnung, wie ich das anfangen soll. Es hat alles mit deiner Vergangenheit zu tun. Mit mir, Mara und …«

Er raufte sich die Haare.

»Al, die Telefonnummer, die Mara dir gegeben hat, sollte dir etwas erklären, was Mara sich nie getraut hat. Ich werde das jetzt tun.«

Etwas in Allies Körper fühlte sich kurz an, als würde es fallen, fallen, fallen.

»Lu«, presste sie mit der Luft hervor, die ihr blieb, »bitte sag mir nicht, dass du die ganze Zeit gewusst hast, was die Nummer mir sagen sollte.«

Behutsam schüttelte er den Kopf.

»Ich bin die Nummer. Diese Telefonnummer gehört mir.«

Allie brauchte ein paar Sekunden, bis sie die Antwort verarbeitet hatte. »Warum hast du nichts gesagt? Mum wollte, dass du mir es sagst! Sie wollte es! Warum hast du es nicht getan?«

»Ich dachte, wir hätten geklärt, weshalb ich so lange gezögert habe, dir von *der Sache* zu erzählen.«

»Und das ist diese blöde Sache? Darum machst du so einen gewaltigen Aufwand und tust so, als hättest du jemanden ermordet oder mich betrogen?« Allie sprang auf. »Hättest du nicht einfach deine Scheiß-Feigheit überwinden und mir sofort davon erzählen können? Was, verdammt, hat dich aufgehalten …«

»Ich war noch nicht fertig. Hör mir zu.« Er kniff gereizt die Augen zusammen.

Doch Allie ließ sich nicht beruhigen. »Die russische Stimme, die ranging, als ich angerufen habe … Das war deine Haushälterin! Du hast mich belogen! Schon wieder!«

»Vermutlich war es Elena, ja. Und jetzt hör zu, du hast keine Ahnung.«

Allie stieß ein zorniges Schnauben aus und atmete heftig. Wenn das so weiterging, ja, wenn es so weiterging, dann wollte sie ihn tatsächlich nie wiedersehen, weil sie so verdammt wütend auf ihn war!

Wieder einmal hatte er ihre Wünsche völlig ignoriert, sie bevormundet und unzählige Male in die falsche Richtung laufen lassen, hatte sie weiterhin blindlings in dem Irrgarten der Unwissenheit stolpern lassen, sie leiden lassen, anstatt ihr Elend aufzuklären, wo es ihm doch so einfach möglich gewesen wäre.

Nun, vielleicht nicht nie wieder ...

»Das hier soll ich dir laut Mara erklären«, sagte Luis in dem sachlichsten Ton, der ihm möglich war. »Es gibt zwei Lügen, weshalb du den Kontakt zu deiner Mutter abgebrochen hast. Vor deinem Unfall hast du aber nur von einer gewusst. Verstehst du?«

»Luis, bisher habe ich nichts verstanden von dem Kauderwelsch, den du hier redest.«

»Mara hat einen Fehler gemacht. Wir beide haben einen riesigen Fehler gemacht.«

Allie wurde sehr ruhig. Sie setzte sich auf die Couch. Die Vorahnung, die in ihrem Kopf Gestalt annahm, kämpfte mit dem Loch aller Erinnerungen, das, angelockt von Angst, Verzweiflung und Überforderung, drohte, ihr die Sinne zu rauben. *Mara und Luis ...? Ein Verhältnis? Konnte das sein? Das war ebenso abwegig wie ...* Doch sie verlor nicht das Bewusstsein. Sie wollte endlich wissen, welche Leiche in ihrer Vergangenheit begraben lag. Gedanklich rüstete sie sich gegen das, was kommen würde.

»Allie, als ich dich verlassen habe, warst du schwanger.«

»Ich war ... Das kann nicht wahr sein, du nimmst mich auf den Arm.« Allies Worte gingen im Zittern beinahe verloren.

»Wir wussten es beide nicht, als ich ging. Ich ... ich habe oft darüber nachgedacht, wie es gewesen wäre, wenn du es damals im September am Flughafen schon gewusst hättest. Wie alles gekommen wäre. Aber du hast erst sehr spät davon erfahren, mir aber nicht gleich davon berichtet. Du warst noch zu verletzt, um mit mir in Kontakt zu treten. Mara hat dich damals angefleht, das Kind nicht zu behalten, weil sie glaubte, es würde deine Zukunft zerstören ...«

Allie unterbrach ihn scharf. »Mum würde mich niemals um so etwas bitten.«

»Das habe ich auch immer gedacht. Aber in dieser Sache handelte sie anders, als es jeder von ihr erwartet hätte. Sie war nicht sie selbst – und dann kam sie aus dem Strudel nicht mehr heraus.«

»Du lügst.« Allie sprang wieder auf, doch Luis merkte es gar nicht, so sehr vermied er es, in ihre Richtung zu sehen. »Du denkst dir das hier aus, um mir die Wahrheit vorzuenthalten. Ihr zwei habt mich *betrogen*!«

»Unsinn.« Er verzog ärgerlich das Gesicht und tat ihre Behauptung mit einer Handbewegung ab. »Du hast dich nicht von dem Gedanken abbringen lassen, das Kind zu bekommen. Mara hatte schreckliche Angst. Sie hat dich dazu gebracht, niemandem außer Jenna davon zu erzählen, und die letzten zwei Monate deiner Schwangerschaft behielt sie dich zu Hause. Das Dorf dachte, du hättest Pfeiffersches Drüsenfieber.«

»Das alles ist der pure Wahnsinn, du tickst nicht mehr richtig, Luis!« Sie tippte sich mit einer aggressiven Bewegung den Zeigefinger an die Stirn. »So etwas passiert nur in Filmen. In scheiß Filmen!«

Luis fuhr tonlos fort, als hätte er ihren Wutausbruch gar nicht mitbekommen. »Aus Angst, noch mehr Leute könnten von deiner Schwangerschaft erfahren, hat Mara dich zu einer Hausgeburt überredet. Für dich war das in Ordnung, denn du hast Jennas Mum vertraut. Ihr habt die Geburt mehr schlecht als recht durchgestanden. Das Kind war ein Sternengucker – viel zu schöner Begriff für die Angst, die so eine falsche Geburtsposition mit sich bringt.

Aber Jennas Mutter war immer schon eine gute Hebamme, sie hat das Kind gedreht gekriegt und euch beide durchgebracht. Du warst danach wie im Delirium, bist sofort eingeschlafen. Aber als du zu dir gekommen bist ...« Luis suchte nach den richtigen Worten, die es wieder mal nicht gab.

Allie machte keine Anstalten mehr, die Wahrheit zu verleugnen. In Zeitlupentempo öffneten sich ihre trockenen Lippen und vollendeten stimmlos den Satz, den Luis nicht auszusprechen vermochte.

»... war das Baby tot.«

Als Luis sah, wie Allie in den Kissen des Sofas kauerte, wie eine Frau, die alles verloren hatte. Er musste sich konzentrieren, sich nicht auf der Stelle zu übergeben. Kaum etwas fraß ihn mehr auf als die

Vorstellung, Allie würde vor Verzweiflung und Hilflosigkeit zu einer leeren Hülle ihrer selbst.

»Du erinnerst dich also doch.«

»Nein. Ich weiß nur, dass ich sie verloren hab. Es war ein Mädchen. Ich fühle das. Ich weiß es nicht.« Allies Worte formten kaum Laute, doch er las sie von ihren Lippen.

»Sie hieß Juliana«, fuhr Luis fort und Allie nickte bestätigend.

»Ja. Das kann sein. Eigentlich Juliette. Ich wollte meine Tochter früher immer Juliette nennen.« Allie wischte die Tränen von ihren Wangen. »Ich hätte sie niemals vergessen dürfen. Sie war meine Tochter und diese ... diese grauenhafte Krankheit hat mich dazu gebracht, ihre Existenz einfach zu vergessen!«

»Allie ...«

»Bitte, Luis. Ich muss mich erinnern, ich muss! Wie sie aussah, wie ...« Verzweifelt gestikulierte sie mit den Händen in der Luft.

»Das kannst du nicht. Du hast sie nie gesehen.«

»Ich ... Warum? Wieso habe ich meine Tochter nicht gesehen?« Vor Schreck versiegten die Tränen einen Moment lang und sie sah Luis direkt in die Augen.

»Weil Mara sie dir weggenommen hat. Mara ... wollte dir die Trennung leichter machen.«

Sie schwiegen. Allie durchblätterte ihre Erinnerungen wie Karteikarten und stoppte bei den dämmrigen Bildern, die sie für Mos Geburt hielt. Diese Erinnerung gehörte zu einer der wenigen, die ihr aus der schwarzen Zeit geblieben waren. Ihr wichtigster Schatz. Sie hatte die wenigen Bilder so oft vor ihrem inneren Auge abspielen lassen, dass sie sie nie wieder vergessen würde. Sie sah den zerbrechlichen Babykopf, das Haar noch feucht, hörte das flattrige Geschrei ihres kleinen Sohnes ... Ihres Sohnes? *Oder ihrer Tochter?* Nachdem Luis ihr offenbart hatte, dass sie zweimal in ihrem Leben Mutter geworden war, war sie sich nicht einmal mehr bei ihrer wichtigsten Erinnerung sicher.

»Kannst du dich nun erinnern, weshalb du den Kontakt zu deiner Mutter abgebrochen hast?«, tastete Luis sich nach endlosen Minuten der Stille heran.

»Nein.«

Sie klang, als könnte sie nichts mehr erschüttern. Die verständnislose Leere in ihren müden Augen gruselte ihn.

»Nach der Todgeburt warst du nicht mehr du selbst. Bist in die Kirche gegangen, fast jeden Tag, hast dich abgeschottet, manchmal auch gebetet oder in der Bibel gelesen. Aber du hast mit niemandem geredet, nicht mal mit mir. Nach drei Monaten warst du auf dem Weg der Besserung, hast wieder angefangen zu lachen. Mara hat gehofft, alles könnte werden wie früher, und hat die Unsummen für dein Studium aufgetrieben, in der Hoffnung, ein Umgebungswechsel und die Zeit könnten dich heilen. Du kamst wieder auf die Beine und mit der Zeit konnte auch Mara … mit der Situation besser klarkommen.«

»Womit hatte sie denn klarzukommen? Mara wollte mein Baby doch von Anfang an nicht. Sie hat es mir weggenommen, gleich nachdem mein Baby gestorben ist«, knurrte Allie verbittert.

»Mara hat einen großen Fehler gemacht und nach zwei Jahren hat sie die erste der beiden großen Lügen nicht mehr ausgehalten. Hör zu«, er holte so tief Luft, wie es nur ging. »Juliana ist nicht tot. Mara hat sie nach der Geburt weggegeben.«

»Weggegeben«, wiederholte sie tonlos.

»Aber nur aus Angst und aus Sorge um dich! Du warst nicht bereit für ein Kind und konntest deine Zukunft viel besser ohne Kind meistern. Du warst jung. Konntest nach unserer Trennung einen kompletten Neuanfang starten.«

Luis bemerkte, dass sich etwas an ihr verändert hatte. Ihr Zorn war umgeschlagen in etwas noch viel gefährlicheres. Sie rührte sich kaum. Als sie nicht einmal antwortete, lief ihm ein eisiger Schauer den Rücken hinunter, seine Nackenhaare stellten sich auf. Mit einem Wutausbruch hätte er umgehen können, doch diese Reaktion ließ eine Angst in ihm wachsen, die er so zuvor nicht gekannt hatte.

Nach einer halben Ewigkeit antwortete Allie. Ihre Stimme triefte vor Abscheu. »Sie hat mich zwei Jahre lang glauben lassen, mein Kind wäre tot, obwohl es quicklebendig getrennt von mir aufwuchs? Nur weil sie dachte, das wäre *besser für mich?*«

Luis rang die Hände und ließ sie wieder fallen. »Es tut mir schrecklich leid, Allie. Ich wünschte, das wäre nie passiert.«

»Das ist doch völlig krank.« Ihre Stimme war noch immer leise, doch sie bebte.

»Es war ein Fehler.«

»Nein, das war kein Fehler, das ist *krank*!«

»Du hast Mara den Fehler nie verziehen, hast von dem Tag an kein Wort mehr mit ihr gesprochen.«

»Ich kann mich gut verstehen«, giftete Allie ungehalten, obgleich die Art, wie ihre Mutter sie betrogen hatte, und die Tatsache, sich nie wieder mit ihr versöhnt zu haben, ihr Herz noch immer in Stücke zerriss.

Allie sprang von der Couch auf und irrte ziellos im Raum umher. Sie wusste nicht, welche Frage sie zuerst stellen sollte.

»Nehmen wir an, ich hätte den Unfall vor ein paar Wochen nicht gehabt«, begann sie, »nehmen wir an, meine Erinnerung wäre völlig intakt – dann wäre mir all dies, was du mir gerade erzählt hast, bewusst. Ich wüsste, dass ich eine Tochter habe, ich wüsste, weshalb ich den Kontakt zu meiner Mutter abgebrochen habe. Mara konnte nicht ahnen, dass ich all das durch einen Unfall vergessen würde. Dennoch sagt sie in dem Brief, dass es noch etwas gibt, das ich nie erfahren habe.«

»Ja.«

»Erzähl es mir.«

»Allie …«

»Jetzt!«

»Gut.« Luis holte Luft. »Hast du eine Erinnerung daran, was Mara dir zu Julianas Aufenthaltsort gesagt hat? Wo Juliana jetzt ist?«

Allie zögerte, sie hatte nicht mit einer Gegenfrage gerechnet. »Nein. Aber es fühlt sich an, als hätte mir Mara nie verraten, wo sie ist. Außerdem hast du behauptet, ich hätte Juliana noch nie gesehen.«

»Das stimmt. Mara hat dir erzählt, sie habe Juliana in eine Babyklappe gegeben.«

Allie nickte zustimmend. Das Gefühl, dass Luis die Wahrheit sagte, entstammte zwar nicht konkreter Erinnerungen. Doch es gab ein Bewusstsein tief in ihrem Inneren, gleich neben ihrem Instinkt angesiedelt, das ihr versicherte, dass sie all diese Sachen einst gewusst hatte. So wie sie bei Mos Anblick instinktiv gewusst hatte, wer vor ihr stand.

»Ich glaube, ich habe sie nie aufspüren können. Keine der Babyklappen konnte mir helfen.«

»Weil das die zweite Lüge war. Das Geheimnis, das der unbekannte Telefonnummernbesitzer – ich – dir in Maras Namen beichten soll: Deine Tochter war nie in einer Babyklappe. Mara hat durch Zufall von einer wunderbaren Familie etwas außerhalb von Townsend erfahren. Sie war gerade im Begriff, ein Kind zu adoptieren. Ein paar Wochen vor der Geburt bekam die Familie jedoch eine Absage: Die Adoption platzte. Mara ergriff die Chance, das Baby in gute Hände geben zu können, und versprach es dieser Familie.«

Allie schluckte die tausend Fragen, die sich in ihrem Kopf vermehrten wie Bakterien, herunter und stellte die entscheidende Frage. »Also lebt sie hier in der Gegend?«

»Ja. Sie wohnt sogar hier. Ihre Adoptivmutter wollte vor einigen Jahren zurück nach Townsend ziehen, wo sie aufgewachsen war, um näher bei ihrer Schwester, Julianas Adoptivtante, zu wohnen.«

Es dauerte nur einen Augenblick, bis Luis eine leise Verbindung in Allies Augen aufblitzen sah, die sie scheinbar noch nicht ganz fassen konnte. Dann aber breitete sich die Erkenntnis in Allies Kopf aus, groß, stickig, schlagartig und mächtig wie eine Aschewolke nach einer Explosion.

»Ich glaube, du hast es verstanden«, begann Luis langsam. »Juliana hat von ihrer Familie einen Spitznamen bekommen. Julie. Ihr Name ist heute Julie Perlman.«

Die nächsten Stunden verstrichen, ohne dass jemand sagen konnte, was in der Zeit geschehen war. Der Tag brach an, tauchte Townsend in hitzigen Sonnenschein wie in der vergangenen Woche und brachte schon die frühesten Jogger ins Schwitzen.

Nachdem er Allie den Namen ihrer Tochter genannt hatte, versuchte Luis einige Male, Allies Starre zu durchbrechen. Er versagte und machte sich deshalb daran, Allies letzte Sachen reisefertig zu verstauen und seine eigenen Habseligkeiten einzupacken. Um sich von seinen Gefühlen abzulenken, traf er ein paar Vorkehrungen, um das Haus für einen längerfristigen Leerstand bereit zu machen. Er entschied, Elena anzurufen. Seine Haushälterin stimmte murrend zu, gegen eine unverschämte Gehaltserhöhung auch *Flowage Pensione* instand zu halten.

Allie verharrte auf der Couch der Empfangshalle und beobachtete die Bilder in ihrem Kopf durcheinanderwirbeln wie Herbstlaub im Sturm. Irgendwann legte sich der Sturm und sie konnte einzelne Erinnerungen festhalten und näher betrachten. Erinnerungen der letzten Tage, an Luis, an die Hochzeit. Die Erinnerung daran, wie Isabelle Perlman in der Morgensonne auf Allies Veranda saß:

Julie ist eine meiner Nichten, ein wunderbares Mädchen, und längst keine so große Tratschtante wie manch andere Frauen hier im Dorf. Sie ist klug genug, nicht gleich das ganze Dorf darüber in Kenntnis zu setzen. Du musst dir also keine Sorgen machen …

Und immer wieder betrachtete Allie ungläubig die Erinnerungen an ihre Tochter. Julie mit einer grünen Schürze in *Mike's Supermarket*, die braunen Locken unter eine Kappe gezwängt, wo sie sichtlich fröstelnd Joghurts in die Kühltheke räumte, während sie dem verliebten Mike schnippische Kommentare über die Regale zuwarf und Weintrauben von der Obsttheke naschte. Julie, die an Harrietts Hochzeit hinter der Theke die Gäste bediente. Das war erst wenige Stunden her. Zugegebenermaßen war Allie das junge Mädchen nicht mehr aufgefallen als die anderen Partygäste auch. Doch bei genauerer Betrachtung ihrer Erinnerung entdeckte Allie all die kleinen Dinge, die ihr bisher entgangen waren: die typischen, großen Keepsaker-Augen; ihr brauner Lockenkopf, das hübsche Lächeln, mit dem sie die pubertierenden Pickelgesichter neckisch in die Knie zwang; die leicht trotzig zusammengepressten, aber dennoch vollen Lippen, die verrieten, dass Julie so ziemlich alles, was man ihr sagte, infrage stellen würde. *Sie war ihr so ähnlich.*

Als die Uhr zwei schlug, erhob Allie sich widerwillig, um Luis zu suchen. Sie wusste, es war längst nicht alles geklärt. Genau genommen hatten sie die wichtigste Frage von allen bisher nicht beantwortet. Das kommende Gespräch würde nicht weniger schmerzhaft werden als das vorangegangene, aber Aaron hatte sich für drei Uhr nachmittags angekündigt, würde bald eintreffen und es gab eine letzte Sache, die sie zu klären hatten.

Obwohl Allies reifliche Überlegungen sie schon darauf gefasst machten, was sie zu erwarten hatte, zitterten ihr die Knie, als sie Luis auf dem Rand des Kingsize Bettes in der Präsidentensuite sitzen fand. Er starrte aus der Fensterfront auf den weiten, blau glitzernden *Flowage* hinaus, auf dem sie sich nur wenige Stunden zuvor noch geliebt hatten.

Sie setzte sich neben ihn und hielt den Sicherheitsabstand ein. Er war Meilen entfernt. Es war doch jedes Mal wieder unfassbar, wie fern und gleichzeitig vertraut man einem Menschen sein konnte. Sie sagte ihm, dass Aaron sie jeden Moment abholen würde. Er dankte ihr für die wunderbare Woche und sagte, es täte ihm leid. Einfach alles.

»Ich muss es jetzt wissen.«

»Was.«

»Bitte, Luis.«

»Was willst du von mir wissen?«

»Deine verdammte *Sache* natürlich. Ich weiß, dass das noch nicht alles war.« Allie verdrehte nervös die Augen. »Es kann nicht alles sein. Du behauptest, es gäbe eine Wahrheit, die uns beide für immer trennen würde. Doch bislang hast du dir nichts zu Schulden kommen lassen.« Allie machte eine kurze Atempause. »Mara hat mein … hat *unser* Baby weggegeben, nicht du. Du wusstest davon und du hast es mir verschwiegen. Ein Teil von mir hasst dich dafür, aber es reicht noch nicht. Es muss da noch etwas geben.«

»Hast du heute noch nicht genug erfahren?«, ächzte Luis bitter und erhob sich ruckartig. Lautlos schritt er zum Fenster, die Hände in den Taschen vergraben.

»Bitte, Luis. Es sind nur noch wenige Minuten. Es reicht mir an Lügen, ich muss endlich die ganze Wahrheit kennen. Ich muss endlich erfahren, was du mit dem Ganzen hier zu tun hast. Warum all das hier passiert ist, warum Mara deine Nummer in den Brief geschrieben hat und …«, sie schluckte, »was die Wahrheit ist, die uns deiner Meinung nach von heute an trennen wird.«

»Du weißt es bereits, oder?«

»Ich denke ja. Aber ich will es von dir hören.«

»Okay. Hier hast du das letzte dreckige Puzzleteil Wahrheit.« Sein Blick verfinsterte sich. »Ich kannte die Lügen von Anfang an. Die ganze Zeit. Alles. Du wolltest es mir nicht erzählen, aber Mara hat mich sofort kontaktiert, als sie von deiner Schwangerschaft erfahren hat. Ich wusste, ich würde Vater werden, aber die Army war mir, unreif wie ich war, wichtiger als ihr zwei. Ich habe Mara in ihrem Vorhaben bekräftigt! Da hast du's.« Er schnaubte und lief im Raum umher, als wollte er vor sich selber fliehen. »Als Julie geboren wurde und Mara dich das erste Mal belogen hat, indem sie behauptete, Julie wäre tot geboren worden, kam ich für ein paar Tage heim und habe dich in den Armen gehalten. Ich kannte die Wahrheit, aber habe sie dir nicht erzählt. Zwei Jahre später hat Mara dich zum zweiten Mal belogen, besser gesagt, dir nur die halbe Wahrheit offenbart, und gesagt, Juliana sei in einer anonymen Babyklappe gelandet. Übrigens, falls du dich fragst, warum sie das getan hat, warum sie nicht an diesem Punkt einfach die ganze Wahrheit ausgepackt hat: Mara ist in den zwei Jahren nicht mutiger geworden.« Er lachte freudlos auf. »Dein Leben lief langsam auf Hochtouren, du warst Jahrgangsbeste in deinem Studium und hast die besten Praktika abgestaubt. Sie glaubte, dass du die Wahrheit verdient hast, aber die ganze Wahrheit, dachte sie, hätte das Leben aller Beteiligten nur weiter zerstört. Sie fürchtete, du würdest in ein neues Loch fallen und sie hatte Familie Perlman zugestanden, zu entscheiden, wann die kleine Julie ihre richtigen Eltern kennenlernen würde. Im Gegenzug hatte Familie Perlman Mara absolute Diskretion darüber zugesichert, dass Mara ihnen deine Tochter überließ. Wenn es jemals rausgekommen wäre … Den Skandal hätten weder Mara noch Familie Perlman in einer Kleinstadt wie Townsend überstanden.« Luis schüttelte den Kopf. »Ich vermute, nicht einmal Isabelle kennt die wahre Herkunft ihrer Nichte. Oder Julie selbst. Mittlerweile weiß ich, dass ihre Familie sie darüber aufklären möchte, sobald sie achtzehn ist. Das dauert noch fast zwei Jahre …« Luis wünschte sich ein Glas Wasser. Sein Hals fühlte sich trocken und rau an, es schmerzte beinahe, wenn er sprach. Dann registrierte er, dass der Schmerz beim Sprechen eher von seiner Brust herrührte. Aus der Gegend seines Herzens. Doch er zwang sich, weiterzusprechen. Es gab kein Zurück. *Nie mehr.*

»Du hast den Kontakt zu Mara abgebrochen, als sie dir beichtete, dass Julie lebt. Du hast ein ganzes Semester darauf verwendet, deine Tochter zu suchen. Als du mich angerufen hast, habe ich überrascht und schockiert getan – und dir direkt ins Gesicht gelogen. Ich wusste nämlich nicht nur schon lange, dass Julie lebte, sondern auch, wo sie lebte. Aber ich habe niemals den Kontakt zu ihr gesucht.« Allie wollte etwas einwenden, doch sie schloss den Mund wieder, als sie sah, wie sich der Schmerz in Luis' Gesicht abzeichnete. Er zog die Stirn kraus und kniff die Augen zusammen, als hätte er unglaubliche Kopfschmerzen. »Ich war zu diesem Zeitpunkt auf dem besten Weg, ein ganz hohes Tier bei der Army zu werden. Das wollte ich um euretwillen nicht aufgeben. Ich habe dir gesagt, ich möchte keine Tochter haben und ich habe dir meine Hilfe bei der Suche verwehrt. Ich wusste ja, dass es Julie gut ging. Ich war zu jung, um die Verantwortung zu tragen, aber dass ich Julie nicht als meine Tochter will, hat nie gestimmt.« Er sah auf und suchte Allies Blick, doch im gleichen Moment wusste er, nichts würde seine Taten je erklären, egal was er jetzt sagte. Er versuchte es trotzdem. »Ich ... Ich habe sie nie besucht, dafür hat mir immer der Mut gefehlt. Ich hatte Angst, ich ... Allie, ich überweise Julie seit ihrem ersten Lebenstag monatlich Geld auf ein Konto, über das sie ab ihrem achtzehnten Geburtstag verfügen kann. Ich schreibe ihr zu Weihnachten und zu ihrem Geburtstag lange Briefe, aber die erhält sie nicht wegen Maras Versprechen an Familie Perlman. Weißt du, sie wollten Julie eine unbeschwerte Kindheit bereiten und sie erst mit diesem Chaos um ihre leiblichen Eltern konfrontieren, wenn sie bereit dazu ist ...« Er verstummte, sein Kopf war leer.

»Bist du fertig?«

Luis fand keinen Hinweis darauf in Allies Blick, was sie von seiner Erklärung hielt. Er atmete durch. »Ich bin fertig.«

Luis erwartete ihre Reaktion, fürchtete, sie würde weinen, schreien, zusammenbrechen, doch all das blieb aus. Im Flimmern ihrer Augen und den konzentrierten Gesichtszügen erkannte er, dass sein Geständnis noch nicht zu ihr durchgedrungen war. Sie versuchte noch immer, es zu verarbeiten, ihr Verstand schien sich vor seinen Worten zu verschließen. Allie schüttelte unmerklich den Kopf. »Den Luis, von dem du mir gerade erzählt hast, habe ich nie kennengelernt. Weder vor meinem Unfall noch in der letzten Woche. Ich glaube nicht, dass du mir all das antun konntest. Aus purem Egoismus. Ich ... Ich glaube dir nicht.«

Wut loderte in Luis auf. Wut darüber, dass sie ihn zwang, die Wahrheit laut auszusprechen, doch vor allem Wut über sich selbst. »Ich *habe* es aber getan! Versteh doch, ich bin über zwölf Jahre lang vor dir geflohen – vor euch geflohen. Seit der Nacht im Bootshaus hast du mich wahnsinnig vor Liebe gemacht, aber ich … ich dachte, ich bräuchte die Army mehr.«

»Warum?« Luis wagte einen Blick in ihre Augen. Es war eindeutig, sie stellte sich diese Frage nicht zum ersten Mal. Natürlich hatte er ihr damals unzählige Gründe genannt, weshalb es ihn zur Army getrieben hatte. *Ich habe eine Pflicht meinem Land gegenüber. Die Freiheit, die wir genießen, gilt es zu schützen.* Doch sie hatten beide gewusst, dass er ihr nie die ganze Wahrheit offenbart hatte. Die Zeit dafür war nun gekommen. Luis wandte den Blick von ihr ab und ballte die Fäuste.

»Du weißt, Allie, ich hatte nie einen Platz im Leben. Keine Freunde in Townsend. Nichts, was mich definierte oder ausmachte. Keine Aufgabe. Ich hätte die Firma meines Vaters übernehmen können, ja, doch das war seine Lebensaufgabe, nicht meine. Ich war auf der Suche nach *meinem* Platz in der Welt.«

»Dein Platz war bei mir!«, warf Allie ein, doch Luis fuhr ihr unwirsch über den Mund:

»War er nicht!« Sich zu öffnen bereitete Luis fast körperliche Schmerzen, aber er biss die Zähne zusammen. »Ich dachte damals auch, mein Platz wäre bei meiner Mutter, doch innerhalb von wenigen Stunden wurde sie aus dem Leben gerissen. *Ich* wurde aus dem Leben gerissen. Menschen gehen, Allie!« Er warf ihr einen vernichtenden Blick zu, so als wäre sie es gewesen, die ihn verlassen hatte. »Der Tod meiner Mutter hat mich gebrochen. Ich wollte nie wieder gebrochen werden. Ich wollte nicht werden wie mein Vater!«

Allie hatte Luis nie zuvor so schwer atmen sehen. Es kam ihr vor, als müsste er seine schwere Last nicht nur in der Seele sondern auch körperlich tragen. Sie schluckte. »Wie meinst du das?«

»Er … Mein Vater war nicht immer so. Ernst, freudlos, verschlossen. Unzugänglich. Erst mit dem Tod meiner Mutter hat er die Fähigkeit, glücklich zu sein, verloren. Ich habe mitangesehen, wie mit meiner Mutter auch mein Vater verschwand. Und nie wieder zurückkam.« Luis kniff wieder die Augen zusammen, vertrieb die Bilder.

Jeder einzelne Muskel seines Körpers begann zu vibrieren. »Ich wollte das nicht. Ich hatte Angst, mir könnte das Gleiche wie meinem Vater passieren, wenn ich jemanden zu nahe an mich heranlasse. Niemals sollte jemand in mein Leben treten, auf den ich nicht verzichten könnte. Niemals. Also habe ich mich geschützt.« Allie glaubte, in Luis' Augen zu sehen, wie er jenen Schutzwall um sein Herz auch jetzt wiederaufbaute. Doch anstatt sich von ihr zu entfernen – körperlich wie geistig – lief er direkt auf sie zu und sah auf sie herab. Luis holte Luft. »Es funktionierte. Elf Jahre lang habe ich mich erfolgreich von allem ferngehalten, was mit Gefühlen verbunden war. Ich ging sogar einen Schritt weiter und entschied im Teenageralter, nicht nur mich zu schützen. Ich hatte nicht viel zu verlieren. Doch es gab andere Menschen, die hatten etwas zu verlieren: Ihre Mütter, Väter, ihre Söhne und Töchter. Ich beschloss, mein Dasein der Army zu widmen und all jene zu bekämpfen, die kleinen Jungs und Mädchen das Gleiche antun wollten, wie mir.« Luis machte eine kurze Pause und Allie beobachtete, wie seine Gesichtszüge minimal weicher wurden.

»Dann kamst du. Vom ersten Moment an wusste ich, dass es dumm war, Zeit mit dir zu verbringen. Doch ich konnte es nicht lassen, ich konnte mich nicht von dir losreißen, so sehr ich auch wollte. Du hast meine gesamten Prinzipien über den Haufen geworfen und ich konnte nichts dagegen tun. Wir wurden Freunde.« Er kehrte ihr wieder den Rücken und lief zur Fensterfront. »Nach der Nacht im Bootshaus war es vorbei mit mir. Ich habe dich geküsst und schon dieses eine Mal löste eine Sucht in mir aus. Eine Sucht nicht wie nach Drogen, sondern wie … wie nach Wasser. Wie die Sucht zu atmen. Mein ganzes Universum warst du.« *Bist du*, fügte Luis gedanklich hinzu und seine Haut prickelte so schmerzhaft, als wäre sie von einer Eisschicht überzogen worden.

»In der ersten Woche unserer Beziehung war ich noch überzeugt, die Army für dich in den Wind zu schießen. Doch je mehr ich mein Herz an dich verlor, desto mehr erinnerte ich mich daran, wie gefährlich das war. Die Macht, die du über mich hattest, erschütterte mich bis ins Mark. Und da verstand ich: Du konntest mich brechen. *Du* wärest in der Lage, mich ein zweites Mal zu zerstören und ich würde es nicht überstehen. Ich würde zu jemandem wie mein Vater werden, jemand, dessen Herz schlägt, der aber trotzdem nicht lebt.« *So jemand wie jetzt.* »Damals hatte ich Angst, meine Abhängigkeit von dir würde noch größer, wenn ich weiter bei dir bliebe. Ich fürchtete, das Leben könnte mir dich eines Tages wegnehmen und ich wäre wieder alleine: Zwei Mal gebrochen und noch immer ohne meinen Platz im Leben. Ich durfte das nicht zulassen. *Lieber ein Ende mit Schrecken als ein Schrecken ohne Ende* lautete meine Devise.« Allie hätte gerne Luis' Gesicht gesehen, doch er stand noch immer mit dem Rücken zu ihr. Sie wusste, sie sollte ihn hassen. Doch ihr Herz erlaubte es noch nicht. Etwas in ihrer Brust krampfte sich zusammen. Sie ertrug seinen Schmerz, als wäre es ihr eigener.

»Ich war dumm. Heute weiß ich«, seine tiefe Stimme bebte, als er weitersprach, »es war lange zu spät für ein Ende mit Schrecken. Es *gibt* kein Ende für meine Liebe zu dir. Von dem Moment an, als wir uns das erste Mal geküsst haben, konnte ich schon nicht mehr auf dich verzichten. Die Macht, die du damals in nur zwei Monaten über mich gewonnen hast, fesselt mich bis heute an dich.« Luis wendete sich abrupt vom Fenster ab und lief auf die andere Seite des Bettes, auf der Allie nicht saß. Er setzte sich Rücken an Rücken zu ihr, ohne sie zu berühren, sodass Allie ihn nicht einmal mehr sah. Mit jedem Wort wurde seine Stimme rauer. »Doch das war mir damals nicht klar. Ich dachte, wenn ich rechtzeitig den Absprung schaffte, könnte ich sie wieder loswerden, meine Sucht nach dir. Ich dachte, ich könnte wieder unverwundbar werden. Die Army kam mir wie gerufen. Sie bot mir all die Dinge, die ich im Leben vermisst hatte: Eine Aufgabe. Orientierung. Zusammenhalt unter den Kameraden.« Mit jeder Sache, die er aufzählte, boxte Luis einmal in seine Handfläche. »Die Army bot mir die Möglichkeit, meinen einzigen starken Charakterzug sinnvoll einzusetzen: Meinen Beschützerinstinkt. Ich wollte andere Menschen vor dem schützen, was mir als kleiner Junge widerfahren ist. Die Army gab mir das Gefühl, das Richtige zu tun und etwas zu bewirken. Doch vor allem würde sie mich davon abhalten, bei dir zu sein. Und das war wichtig, denn von alleine hätte ich es niemals geschafft, mich von dir fernzuhalten.« Erschöpft öffnete Luis die Faust und stützte seinen Kopf in die Hände. »Ich weiß nicht, wie ich mir das vorgestellt habe, aber ich dachte, ich könnte dich verlassen und trotzdem alle paar Monate sehen. Wahrscheinlich war das der letzte Halm, an den ich mich klammerte, aus Angst, dich für immer zu verlassen. Ich wollte es nicht wahrhaben und wünschte es mir zugleich. Am Airport in Greenbay redete ich mir ein, es sei lediglich eine Trennung auf Zeit, dabei wusste ich, dass das nicht stimmte.«

Allie kämpfte mit der Übelkeit. Die nackte Wut brannte in ihr wie Feuer, seine Flammen loderten in jeder Zelle ihres Körpers. Sie verstand ihn, ja. Auf einmal machte alles einen Sinn: Seine Verschlossenheit, das Ende ihrer Beziehung, sein Wille, sie zu beschützen. Seine Angst, sie zu verlieren, wenn sie die Wahrheit erfuhr. Sie konnte seine Taten und seine Fehler nachvollziehen. Das meiste konnte sie verzeihen. *Alles, bis auf eine Sache.*

Vor ihrem inneren Auge sah Allie das Gesicht des jungen Mädchens mit den wunderschönen Augen und den braunen Locken. *Julie. Er hatte sie verraten. Seine eigene Tochter. Ihre Tochter.* Allie sah rot und fühlte Mitleid mit Luis zugleich. Es fühlte sich an, als bekämpften sich in ihrem Inneren Feuer und Eis. Allie wurde schwindelig bei dem Kampf der Gefühle, doch sie ignorierte es.

»Und warum«, ihre Stimme schwoll mit jeder Silbe an, jeder Muskel ihres Körper begann jetzt unkontrolliert zu zittern. »Warum hast du mich all die Jahre belogen, was Julie angeht? Warum musstest du mir auch noch *mein Kind* vorenthalten, wenn du mir schon dich vorenthalten hast?« Allie schrie jetzt. »Warum musste auch *ich* auf meine Tochter verzichten, nur weil *du* mit ihrer Existenz nicht klarkamst? *Warum?*«

»Weil es das Einfachste für mich war!«

»Das ist nicht wahr! Niemand kann so kalt sein!« Allie wirbelte zu ihm herum.

»Ich *bin* so kalt, sei nicht so naiv und glaub mir endlich, verdammt noch mal!« Nun schrie auch Luis und sprang auf. Sein Gesicht war hochrot, es verzerrte sich zu einer furchteinflößenden Fratze. »*Das* ist es, was ich meine! Du hast keine Vorstellung davon, wie ich wirklich bin, *Al.* Der Gedanke, eine Tochter zu haben, hat mich nicht zur Besinnung gebracht, nein! Meine Angst, von etwas abhängig zu werden, stieg ins Unermessliche! Also habe ich mich *noch mehr* auf mich konzentriert. Darauf, dass *ich* nicht verletzt wurde. Ihr wart mir scheißegal!« Bei seinem letzten Satz brach sein tiefer Bariton und ein gutturaler Laut stieß aus Luis' Kehle. Es klang, als hätte ihn jemand angeschossen. Allie zuckte zusammen und wich ängstlich einen Schritt zurück.

»Für ein Leben in der Army musste ich dich, musste ich *euch* aus meinem Leben eliminieren! Ich hätte es nicht geschafft, da drüben am anderen Ende der Welt Menschen zu töten, mit meinen Gedanken bei dir. Bei euch. Das hätte mich umgebracht. Also habe ich dich komplett verbannt, ich habe dich aus meinem Kopf *vertrieben.*« Luis spie das Wort aus, als hätte es ihm fast die Zunge weggeätzt. »Ich lebe für mich und für niemanden sonst. Ich bin Einzelgänger, Egoist. Du hast mich die letzte Woche lang erlebt, hast dich vielleicht wieder in mich verliebt.« Luis lachte spöttisch auf und versetzte Allies Herz damit einen weiteren Dolchstich. »Und was ist mit den letzten siebzehn Jahren? Hättest du dich auch in mich verliebt, wenn du dich erinnern könntest, dass ich dir siebzehn Jahre lang dein Kind genommen und mich einen Dreck um euch gekümmert habe? Dass ich dein Herz und alles, was wir hatten, für ein Leben als Killer mit Füßen getreten habe? Nur, damit *ich* nicht verletzt werden konnte? Hättest du dich auch dann noch in mich verliebt, wenn du gewusst hättest, dass ich dich sogar die ganze Woche, die wir jetzt gemeinsam verbracht haben, von vorne bis hinten belogen habe? *Das* ist es nämlich, was ich getan habe!« Luis keuchte, als hätte er die Last auf seinen Schultern gerade mit gewaltigem Kraftaufwand so weit von sich geworfen, wie er nur konnte. »Noch dazu habe ich dich verführt, um dich dann zurückzuweisen. Siehst du endlich ein, was für ein Monster ich bin, Alison Keepsaker?« Sein wilder Blick suchte ihren.

Allie rannen die Schmerzenstränen stumm die Wangen hinunter. *Es war zu viel. Viel zu viel.* Sie taumelte und hielt sich haltsuchend am Fußteil des Bettes fest. Luis streckte ihr die Hand entgegen und zog sie gleich wieder zurück, als könnte er sich an Allies Haut verbrennen. Durch den Tränenschleier war sie blind. Unkontrolliert wankte sie zur Tür, riss sie auf und atmete scharf ein, als hätte Luis ihr zuvor alle Luft weggeatmet. *Sie musste hier raus!* Wie fremdgesteuert lief sie an das Ende des Ganges, tastete sich schluchzend die Treppe hinunter, durch den Empfangssaal hin zur Terrassentür. Die warme, nach

Mohnblumen, Gras und Sonnencreme duftende Sommerluft schlug ihr aus dem Garten entgegen und Allie schnappte noch einmal gierig nach Luft. Langsam klärte sich ihr Blick, doch ihre Muskeln waren plötzlich schwer wie Blei. Sie fühlte sich so erschöpft, am liebsten wäre sie gleich hier auf dem Terrassenboden zusammengesunken. Doch Allie riss sich zusammen und sammelte ihre letzte Kraft.

Schweren Schrittes schleppte sie sich über das noch feuchte Gras an den Blumenbeeten vorbei. Die Morgensonne warf ihre warmen Strahlen auf die kleine Lichtung am Ufer des *Flowage*. Ein paar Mücken schwirrten bereits über der Wasseroberfläche. Wie in Zeitlupe stieg Allie über einen Busch und sank auf der Lichtung in sich zusammen. Sie wusste nicht wie, aber sie musste sich auf den Rücken gelegt haben. Der Himmel über ihr drehte sich. Allie ließ das Zittern über sich ergehen, es schüttelte ihren ganzen Körper. Sie ließ es einfach zu, versuchte gar nicht erst, einen klaren Gedanken zu fassen und ließ die Tränen fließen. *Wie viel Zeit wohl verging?* Allie wusste es nicht. Sie lag einfach nur da, zitternd und weinend, ohne dagegen anzukämpfen.

Mit einem Mal drang etwas in ihre Gedanken, erst unscharf, dann immer deutlicher: Worte, wie ein Mantra, wie ein Rettungsanker, und sie flüsterte sie immer wieder: *Die Liebe ist langmütig, die Liebe ist gütig. Sie erträgt alles, glaubt alles, hofft alles, hält allem stand. Die Liebe hört niemals auf.*

Es passte nicht zu ihrer Situation, das wusste Allie, denn ihre Liebe war genau das, was man heute mit Füßen getreten hatte. Und doch gaben die Worte ihr Hoffnung, ließen sie glauben, es würde etwas geben, das ihr aus dieser Situation heraushelfen konnte. Also wiederholte sie sie weiter, immer wieder, bis die Sonne die Tränen auf ihren Wangen getrocknet hatte und keine neuen Tränen nachflossen. Langsam und tief atmete sie ein und aus, bis ihr Atem nicht mehr stockte und ihr Kopf wieder Gedanken zuließ. Der Himmel drehte sich nicht länger.

Ich kann ihm nie wieder vertrauen. Vor ihrem inneren Auge zogen Bilder der vergangenen Woche vorbei. Bilder von Luis, wie er sie in eine Decke gehüllt auf der Couch in der *Pensione* im Arm wiegte. Wie er ihr Stockbrot um einen Ast wickelte, mit welchem Begehren er ihren halbnackten Körper betrachtete, kurz bevor sie in die Fluten des *Flowage* rannte. Bilder davon, wie glücklich er war, als er ihr seine Heimat zeigte oder ihr den Strauß Rosen schenkte. Wie eisern er sie vor Emma und Robbie verteidigte, mit welch kindlicher Freude er ihr den Katamaran präsentierte, auf dem sie sich später zärtlich geliebt hatten. Als wäre es gestern gewesen sah sie seinen misstrauischen Blick vor sich, als Edward Mitchell um Unterkunft bat. Die Aufrichtigkeit in Luis' Augen, als er ihr erklärte, er müsse ihre damalige Entscheidung, Aaron zu heiraten, akzeptieren. Das Versprechen in seinem Blick, sie trotz allem zu lieben und zu beschützen.

Bilder von Julie.

Abermals brach Allies Herz bei dem Gedanken, dass nichts von alldem, was sie mit Luis erlebt hatte, wahr gewesen war … oder? Er hatte sie verraten. Ausgerechnet der Mensch, dem ihr Herz gehörte, musste ihr Vertrauen auf eine Weise missbrauchen, wie es schlimmer kaum möglich war. *Warum hatte er das getan?* Sie dachte an seine sanften Berührungen. Mit einem Mal musste Allie würgen, sie drehte sich auf den Bauch und wartete, bis sie sich übergab. Doch es kam nichts.

Egoismus, hatte er gesagt. Allie dachte nach, doch so sehr sie sich auch bemühte, ihm zu glauben, sie konnte es nicht. Allie kannte keinen Menschen, der weniger egoistisch war als Luis. Es passte einfach nicht zu ihm, nicht wirklich. Oder war sie wirklich noch immer so verblendet von ihren Gefühlen zu ihm, dass sie seine Schattenseite nicht erkannte? Sie dachte an seine Worte. *Ich lebe für mich und für niemanden sonst. Ich bin Einzelgänger, Egoist.* Sie schüttelte den Kopf. Nein, Egoismus war nicht der Grund für seinen schlimmen Fehler. Der Grund hieß *Angst.*

Allie hätte noch über so vieles nachdenken müssen. Ihre Gedanken schwirrten wild durcheinander, ihr Magen rebellierte und der Schmerz in ihrer Brust pochte in alle Teile ihres Körpers. Trotzdem rappelte sie sich hoch und lief so schnell es ihre steifen Glieder zuließen zurück zur *Pensione*. Es blieb nicht mehr viel Zeit, bis Aaron kam, und sie musste vorher unbedingt mit Luis sprechen.

Sie trat durch die Terrassentür und sah ihn sofort. Luis lehnte an der Kaffeetheke neben ihren gepackten Koffern und starrte leeren Blickes an die Wand gegenüber. Er war aschfahl, unter seinen Augen zeichneten sich graue Ringe ab. Er blickte nicht auf, als er Allie durch die Tür kommen hörte.

»Ich kann dir nicht verzeihen«, begann Allie direkt, um keine Zeit zu verlieren. Luis regte sich nicht, doch Allie glaubte, in seinen ausdruckslosen Augen den Schmerz aufblitzen zu sehen. »Du weißt, was du mir angetan hast. Was du dir selbst angetan hast und auch deiner Tochter. Aber es gibt etwas«, Allies Stimme brach kurz, doch sie fing sich gleich wieder, »es scheint etwas zu geben, das du offenbar noch nicht weißt.« Allie schwieg und wartete, bis er endlich seinen Blick von der Wand losriss und den Kopf in ihre Richtung drehte.

»Menschen ändern sich, Luis. Ich hasse den Mann, der mich verlassen und mir meine Tochter genommen hat. Ich hasse ihn dafür, dass er zu feige war, zu uns zu stehen und sich Verletzlichkeit einzuräumen. Ich ...« Allie stockte noch einmal, denn was ihr gerade in den Sinn gekommen war, hatte sie noch nicht zu Ende gedacht. Sie sprach es trotzdem aus, denn sie würde keine zweite Gelegenheit mehr dazu bekommen. »Ich weiß, es ist falsch jemanden dafür zu verabscheuen, dass er Angst hatte. Doch ich tue es trotzdem, als Mutter kann ich nicht anders: Ich *verabscheue* jenen Mann.« Luis' Blick hatte sich mehr und mehr verfinstert, aber Allie ließ sich nicht beirren. »Doch sei es nun gut oder schlecht: Ich erinnere mich nicht an diesen Mann. Ich weiß nur, dass du nicht mehr derjenige bist. Du hast dich verändert.«

Endlich blickte er in ihre Richtung. Sein Blick war hart, fast höhnisch, so als amüsierte er sich über Allies Gutgläubigkeit. »Wenn ich mich geändert hätte, hätte ich dich nicht die ganze Woche lang belogen und betrogen wie auch schon die siebzehn Jahre zuvor.«

»Gut! Dann sag mir nur eins: Als du deinen Auftrag von Aaron angenommen hast, war dein oberstes Ziel, dass wir zwei uns voneinander fernhalten, weil du wolltest, dass ich zu Aaron zurückkehre.«

»Ich wollte es, weil er besser für dich ist als ich«, grollte Luis.

»Und wieso hast du mir dann nicht von vornherein gesagt, was du für ein Monster bist? Warum hast du es mir nicht gleich zu Beginn gesagt, damit ich gar nicht erst anfange, Gefühle für dich zu entwickeln, so wie du es am Anfang wolltest? Wäre das nicht am effektivsten gewesen, um mich von dir fernzuhalten?«

Luis trat ein paar Schritte auf sie zu und baute sich vor ihr auf. »Weil ich ein egoistisches Arschloch bin, das selbst, wenn es die Chance geboten bekommt, nicht zu der Wahrheit stehen kann und dich stattdessen verliebt in sich macht.«

Allie zwang die Tränen zurück. Dieses eine Mal im Leben musste sie stark bleiben, durfte nicht nachgeben. »Nein, ich sag's dir: Weil du das Leben von damals nicht mehr willst und der von damals nicht mehr bist. Du willst mich nicht länger verbannen, du willst mich bei dir haben, du hältst es nicht aus, wenn es mir schlecht geht, du willst mich beschützen und tust es mit allen Mitteln, die dir zur Verfügung stehen. In der letzten Woche hast du immer nur getan, was deiner Meinung nach das Beste für mich ist. Du sorgst für mich mit allem, was du hast. Und du konntest dich einfach nicht überwinden, mir von der Vergangenheit zu erzählen, weil du nichts mehr willst, als dass ich dich zurückliebe. Das soll ein Monster sein?«

An der Haustür klingelte es. Allie sah den dunklen Schemen hinter der milchigen Glastür und wendete sich ein letztes Mal Luis zu. Sie dämpfte die Stimme, damit Aaron sie vor der Tür nicht hören konnte.

»Ich sehe ein, Luis«, begann Allie traurig, »dass wir so, wie wir jetzt sind, getrennte Wege gehen müssen. Du hattest in dem Sinne recht. Ich kann nicht verzeihen, dass mir die letzten siebzehn Jahre lang mein Kind gestohlen worden ist – von den beiden Menschen, die ich am allermeisten liebe. Ich weiß nicht, ob ich dir *jemals* verzeihen kann. Aber …«

Es klingelte erneut, diesmal aufdringlicher. Mit einem letzten flehenden Blick zu Luis, der zum ersten Mal nicht vor Selbstsicherheit strotzte, sah Allie ihn durch die Tür verschwinden, um ihrem Ehemann zu öffnen.

»Auf geht's nach Madison. Mo, geh zu Mummy und sag ihr, dass sie endlich kommen soll, wir wollen fahren«, befahl Aaron und schlug die Autotür grimmig zu. Sie lungerte immer noch am Wagen dieses lächerlichen Soldaten herum, ohne dass sie einander etwas sagten. Anderson war gerade im Begriff gewesen, sich endlich mit seinem hässlichen Wagen zu verziehen, als seine verrückte Frau noch mal aus dem Auto und zu dem fremden Wagen sprinten musste. Dabei hatte sie sich schon doppelt und dreifach bei dem Soldaten verabschiedet. Sie sollten nicht meinen, er würde nicht merken, was da abging. Aaron hatte es ganz genau verstanden, es war schließlich kaum zu übersehen. Sie versuchten ja nicht einmal, es zu verstecken. Anderson hatte seine Frau flachgelegt und Aaron würde schon noch einfallen, wie er dafür büßen würde.

Er beobachtete seinen Sohn, den er am liebsten zu Hause bei Thomas und Leyla gelassen hätte, wie er am Rockzipfel seiner Mutter zupfte. So ein süßer Junge. Sie hätten eine perfekte Familie sein können, verdammt, *so perfekt*.

»Allie. Was ist los?«, raunte Luis in einem beinahe sanft bekümmerten Ton. Er warf einen Blick zu Aaron hinüber, der sie wie eine hungrige Hyäne beobachtete. Den ganzen Nachmittag hatte Allie ihm unter größter Beherrschung Banalitäten von ihrer Woche erzählt. Aaron hatte nur widerliche Anspielungen gemacht und Luis bissige Kommentare entgegengeschleudert. Er konnte es Aaron kaum verübeln.

Zu seiner Verwirrung – und größten Freude zugleich – sprach aus Allies Blicken, selbst wenn sie nur flüchtig waren, noch immer das tiefste Begehren für Luis, vermischt mit dem größten vorstellbaren Schmerz. Damit Allie sich keine Vorwürfe auf der bevorstehenden Fahrt anhören musste, trat Luis anstandshalber einen Schritt zurück und schaffte Raum zwischen ihnen.

»Ich muss dir noch was sagen«, keuchte sie, während der aufgewühlte Staub ihrer Schritte noch um ihre Knöchel wirbelte.

»Ich höre.«

»Eigentlich müssen wir uns noch furchtbar viel sagen.«

»Das kann sein.«

»Mummy, koooooomm!« Mo zupfte ungeduldig an Allies Hose.

Luis holte Luft. »Ich liebe dich, Al.«

Ungläubig lachte Allie auf. »Die … Die drei Worte? Jetzt?«

»Die waren längst überfällig. Ich wollte, dass du es weißt, bevor …« Er nickte in Richtung Aaron.

Ein Blick zu Boden, einer in die Augen.

»Was denkst du … Sehen wir uns wieder?«, fragte Allie leise und wusste selbst nicht, welche Antwort sie sich erhoffte. Ja oder nein, sie wünschte sich beides zur selben Zeit mit einer solchen Intensität, dass ihr Blickfeld anfing vor ihren Augen zu verschwimmen.

»Vielleicht. Wenn die Zeit dafür gekommen ist«, raunte Luis ruhig und genoss ein letztes Mal den Anblick ihrer Augen und die Ruhe, mit der ihre Anwesenheit ihn erfüllte. Obwohl die Welt kopfstand, bedeutete sie ihm: Alles ist gut.

»Okay.«

»Mummyyyyyy!«

»Ja, Schatz, Mummy kommt. Tschüss, Luis.« Eine Welle von Angst überrollte Allies Körper. Dies war der Moment, den sie so lange gefürchtet hatte. Es gab kein Hinauszögern mehr: Sie würde ihn verlassen. Allie hob ihre zitternde Hand ein winziges bisschen. Sie wollte ihn berühren und fürchtete sich gleichzeitig davor. Trotz allem versuchte ein schiefes Lächeln, doch es misslang.

In Luis' Welt lag ein Lächeln nicht mehr im Bereich des Möglichen. »Mach's gut, Al. Pass auf dich auf.«

Sie schnappte Mo und trug ihren lachenden Sohn kopfüber zum Auto.

»Von ihm hattest du jetzt mehr als genug. Es wurde Zeit, dass du zurückkommst, wo du hingehörst, Liz. Zu deiner Familie«, tadelte Aaron und startete den Motor.

Allie starrte abwesend aus dem Beifahrerfenster und beobachtete, wie Luis' Wagen mit Schwung um die Ecke auf die Nicolet Road und raus auf den Highway driftete.

»Hörst du mir zu, Liz?«

»Ja.«

»Bereit, deine alte Uni zu sehen?«

»Nein«, murmelte Allie und folgte Luis' Wagen mit dem Blick. Aaron überhörte sie geflissentlich und steuerte das Auto raus aus Townsend.

Epilog

Und das«, schloss die alte Frau in ihrem Sessel, »ist die Geschichte, wie ich zu meinem Mann, eurem Vater und Großvater, gefunden habe. Zum zweiten Mal. Das Mal, an das ich mich erinnern kann.«

Liv riss ihren Blick, der weit über eine Stunde lang gebannt an den spröden Lippen ihrer Großmutter gehangen hatte, widerwillig los und sah sich um. Sie war die Erste, die aus Alison Keepsakers Welt aufgewacht und in den Pfarrsaal zurückgekehrt war.

Um den Sessel ihrer Großmutter hatten sich alle Trauergäste versammelt, in gespannter Stille verharrt und regungslos der Geschichte der alten Witwe gelauscht. Liv sah von ihrer Schwester Theresa zu ihren Cousins und Cousinen, die auf dem dicken Teppich zu Füßen ihrer Großmutter saßen und diese anstarrten. Sie sah ihren Vater und ihre Mutter Cassandra, die im Schock erstarrt an einer Tischkante lehnten und fassungslos gelauscht hatten. Liv musterte die alte Frau im Rollstuhl mit den riesigen Augen und den Kringellocken, die ihre Großmutter heute Doughey, die alte Schachtel, genannt hatte, und Liv stellte sich die gebrechliche Dame als junges Mädchen im Engelskostüm vor.

Etwas weiter entfernt auf einem Stuhl entdeckte sie Tante Julie, deren Geburtsnamen Liv heute zum ersten Mal erfahren hatte. Tante Juliana. Das fühlte sich fremd auf der Zunge an. Liv hatte nicht einmal gewusst, dass Julie nicht der Taufname ihrer Tante war. Stumm liefen Tante Julie ein paar Tränen die Wange hinunter. Onkel Mike legte liebevoll einen Arm um sie. Onkel Mo hielt die Arme verschränkt und starrte seine Mutter in tiefsten Gedanken versunken an. Das erste Mal fiel Liv auf, dass er wirklich genau die gleichen Augen hatte wie Oma Allie.

Liv betrachtete all die Trauergäste, die sie bisher nicht gekannt hatte. Der Pfarrer hielt den Kopf gesenkt und lauschte mit geschlossenen Augen. Seine zittrigen Spinnenhände hielt er im Schoß verschränkt. Die hagere Greisin mit dem Krückstock und den kurz rasierten Stoppelhaaren hatte Liv bisher etwas eingeschüchtert, nun glaubte sie aber, in den verkniffenen Gesichtszügen die eisblauen, trauernden Augen Emma Diessners zu erkennen. Die winzige Asiatin, deren sorgfältig frisiertes schwarzes Haar ein paar graue Strähnen durchzogen, war alleine gekommen und ließ sich keinerlei Emotionen anmerken. Liv hoffte, dass ihr Gatte mit Vorliebe für Holzfällerhemden und Rauschebart lediglich verhindert war. Cassandras Schluchzen durchbrach als Erstes die Stille. »Ich hatte keine Ahnung, Mum.« Die Einzigen, denen Cassandra damit nicht aus der Seele sprach, waren Julie und die alte Doughey, die mit der einen Hand eine silberne Locke um den Finger zwirbelte und mit der anderen gedankenverloren an der weichen Haut an ihrem Hals zupfte. Die Trauergäste wanden sich unbehaglich auf ihren Stühlen. Niemand schien zu wissen, was er sagen sollte. Cassandra schluchzte lautstark in ihr Taschentuch.

»Oma«, brach Liv vorsichtig die Stille und merkte, wie sich alle Aufmerksamkeit auf sie richtete, »das ist nicht das Ende deiner Geschichte.«

»Olivia!«

»Es ist okay, Cassy. Sie darf fragen, so viel sie will. Wie meinst du das, Livi?« Alison Keepsaker berührte liebevoll das Haar ihrer Enkelin, die gleich neben ihr auf dem dicken Teppich saß. Während ihrer Erzählung hatte Alison Liv still beobachtet und mit Freude verfolgt, wie ihre Jüngste jedes Wort, jeden Satz in ihrer Fantasie in rauschende Bilder kleidete.

»Ich meine bloß … du bist noch nicht wieder mit ihm zusammengekommen. Mit deinem Luis. Das kann also noch nicht das Ende sein.«

»Nur weil es kein Happy End ist, heißt das noch lange nicht, dass die Geschichte weitergeht, bis es ein Happy End gibt«, lachte Allie angesichts der bestürzten Blicke ihrer Familie und ihrer Freunde. Sogar Emma vermochte nicht, ihre ehrliche Betroffenheit hinter ihrer stählernen Fassade zu verbergen.

»Was du gehört hast, ist das Ende der Geschichte, Livi«, erklärte Allie verschmitzt, »aber das heißt nicht, dass es nicht weitergeht. Alles, was danach kommt, erzählt sich nicht sonderlich spannend. Es ist nur noch das Leben.«

»Erzählst du es trotzdem?«

»Dräng Oma zu nichts, was sie nicht will! Was wir gehört haben, muss doch schwer genug gewesen sein«, tadelte Cassandra und zog die Nase hoch.

»Was dann passierte, dürfte euch allen klar sein«, lächelte die alte Frau und lehnte sich wieder in ihrem Sessel zurück. Längst strahlte Oma nicht mehr so breit, wie sie es einst getan haben musste, aber Liv konnte an ihren Lachfalten und den funkelnden Augen erahnen, wie es ihrem Opa einst ergangen sein musste, wenn Oma lachte.

»Aaron war felsenfest davon überzeugt, mit mir – und dir, Mo – zu meiner alten Universität nach Madison zu fahren, um meinen ›Kurztrip durch die Vergangenheit‹ fortzuführen. Wie ihr wisst, war das längst nicht mehr mein Ziel. Ich war durcheinander nach alldem, was ich wenige Stunden zuvor erfahren hatte. Ich realisierte es kaum. Ich war verletzt und verstand meine eigenen Gefühle nicht. Die Tatsache, dass du, Julie, meine Tochter bist, war noch nicht wirklich bis zu mir durchgedrungen.« Alison nickte in Richtung ihrer ältesten Tochter und bedauerte ein wenig, sie nicht schon früher über das gesamte Ausmaß ihrer Vergangenheit aufgeklärt zu haben. Julie sah so verloren aus, wie Alison sich selbst damals gefühlt hatte. »Auf der Autofahrt wollte ich nicht viel reden – besser gesagt, ich konnte nicht. Aaron wurde wütend und hat mir zuerst vorgeworfen, ich hätte ihn betrogen. Womit er ja auch richtig lag. Aber ich konnte ihm weder zustimmen noch konnte ich es abstreiten. Wir gerieten in Streit und ich habe Stunden lang darauf beharrt, einfach zurück nach Rose Tree, Philadelphia, zu fahren, bis er wutentbrannt umkehrte.

Ich weiß nicht genau, was in den folgenden Wochen passierte. Ich blieb zu Hause, versank in meinen Gedanken verdrängte die letzte Nacht in Townsend wochenlang. Irgendwo in meinem Kopf wusste ich, dass ich eine Tochter habe und dass ich Luis verloren hatte, aber ich erlaubte meinen Gedanken nicht, daran zu nagen. Ich steckte sie einfach in eine Schublade, als ob diese Gedanken überhaupt nicht zu meiner Realität gehörten.

Aaron zwang mich, wieder mehr Zeit bei meinem Therapeuten zu verbringen. Es bewirkte lediglich, dass ich mich umso mehr verschloss. Wenn Pater Bennett mit einem richtig lag, dann damit, dass ich hoch talentiert darin war, mich vor meinen eigenen Gedanken zu verstecken«, gab Allie traurig zu und warf instinktiv einen Blick in die Richtung des stotternden Pfarrers. Zwar war Evan für diese Rolle wie geboren, sofern seine Stimme ihn nicht im Stich ließ. Doch Allie vermisste ihren alten Pfarrer und Freund oft schmerzlich. Pater Bennett hatte sich bis zu seinem Tod zu einer der wichtigsten Bezugspersonen in Allies Leben entwickelt.

»Lange passierte … nichts. Ich lief mit fettigen Haaren herum und ging kaum vor die Tür, der einzige Grund, weshalb ich überhaupt aus dem Bett stieg, war Mo. Ich war so sehr damit beschäftigt, das Geschehene zu verdrängen, in meinem Kopf war kein Platz für andere Gedanken. Aaron durchlief unzählige Phasen. Zeitweise hasste er mich, dann hasste er sich selbst dafür, mir die Reise nach Townsend ermöglicht zu haben. Ich konnte es ihm nicht verübeln. Ich habe es ihm nicht leicht gemacht.

Die Zeit schritt voran und ich überwand den ersten Schock. Ich weiß noch, es ging mir gerade zwei Tage in Folge gut, ich hatte wieder angefangen zu joggen, als ich dieses Foto fand. Erinnert ihr euch, dass ich von diesem Bild erzählt habe? Dem einzigen Bild in meinem Bilderalbum, von dem ein Zentimeter an der Seite abgetrennt war? Es fiel mir ein, als ich endlich die Kraft fand, die Fotoalben, die ich mit nach Townsend genommen hatte, wieder in die Regale zu räumen. Ich war neugierig und tat, was ich schon viel früher hätte tun sollen: Ich fuhr den Laptop hoch und scrollte bis zu dem Ordner von Mos erstem Geburtstag. Da fand ich das Bild. Unbearbeitet. Mit dem Zentimeter, der auf dem Abzug abgetrennt war.«

Alison machte eine Kunstpause und inspizierte die gespannten Gesichter der Zuhörer. Liv war völlig in der Welt ihrer jungen Großmutter versunken.

»Womöglich taugt dieser Teil doch noch als Geschichte«, schmunzelte Allie und fuhr fort: »Vielleicht könnt ihr euch denken, was der fehlende Zentimeter zeigt, ich jedenfalls konnte es nicht. Im ersten Moment verstand ich es auch nicht. Ganz rechts am Bildrand sah ich Jenna, meine beste Freundin aus meiner Jugendzeit, wie ihr wisst. Zwar nur im Profil, und nicht besonders deutlich, aber man konnte sie eindeutig erkennen. Ich schaltete in diesem Moment nicht besonders schnell. Ich überlegte, wieso ich wohl Jenna aus dem Bild geschnitten hatte, doch irgendwann fiel mir natürlich auch wieder ein, was Aaron und Jenna mir erzählt hatten: dass ich den Kontakt zu ihr abgebrochen hatte, als wir aufs College gingen. Dass ich sie danach nie wieder gesehen hätte. Und plötzlich fand ich sie auf dem Bild des ersten Geburtstages meines Sohnes. Und das war zu dem Zeitpunkt gerade Mal etwas länger als ein Jahr her.« Allie ließ ihren Blick prüfend über die Gesichter ihrer Zuhörer wandern. Die meisten runzelten noch immer verwirrt die Stirn, doch Liv hatte die Augen weit aufgerissen. Sie verstand.

»Natürlich stiefelte ich wutentbrannt zu Aaron. Ganz offensichtlich hatte er mich belogen, mal davon abgesehen, dass Jenna mir in Townsend die gleiche Lüge aufgetischt hatte. Diese Erkenntnis war eine wunderbare Ablenkung für mich. Es fühlte sich gut an, endlich wieder etwas zu fühlen, auch wenn es nur Ärger war. Das verlieh mir Stärke. Also sprach ich Aaron auf seine Lüge an und er wurde wütend, denn nun hatte er keine andere Wahl, als meine Vermutung zu bestätigen:

Ich hatte niemals den Kontakt zu Jenna abgebrochen, als wir beide aufs College gingen. Jahrelang blieben wir beste Freundinnen. Der Kontakt riss erst ein halbes Jahr zuvor ab. Und mit dieser Information hatte ich endlich einen Schlüssel in der Hand, den Schlüssel zu dem Lügengerüst, das Aaron in den letzten Jahren um mich herum aufgebaut hatte.

Alles fing knapp anderthalb Jahre vor meinem großen Unfall an. Anderthalb Jahre bevor ich siebzehn Jahre meines Lebens vergaß. Ich erinnere mich noch immer nicht an jene Zeit! Ich erinnere mich an nichts zwischen meinem 17. und meinem 34. Lebensjahr. Aber durch Aarons Beichten und mithilfe von Leyla habe ich nach und nach jedes einzelne dreckige Detail erfahren, weshalb Aaron und Jenna mich belogen hatten:

Damals wohnten Aaron und ich noch nicht in Rose Tree, Philadelphia, sondern in einem kleineren Haus in Madison, ganz in der Nähe unserer damaligen Universität. Wir waren bereits verheiratet und Mo war vor kurzem zur Welt gekommen.

Eines Tages war Aaron auf einer Tagung und ich empfing einen besonderen Brief. Er war von Luis. Aus dem Kontext des Briefes konnte ich herauslesen, dass Luis mir jedes Jahr zu Weihnachten und zu unserem ehemaligen Jahrestag, dem 19. Juli, zu schreiben schien. Doch ich hatte nie zuvor einen solchen Brief erhalten. Ich dachte nach und kam zu dem Entschluss, dass Aaron die Briefe der letzten Jahre vor mir abgefangen haben musste. Er hatte gewusst, wann die Briefe ankamen und er hatte es wohl tatsächlich geschafft, in all den Jahren unserer Ehe jeden Brief verschwinden zu lassen, den Luis mir schickte. Als mein Mann wusste er von meinen Gefühlen für Luis und er war klug genug zu merken, dass ich Luis nie ganz vergessen hatte. Um jeden Preis hatte er verhindern wollen, dass ich den Weg zu Luis zurückfand. Aber in diesem einen Jahr ist es ihm nicht gelungen. Er war ja auf einer Tagung und ich empfing Luis' Brief selbst – es war der Weihnachtsbrief. Ich konfrontierte Aaron mit diesem Brief, und obwohl er niemals zugab, alle anderen Briefe abgefangen zu haben, kühlte unsere Beziehung daraufhin aufs Eisigste ab.

Ich war damals wohl schon länger nicht mehr glücklich in meiner Ehe mit Aaron gewesen und Luis' Brief wälzte mein Leben komplett um. Ich weiß es nicht genau, aber ich hätte Aaron wahrscheinlich sofort verlassen, hätte ich nicht ein paar Monate zuvor unser erstes Kind bekommen – Mo. Ich lebte deshalb weiterhin mit Aaron in Madison, in Gedanken bei Luis und funktionierte in meiner Rolle als Mutter und Ehefrau einzig und allein für mein Kind.

Aaron brach es das Herz. Er liebte mich unbändig und wollte alles tun, um mich nicht zu verlieren. Irgendwann schlug sein Schmerz über meine Kälte in Frust um und er tat das Schlimmste, was ich mir zu jenem Zeitpunkt vorstellen konnte: Er suchte Ablenkung bei Jenna. Damals in Madison hatte Jenna noch ihre Boutique ganz in der Nähe unserer Heimat. Ungefähr zum Zeitpunkt von Mos erstem Geburtstag begannen Aaron und sie ihre Affäre. Natürlich waren sie stets vorsichtig genug, sodass ich lange nichts davon mitbekam – wahrscheinlich auch, weil es mich nicht mehr interessierte.

Nach einiger Zeit kam Aaron aus der Affäre nicht mehr heraus. Jenna hatte sich in ihn verliebt, aber für ihn war sie nicht mehr als Mittel zum Zweck. Er konnte den Gedanken, mich zu verlieren, immer noch um keinen Preis der Welt ertragen. Daher versuchte er, die Affäre mit Jenna zu beenden, doch die drohte, mir alles zu erzählen, wenn er sie verließ. Ich weiß nicht, wer von den beiden eine Therapie dringender nötig gehabt hätte«, lachte Alison bitter auf und blickte in die erschrockenen Gesichter ihrer Zuhörer. Cassandra war aschfahl und Alison befürchtete, ihre sensible Tochter, die sowieso schon nahe am Wasser gebaut war, würde jeden Moment einfach zusammenklappen.

»Ich habe euch ja gesagt, es folgt keine schöne Geschichte mehr. Jedenfalls steckte Aaron in einer Zwickmühle: Jenna kettete ihn mit allen Mitteln an sich und er wollte nichts mehr, als sie wieder loswerden und mich zurückgewinnen. Als er dem Druck nicht mehr standhielt, gestand er mir die Affäre freiwillig, bevor Jenna es tat.

Ich glaube, es war eine schwere Zeit für mich. Aaron erzählte mir später, dass ich zu diesem Zeitpunkt den Entschluss fasste, mich endgültig von ihm zu trennen. Aber er kämpfte um mich. Irgendwann stimmte ich Mo zuliebe zu, eine Paartherapie zu beginnen und einen kompletten Neuanfang zu starten. Wir wollten wegziehen, weg von Jenna und raus aus Madison in eine völlig neue Stadt, in ein neues Haus, und einfach von vorne anfangen. Ich ließ mich breitschlagen. Und so kam es, dass ich in ein wunderschönes Haus in Rose Tree, Philadelphia, zog und mein Gedächtnis noch während des Umzugs für immer verlor.«

»Für immer? Du erinnerst dich immer noch nicht? Nach all den Jahren?«, quiekte Theresa entsetzt und schlug sich beschämt die Hand vor den Mund.

»Nein, Theresa, bis heute habe ich meine Erinnerungen an die Zeit nie wiedergefunden.«

»Aber wie weißt du dann …«

»An all das, was ich euch gerade erzählt habe, an alles, was vor meinem Unfall passiert ist, erinnere ich mich nicht. Ich habe es mir zusammengesetzt wie ein riesiges Puzzle. Mit manchen Informationen ist Aaron selbst herausgerückt, ein paar weitere habe ich von Leyla, manche aus alten Tagebüchern. Vielleicht erzähle ich erst zu Ende.« Allie lächelte ihrer Enkelin freundlich zu.

»Als ich aus dem Koma erwachte und mich weder an Aaron noch an Mo erinnern konnte, brach für ihn eine ebenso große Welt zusammen wie für mich, die ich mich an die Hälfte meines Lebens nicht erinnern konnte. Im ersten Moment fürchtete Aaron, mich komplett aufgeben zu müssen, bis ihm all die Vorteile meiner Situation klar wurden: Schnell fand er raus, dass ich nach dem Stand meiner Erinnerungen bisher nicht mit Luis zusammengekommen war und mir auch nicht bewusst war, dass ich eine Tochter hatte. Das kam ihm sehr gelegen. Außerdem – und das war wohl für ihn das Beste an der Sache – hatte ich keine Ahnung, was mit ihm und Jenna vorgefallen war. Meine Amnesie war ein Jackpott für Aaron. Es war einfach für ihn gewesen, Jenna zu kontaktieren und mit ihr die Geschichte zu vereinbaren, dass ich sie seit meiner Collegezeit nicht gesehen hatte. Ich frage mich bis heute, ob Geld im Spiel war, das Jenna zu diesem Zeitpunkt ja dringend gebraucht hat. Sie hatte ihre Boutique zu dem Zeitpunkt verloren, als Aaron sich von ihr getrennt hatte.

Aaron ließ meine alten Tagebücher verschwinden, bevor ich aus dem Krankenhaus nach Hause kam, und eliminierte jeden Hinweis, der mir verraten könnte, dass Jenna nicht zu Collegezeiten aus meinem Leben verschwunden war, wie er mir weismachte, sondern erst viel später. Deshalb war es Aaron, der unsere alten Fotoalben durchforstet und Jenna auf dem Foto von Mos erstem Geburtstag sorgfältig herausgeschnitten hatte.«

Alison machte eine Pause, um festzustellen, dass jeder ihrem Blick auswich, niemand ihrem Unglück begegnen wollte.

»Er hat dir nicht erzählt, dass du eine Tochter hast«, vernahm Allie plötzlich die dünne, ihr so vertraute Stimme ihres ältesten Kindes aus der Ecke des Raumes. *Juliana.* Wie geplant hatte Julie damals erst kurz nach ihrem achtzehnten Geburtstag von ihrer Adoption erfahren. Allie hatte wochenlang Blut und Wasser geschwitzt, ob und wie Julie auf den Brief reagieren würde, den Allie ihren Adoptiveltern für jenen Tag übergeben hatte – völlig grundlos. Julie nahm die Nachricht hervorragend auf und behauptete schon wenige Jahre später, zwei Familien zu haben. Natürlich kannte Julie daher die Umstände ihrer Adoption. Doch nie zuvor hatte Allie jemand anderem als ihrer besten Freundin Harriett die ganze Geschichte erzählt.

»Nein, Julie, Schatz, natürlich nicht. Aaron hat alles getan, um eine Vergangenheit zu entwerfen, die dazu führen würde, dass wir wieder die glückliche kleine Familie werden, die er sich so sehr wünschte. Und es funktionierte um ein Haar. Das Einzige, was er nicht bedachte, war die Tatsache, dass ich schon kurz nach meiner Entlassung aus dem Krankenhaus anfing nach Luis zu fragen. Nachdem ich vom Tod meiner Mutter erfahren hatte und glaubte, der Kontakt zu Jenna würde schon seit Jahren nicht mehr existieren, war er der letzte Halm, an den ich mich klammern konnte. Ich kam langsam auf die Beine und hörte nicht auf, nach ihm zu fragen. Das machte Aaron nervös. Er fürchtete, ich könnte Luis auf eigene Faust suchen und Luis könnte mir von meiner Tochter erzählen – und von all den Briefen, die Aaron mir vorenthalten hatte. Also ließ er sich etwas wahnsinnig Heikles, wenn gleich auch Geniales einfallen: Er orderte Luis auf eigene Faust zu sich und pflanzte ihm eine Geschichte in den Kopf, die Luis zu seiner Marionette machte.

Aaron merkte schnell, dass Ehrlichkeit und Loyalität Luis' wichtigste Güter waren. Er konnte zu jenem Zeitpunkt ja nicht wissen, dass Luis mich jahrelang belogen hatte. Er ging davon aus, Luis wüsste genau so viel wie er: Dass ich mit siebzehn eine Tochter bekommen hatte, die Mara mir aber weggenommen und in einer anonymen Babyklappe abgegeben hatte. Er ging davon aus, man hätte Julie danach nie wiedergefunden. Dass sie wohlauf bei Familie Perlman lebte, konnte Aaron nicht wissen, davon wussten zu diesem Zeitpunkt ja nur Luis und meine verstorbene Mutter.

Aaron hielt Luis also für einen ehrbaren Mann und machte sich dessen vermeintliche Ehrlichkeit zunutze, indem er ihn bei ein paar Bier im Wohnzimmer unseres Hauses in Rose Tree davon überzeugte, es wäre nicht gut für mich, wenn ich von Luis' und meiner Vergangenheit erfuhr. Er trichterte Luis ein, ich sei glücklich in unserer Ehe gewesen und würde in ein tiefes Loch fallen, wenn die Dämonen meiner Vergangenheit ans Tageslicht geraten würden. Aaron überzeugte Luis, dass ich meine Erinnerungen wiederfinden sollte, aber auf keinen Fall die schmerzlichen Erinnerungen, die ich glücklicherweise vergessen hatte. Meine Tochter. Die Trennung von Luis. Den Tod meiner Mutter.

Aaron spürte, dass Luis nur das Beste für mich wollte, und lag richtig. Luis willigte ein, mit mir nach Townsend zu fahren und Acht darauf zu geben, dass ich die dunklen Seiten nicht entdeckte, sodass ich nach der Reise unbelastet in Aarons Arme zurückkehren konnte. Und von da an«, schloss Alison Keepsaker mit einem tiefen Seufzer, »wisst ihr ja, wie es weiterging.«

»Und an all das, was du uns jetzt erzählt hast, kannst du dich immer noch nicht erinnern?«, platzte Theresa heraus, diesmal ohne sich um Taktgefühl zu scheren.

»Nein, Theresa. Wirklich nicht. Natürlich erinnere ich mich an alles, was *nach* meinem Unfall und in der Woche mit Luis in Townsend passierte, aber nicht an das *davor*. Als ich herausfand, dass Aaron Jenna aus dem Foto geschnitten hatte, lieferte er mir nicht nur ein langes Geständnis. Ich erklärte ihm, dass ich ihn endgültig verlassen wollte und er versuchte nicht mal, sich dagegen zu wehren. Er zog für ein paar Tage ins Hotel und kam nur manchmal zurück, um ein paar Sachen zu holen. Eines Tages fand ich in meinem Zimmer eine Kiste mit meinen alten Tagebüchern und Luis' Briefen. Aarons letztes Geschenk an mich. Ich habe Tage damit verbracht, meine eigenen Worte in mich aufzusaugen und Luis' Briefe zu lesen, wieder und wieder.«

»Aber spätestens dann müsstest du dich doch an alles erinnert haben«, protestierte Theresa, »Der Arzt hat doch gesagt, dein Gehirn sei physiologisch gesehen völlig intakt, und du hast doch selbst gemerkt, dass die Erinnerungen abrufbar sind. Wieso hat sich diese Blockade dann, als du die ganze Wahrheit kanntest, nicht endlich gelöst?«

»Weil Menschen keine Maschinen sind. Man kann nicht einfach einen Schalter umlegen«, schloss Alison knapp und erhob sich schwerfällig aus dem Sessel. Ihre Knochen knackten und der Schmerz in ihrem Rücken zuckte wie ein Blitz ihr Rückgrat hinab. Alison griff nach ihrem Krückstock, den sie sich weigerte gegen eine dieser neumodischen Gehhilfen auszutauschen, und schlurfte langsam Richtung Ausgang. Aus den Augenwinkeln sah sie, wie Cassandra ihrer älteren Tochter einen bitterbösen Blick zuwarf. *Schau nur, was du gemacht hast, Theresa! Jetzt hast du Oma verärgert, schäm dich!*

Die Trauergäste schauten der Witwe hinterher und murmelten aufgeregt durcheinander.

»Liv«, rief Alison, als sie schon fast die Tür hinausgehumpelt war, »begleite mich doch bitte, du hast die jüngsten Knochen. Ich könnte eine stützende Hand gebrauchen.«

Liv trat an der Seite ihrer Großmutter raus in die kalte Sommerluft. Lediglich der Wind pfiff, sonst war es still in Townsend. Im Gegensatz zum Großteil der amerikanischen Kleinstädte hatte Townsend seit Allies Geschichte von vor 74 Jahren keine futuristische Revolution durchlebt. Im kleinen Pfarrgarten wucherten noch immer kahle Rosenhecken und Rhododendron. Ein paar Meter entfernt sah Liv das Häuschen des Pfarrers, in dem Oma Allie vor über fünfzig Jahren einen Tee mit Pater Bennett getrunken hatte. Am Straßenrand verwies ein winziges Plakat auf *Mike's and Julie's Supermarket.*

»Weißt du, Liv«, durchbrach Allie die Stille, »ich glaube der Grund, weshalb ich mich bis heute an siebzehn Jahre meines Lebens nicht erinnern kann, ist, dass ich mich nicht erinnern will.« Auf dem schütteren Kiesweg setzte Oma Allie vorsichtig einen Fuß vor den anderen. Liv wartete geduldig und hakte ihre Großmutter bei sich unter.

»Theresa hat nicht ganz unrecht. Aus medizinischer Sicht hätte ich mich an die verlorenen Jahre erinnern sollen. Heute nicht mehr, heute bin ich zu alt dazu. Aber damals! Damals habe ich mithilfe meiner Tagebücher jeden verlorenen Tag von Liz rekonstruieren können. Ich erinnere mich an meine Worte über jene Tage, aber nicht an die Tage selbst. Das ist eigenartig. Und ich glaube, mein Unterbewusstsein enthält mir diese Erinnerungen ganz bewusst vor.« Oma Allie machte eine Pause, um zu Atem zu kommen. »In meinen Tagebüchern habe ich nichts als Traurigkeit gefunden. Natürlich gab es auch schöne Momente, insbesondere seitdem Mo auf der Welt war. Aber überwiegend muss mir mein Leben trostlos und kahl vorgekommen sein. Zeitweise nahm ich sogar Anti-Depressiva. Fast jeder meiner Einträge hatte mit Luis zu tun. Erinnerst du dich, wie er mir in Townsend gestand, mich und Julie jahrelang im Stich gelassen zu haben? Nun, offenbar war es die Wahrheit und ich habe fürchterlich darunter gelitten. Ich stand nun also vor der Wahl: Ich war vierunddreißig Jahre alt und konnte mich entweder an mein zerbrochenes Leben zurückerinnern oder einen Neuanfang wagen, mit dem Mann, den ich liebte, ohne unter den Wunden der letzten Jahre zu leiden.«

Sie gingen die nächsten paar Schritte schweigend. Langsam ahnte Liv, wohin ihre Großmutter sie führte.

»Du hast dich für den Neuanfang entschieden.«

»Natürlich«, bestätigte Allie und das Lächeln in ihren Augen sprühte Funken, »die beste Entscheidung meines Lebens. Ich trennte mich von meinem Exmann – was nicht ganz so einfach war, aber ich hatte genügend Geld für einen Anwalt, der besser war als Aaron. Ich zog mit Mo zurück in die *Flowage Pensione*. Als allererstes besuchte ich Familie Perlman und unterhielt mich viele Stunden mit ihnen über Julie. Wir kamen gemeinsam zu dem Entschluss, mit der Aufklärung bis zu Julies achtzehntem Geburtstag zu warten. So würde nicht nur sie alt genug sein, auch ich hatte dadurch Zeit, mich auf diesen Tag vorzubereiten. Für Julie entschied ich, in Townsend wohnen zu bleiben. Durch Isabelle haben wir einige Gelegenheiten für mich geschaffen, eine freundschaftliche Beziehung zu Julie aufzubauen. Und du möchtest nicht wissen, wie oft ich bei *Mike's Supermarket* einkaufen war, nur um sie zu sehen.« Allie zwinkerte Liv zu. »Wahrscheinlich nahm Julie die Nachricht über ihre leiblichen Eltern zwei Jahre später deshalb so gut auf. Jedenfalls war ich nur wenige Monate nach meinem Einzug in der *Pensione* vollkommen daheim. Luis kam mich für ein paar Tage besuchen. Ich überzeugte ihn, meine Vergangenheit willentlich in einer robusten Truhe in meinem Kopf verschlossen und den Schlüssel entsorgt zu haben und überzeugte ihn, dass er trotz früherer Fehler kein schlechter Mensch war. Dass er sich verändert hatte und ich seine Fehler verzeihen konnte, weil er sie aus Angst und nicht aus Boshaftigkeit oder Egoismus begangen hatte. Das gestaltete sich als der schwierigste Teil der ganzen Geschichte.«

Verwundert warf Liv ihrer Großmutter einen Seitenblick zu. Nie zuvor hatte sie eine so alte Dame so mädchenhaft kichern hören.

»Es war eine wichtige Erfahrung, dass ein Leben ohne Vergangenheit möglich und manchmal sogar ratsam ist. Wer weiß, ob ich mich sonst getraut hätte, mein Leben komplett umzuwälzen und den Biestern meiner Vergangenheit gegenüberzutreten. Um so zu leben, wie man sein möchte, muss man seine Vergangenheit manchmal einfach über Bord werfen. Bestimmt ist das nicht allgemeingültig, Liv, aber vielleicht sollte man diese Möglichkeit hin und wieder in Betracht ziehen.« Allie drückte den Arm ihrer Enkelin. »Vielleicht denkst du ja irgendwann einmal an mich und meine Geschichte, wenn dir nicht mehr gefällt, wer du bist. Denk daran, dass du dein Leben von heute auf morgen neu erfinden könntest. Du könntest zum Beispiel gleich morgen anfangen, Gummisohlen zu tragen wie ich«, neckte Allie, die wusste, dass Gummischuhsohlen in Livs Generation ungefähr so verpönt waren wie Socken in Sandalen zu Allies Zeit. Liv grinste freundschaftlich. Sie trug wie alle in ihrem Alter Luftdrucksohlen, die sie wenige Zentimeter über dem Boden schweben ließen, je nachdem wie groß man sein wollte. Sie fingen jeden Schritt so ab, dass Liv beim Laufen keinen Deut auf und ab wippte. Während Liv gleichmäßig über den Boden glitt, blieb Allie lieber bei den guten alten Gummisohlen. Die ließen sie zwar jeden Stein und jede Kuhle deutlich im Rücken spüren, brachten sie dafür aber auch dann ans Ziel, wenn gerade mal kein Schuhgas zur Hand war.

»Mein Gedächtnisschwund offenbarte sich als mein größtes Geschenk. Er war mein Weg, die Dämonen der Vergangenheit zu besiegen. Ich bin mir sicher, die Psychiater würden darüber verzweifelt die Hände über dem Kopf zusammenschlagen. Aber für mich – für uns – hat es funktioniert.«

Sie waren am Ziel angekommen. Schweigend betrachten sie einen Moment lang das riesige Blumenbouquet.

»*In loving memory*«, flüsterte Allie, um den Grabstein zu eröffnen, und zwinkerte ihrer Enkelin zu. Liv musste lächeln. Erst jetzt verstand sie, weshalb ihre Großmutter auf dieser besonderen Grabesinschrift bestanden hatte.

»Verrate deiner Mutter bloß nicht, dass ich den Grabstein heute mit dir hochgefahren habe. Sie ist so schrecklich überemotional«, seufzte Allie, »aber ich muss es dir jetzt zeigen, Livi, wer weiß, wann ihr mich und das gute alte Townsend das nächste Mal besuchen kommt. Alison Keepsaker«, sprach Allie ihren eigenen Namen, sodass der Grabstein die *Memories-to-do* Liste in seiner Mitte materialisierte.

»Die Liste habe ich nie vergessen können. Also beschloss ich, sie nicht aufzugeben. Ich bin ein bisschen stolz darauf: Luis und ich haben die Liste fast sechzig Jahre lang gemeinsam fortgesetzt. Einige Dinge haben wir erst drauf geschrieben, nachdem wir sie erlebt hatten – manchmal bemerkt man die Schönheit einiger Situationen erst, wenn sie vorbei sind. Und manche Punkte haben wir nie erfüllen können. Einen Wurf Welpen zu züchten, zum Beispiel«, lachte Allie.

»Oma, vermisst du Opa denn gar nicht?«, stellte Liv endlich die Frage, die ihr die ganze Zeit über auf der Zunge brannte. »Du siehst so zufrieden und glücklich aus, obwohl Opa …« Sie führte den Satz nicht zu Ende.

Das Funkeln wich aus Allies Augen. Einen Moment lang betrachtete sie den modernen Grabstein, in den sorgfältig *Luis Anderson-Keepsaker* eingraviert worden war. Darunter sein Todesdatum, das ihre Sichtweise vom Sterben noch in ihrem hohen Alter komplett umgewälzt hatte: 19. Juli 2071. Er hatte gewartet. Er hatte selbst entschieden, wann er die Erde verlassen würde. Und ihr damit eine letzte Botschaft hinterlassen, da war sie sich sicher. 19. Juli 2071.

Allie legte den Kopf in den Nacken. Mitten in der grauen Himmelsdecke erkannte sie ein rosig-blaues Loch, wodurch sich ein paar Strahlen der Abendsonne auf die Erde stahlen. *Er ist irgendwo da oben.*

Ob sie ihn vermisste? Allie vermisste Luis mit jeder Faser ihres Herzens. Sie konnte sich nicht vorstellen, dass es Al ohne Lu geben sollte. Konnte sich nicht vorstellen, nie wieder in seine Arme zu flüchten oder das Lächeln in seiner steinernen Miene auszumachen. Nie wieder würden seine faltigen, aber bis zum Schluss starken Hände über ihre Wangen streicheln und sagen »Bis später, bin nur eben joggen«. Er würde sie nicht mehr bitten, die Zeit zu messen, die er brauchte, um den *Flowage* zu durchschwimmen. Dabei hatte sie das so gern getan. Selbst dann noch, als sie länger als eine Stunde am Uferrand auf ihn warten musste und ihre Kinder scherzten, ihr Vater würde nicht einmal mehr ein Wettrennen gegen die Enten gewinnen. Wer würde ihr Stockbrot um einen Ast wickeln? Wer einen guten Appetit wünschen? Wer würde ein Teelicht in der Kirche für sie anzünden und wer würde ihr sanft das Kreuzzeichen mit dem Daumen auf die Stirn malen und sie zum Einschlafen küssen?

Sein Verlust gab Allie mit jedem Atemzug das Gefühl, innerlich zu zerreißen. Trotzdem blinzelte sie die Tränen in ihren Augen hinfort, bevor ihre Enkelin, die fasziniert auf die *Memories-to-do* Liste starrte, sie entdeckte.

»Natürlich vermisse ich ihn. Jeden Tag. Aber wir hatten eine wunderbare Zeit zusammen. Ich müsste ein weiteres Jahrhundert leben, um dir von all den Erinnerungen, die ich heute an ihn habe, zu erzählen. Ich hoffe, ich vergesse sie nicht allzu bald«, wich Allie aus und zwinkerte Liv zu.

In Livs kindlichem Gesicht entdeckte Allie zufrieden die großen, blauen Augen, die sowohl ihre Mutter Mara, Allie selbst, Mo und nun auch Liv geerbt hatten. *Das Keepsaker-Gen.*

»Man muss versuchen, zu Lebzeiten Tausende und Abertausende Erinnerungen zu sammeln. Damit man später einmal von ihnen zehren kann«, beharrte Allie noch einmal und fügte still *solange, bis wir wieder beisammen sind* hinzu. »Habe ich dir eigentlich je erzählt, dass wir auf dem Dach der *Pensione* einen Whirlpool haben einbauen lassen?«

Danksagung

Ich halte mich so kurz wie möglich. Zieht euch eine bequeme Hose an, das kann dauern.

Ein ganz besonderer Dank gilt meiner fantastischen Lektorin Uta Maier, die aus meinem Buchbaby weniger Raupe, mehr Schmetterling gemacht hat (den Relativsatz formuliere ich gleich noch um, versprochen). Danke, dass du dir so viel Zeit genommen und dein Wissen mit mir geteilt hast. Ich freue mich schon riesig auf das nächste Projekt mit dir!

Ein so entzücktes Freudenquietschen, wie in dem Moment, als ich Grits Coverentwurf in meinem Posteingang fand, hat man von mir lange nicht gehört. Ich finde es perfekt. Danke für die tolle Arbeit!

Katharina Riehl war nicht nur meine Testleserin, sondern auch meine erste Anlaufstelle für … alles. Egal ob Freude oder Frust, du hast mit mir gejubelt, dich geärgert und genau so viel Herzblut in »Memories To Do« gesteckt, wie ich. Danke. <3

Anna. Danke, dass du mein Buch gelesen hast. Ich glaube, du hast damit das größte Opfer gebracht. :D Ich hab dich lieb.

Meiner Mama danke ich dafür, dass sie geweint hat, als ich ihr an Weihnachten 2013 erstmalig die Rohfassung in die Hände gedrückt habe. Dass sie mich seitdem ohne Kompromisse unterstützt, Flyer in Briefkästen werfen geht und sich zu meiner seelischen Unterstützung auch sieben Stunden mit mir vor den Bildschirm setzt. Wie sagt Allie noch gleich? Alle Kinder lieben ihre Mütter! Aber ich ganz besonders.

Und Dad, du wirst schon noch sehen, irgendwann schreibe ich etwas, das haut dich von den Socken! Hättest du mir deinen Ehrgeiz nicht vererbt, dann hätte ich meinen Traum vom eigenen Buch nie verwirklichen können. Wir seien uns so ähnlich, sagen sie alle … Ich hoffe, es stimmt.

Und dann sollte ich vielleicht noch Marius danken. Ohne dich hätte ich wohl nie gewusst, was es heißt, über die große Liebe zu schreiben. Danke für die letzten sechs Jahre und alles, was du für mich tust.

Und ich danke DIR, du Leser du, weil du es tatsächlich bis zur Danksagung geschafft hast! Ja, ich weiß, das kritzeln diese Möchtegern-Autoren alle noch schnell unter ihre Danksagungen. Jetzt gerade verstehe ich auch, warum. Es ist wirklich ein unglaubliches Gefühl, die eigene Geschichte mit jemandem teilen und denjenigen vielleicht sogar begeistern zu dürfen. Ich bin wahnsinnig gespannt auf deine Meinung und es würde mir wirklich viel bedeuten, wenn du sie mir in einer kleinen Rezension verrätst! Ich lese jede einzelne.

So. Und jetzt habe ich noch etwas für euch …

Allies Liste

Ein kleiner Auszug

- ✓ Einen Präsidenten wählen
- ✓ Zu einem Candle-Light-Dinner ausgeführt werden
- ✓ Autofahren lernen
- ✓ Einen Hund erziehen
- ✓ Nach Paris reisen
- ✓ Anti-Aging-Creme benutzen
- ✓ Patentante werden
- ✓ Einen Handyvertrag abschließen
- ✓ Einem Kind sprechen beibringen
- Kaffee mögen
- ✓ Verantwortung übernehmen
- ✓ Eine Reise organisieren
- An einer Castingshow teilnehmen
- ✓ Ein Zwölf-in-Eins-Shampoo ausprobieren
- Befördert werden
- ✓ Mir ein (ganz kleines) Tattoo stechen lassen
- ✓ Kaviar probieren
- ✓ Ein Auto kaufen
- ✓ Eine politische Meinung haben
- ✓ Reiten lernen
- ✓ Eine eigene Wohnung einrichten
- ✓ Rauchen
- ✓ Eine Zigarre in einem Casino in Las Vegas rauchen
- ✓ Weniger in Klischees denken
- ✓ Einen Fisch im Flowage fangen – oder zumindest braten
- ✓ Ein Blog schreiben
- ✓ Eine Wunde versorgen
- Meine Haare abschneiden

- ✓ Emma so richtig den Marsch blasen
- ✓ Die Zeche prellen
- ✓ Nacktbaden
- An einem Flashmob teilnehmen
- ✓ Jemanden vom Flughafen abholen
- ✓ Im Ausland arbeiten
- ✓ Einen Facebook-Account einrichten
- ✓ Im Fernsehen auftreten
- ✓ Einen Mahnbrief erhalten
- ✓ Irgendwohin in den Urlaub fahren, wo es nicht warm ist
- ✓ Auf einem Festival campen
- iTunes verstehen
- ✓ Mo für immer bis ans Ende meiner Tage aus ganzem Herzen lieben
- ✓ Einen Kindergeburtstag organisieren
- ✓ Mit Fremden betrinken
- ✓ Mir die Zähne bleachen lassen
- ✓ Eine Weihnachtsgans zubereiten
- Luis zu einem Tanzkurs überreden
- ✓ Einen Dieb überführen
- ~~Einen romantischen Abend mit Aaron verbringen~~
- ✓ Einen Schwangerschaftstest machen
- ✓ Schwanger werden
- ✓ Fliegen
- ✓ Mich zuhause wohlfühlen
- ✓ Ein Buch veröffentlichen
- ✓ Eine Rede halten
- ✓ Schnorcheln
- ✓ Eine Flasche Wein über 40$ kaufen
- ✓ Reizwäsche kaufen
- ✓ Teuren Schmuck geschenkt bekommen
- ✓ Eine Buchmesse besuchen
- ✓ Eine Lebensweisheit weitergeben
- ✓ Urenkel haben
- ✓ Ein Baumhaus bauen
- ✓ Etwas verkaufen

✓ Eine Auszeichnung erhalten
✓ Mich mit Mum vertragen
✓ Blut spenden
✓ Keine Unterwäsche tragen
✓ Begehrt werden
✓ Einen Segelschein machen
✓ Einen Unfall bauen (nur einen kleinen)
✓ Eine Windel wechseln
✓ Unter einem Wasserfall stehen
✓ Mich mit einem Schwulen anfreunden
✓ Eine politische Meinung haben
✓ Jemanden verteidigen
✓ Kaviar probieren
✓ Gemüse anbauen
✓ Eine Tupperparty veranstalten
✓ Einen Kredit aufnehmen
✓ In der Nebensaison ausgebucht sein
✓ Luis' Heimat kennenlernen
✓ Eine Tortenschlacht beginnen
✓ Tagebuch führen
✓ Mo taufen
✓ Ein zweites Kind bekommen
✓ Etwas renovieren
Schildkröten in freier Wildbahn beobachten
✓ Einen eigenen Glauben finden
Mich an meine Hochzeit erinnern
✓ Mich unsterblich verlieben
✓ Eine Schokoladendiät machen
✓ Italienisch sprechen
✓ Im Atlantik baden
✓ Einen Autoreifen wechseln
Meinen Facebook-Account löschen
✓ Mich ehrenamtlich engagieren
✓ Meine Kinder beeindrucken
✓ Jemandem meine Geschichte erzählen
✓ Die aktuellen Spritpreise kennen

Voltaire lesen
✓ Shades of Grey lesen
✓ Etwas pflanzen
✓ In einem Sexshop einkaufen
✓ In ein Freibad einbrechen
Eine Anzeige bekommen
✓ Ein Instrument erlernen
✓ Einen Tannenbaum kaufen
✓ Brautjungfer sein
✓ Elternvertreterin sein
✓ Meine Fußabdrücke auf der Welt hinterlassen …

Memories To Do auf Facebook
www.facebook.com/memoriestodo

Ich freue mich über jede einzelne Nachricht von euch! Außerdem findet ihr hier bald auch alle Informationen zu meinem neuen Buchprojekt. Schaut vorbei!

❤

DRACHENMOND VERLAG
BÜCHER MIT HERZBLUT